新会计学原理

（第三版）

编　著　曹洪香　战子玉

中国矿业大学出版社

内容提要

本书以会计信息为核心，围绕会计确认、会计计量、会计记录和会计报告这条主线，系统阐述了会计学的基本原理与基本方法；本书还将会计原理的基本知识与现行会计电算化信息系统紧密联系起来，对会计原理知识在电算化会计中的应用做了大致的介绍。本书共分九章，主要内容包括：会计假设与会计信息质量要求、会计要素与会计等式、账户与复式记账、制造业主要业务的会计处理、会计账证及会计核算程序、财产清查、商业零售企业会计循环运用、会计报表等。

本书可作为会计、经济类及其他相关专业的本科及大中专学生的教材，也可供广大的研究人员借鉴、参考。

图书在版编目(CIP)数据

新会计学原理 / 曹洪香，战子玉编著.—3版. — 徐州 ：中国矿业大学出版社，2018.9

ISBN 978 - 7 - 5646 - 4133 - 7

Ⅰ. ①新…　Ⅱ. ①曹… ②战…　Ⅲ. ①会计学 Ⅳ. ①F230

中国版本图书馆 CIP 数据核字(2018)第221156号

书　　名　新会计学原理
编　　著　曹洪香　战子玉
责任编辑　何晓明　孙建波
出版发行　中国矿业大学出版社有限责任公司
（江苏省徐州市解放南路　邮编 221008）
营销热线　(0516)83885307　83884995
出版服务　(0516)83885767　83884920
网　　址　http://www.cumtp.com　**E-mail**:cumtpvip@cumtp.com
印　　刷　江苏淮阴新华印刷厂
开　　本　787×1092　1/16　**印张** 14　**字数** 350 千字
版次印次　2018 年 9 月第 3 版　2018 年 9 月第 1 印刷
定　　价　32.00 元

第三版前言

近年来，中华人民共和国财政部（以下简称财政部）在之前颁布的会计准则和会计制度的基础上，先后修订印发了企业会计准则的基本准则、企业会计准则第9号（职工薪酬）、企业会计准则第14号（收入）、企业会计准则第16号（政府补助）、企业会计准则第30号（财务报表列报）、企业会计准则第39号（公允价值计量）等若干准则。这些企业会计准则的修订直接涉及一些会计项目的归类，影响某些会计要素的确认、计量和列报，也改变了对相关业务的具体会计处理方法。

为解决企业在财务报告编制中的实际问题，规范企业财务报表列报，提高会计信息质量，针对2017年新施行的企业会计准则的相关规定，财政部于2018年6月底，对一般企业财务报表格式也进行了修订印发。财务报表格式及项目列报的变化，对企业报表信息的披露及使用提出了新的要求。另外，会计核算与税法息息相关，伴随着2017年10月废止的《营业税暂行条例》和企业营改增的全面实施，企业相应税费的核算也发生了较大的变化。

在上述背景下，为了使《新会计学原理》教材的内容与现行准则、制度、税法规定相吻合，我们根据财政部为完善会计准则和会计制度而对基本准则及具体准则所做的修订以及我国企业营改增全面实施的要求，对教材中相关内容做了较大修改，同时，对每章后的复习与练习也相应做了修改和补充。本书的第三版与第二版相比，除了相关内容做了修改、删减或增补之外，某些章节的安排也做了一些调整。在本次修改中，第七章、第九章为战子玉修改，其余章节为曹洪香修改，曹洪香对本书的再次修订进行了统筹安排。

会计学原理是会计学专业的基础课程，也是经济类其他专业的专业基础课程。本书以会计信息为核心，围绕会计确认、会计计量、会计记录和会计报告这条主线，系统阐述了会计学的基本原理与基本方法；本书还将会计原理的基本知识与现行会计电算化信息系统紧密联系起来，对会计原理知识在电算化会计中的应用做了大致的介绍。本书共分九章，主要内容包括：会计假设与会计信息质量要求、会计要素与会计等式、账户与复式记账、制造业主要业务的会计处理、会计账证及会计核算程序、财产清查、商业零售企业会计循环运用、会计报表等。另外，本书的每个单元前都配以重点和难点的介绍，并在每个单元后都辅以多种类型的复习与练习题，便于初学者巩固复习和检查自己对知识点掌握的程度。

希望通过本次修改，本书能给学习者带来更多裨益。书中难免有缺陷和不足，竭诚希望读者给予批评和斧正。

曹洪香　战子玉

2018年7月于郑州大学

第二版前言

随着经济的发展和信息技术在会计方面的应用,会计作为一个信息系统以其特有的技术手段及时地提供与会计信息使用者相关、可靠的会计信息;而正确地理解和把握这些会计信息,需要有完备的会计基本知识。会计学是一门技术性的学科,其基本知识的理解和掌握直接影响到其具体应用。

本书以介绍会计信息系统为出发点、以会计信息为核心,围绕会计确认、会计计量、会计记录和会计报告这条主线,系统阐述会计学的基本原理与基本方法;在内容的取舍上,注重吸取会计信息处理方面的中国做法与国际惯例的精华,充分体现会计学原理课程教学内容国际化的基本要求;考虑到会计处理方式的不断变革,本书还将会计原理的基本知识与现行会计电算化信息系统紧密联系起来,对会计原理知识在电算化会计中的应用进行了大致的介绍。

为使学习者打下深厚的基础知识功底和增强会计学的实用性,本书突出了对经济业务的分析,介绍了制造业主要业务的账务处理,还将会计循环的基本原理运用到商业企业主要经济业务中。另外,由于电算化会计信息系统打破了以往会计手工记账的会计核算形式,因此,本书淡化了会计凭证、会计账簿、会计核算形式的内容,并针对日趋重要的内部控制,增加了内部控制的有关内容。除此之外,本书的每个单元前都配以重点和难点的介绍,并在每个单元后都辅以多种类型的复习与练习题,便于初学者巩固复习和检查自己对知识点掌握的程度。

《新会计学原理》(第一版)是在2006年我国新会计准则颁布之后,我们根据新准则的规定和要求编著而成的,自2007年出版以来,在高等院校会计专业本科生及经济类其他专业本科、专科生中被作为会计学基础学习的选用教材而得到广泛使用。由于目前会计准则仍沿用2006年的有关规定,所以,本书第二版仍保留了第一版的教材体系;但在内容上,我们针对书中的不足之处做了修订。

曹洪香　战子玉

2011年6月于郑州大学

第一版前言

会计学原理是会计学专业的基础课程，也是经济类其他专业的专业基础课程。

随着经济的发展和信息技术在会计方面的应用，会计作为一个信息系统以其特有的技术手段及时地提供与会计信息使用者相关、可靠的会计信息；而正确地理解和把握这些会计信息，需要有完备的会计基本知识。会计学是一门技术性的学科，其基本知识的理解和掌握直接影响到其具体应用。因此，选择一种能符合会计发展、满足现实需要、涵盖基础知识面的教材，对会计初学者来说是至关重要的。

本书的撰写，在一定程度上突破了以往从会计产生和发展入手，介绍会计的本质、职能、任务等写作手法，而是以介绍会计信息系统为出发点、以会计信息为核心，围绕会计确认、会计计量、会计记录和会计报告这条主线，系统阐述会计学的基本原理与基本方法；在内容的取舍上，注重吸取会计信息处理方面的中国做法与国际惯例的精华，充分体现会计学原理课程教学内容国际化的基本要求；考虑到会计处理方式的不断变革，本书还将会计原理的基本知识与现行会计电算化信息系统紧密联系起来，对会计原理知识在电算化会计中的应用做了大致的介绍。

为使学习者打下深厚的基础知识功底和增强会计学的实用性，本书突出了对经济业务的分析，介绍了制造业主要业务的账务处理，还将会计循环的基本原理运用到商业企业主要经济业务中。另外，由于电算化会计信息系统打破了以往会计手工记账的会计核算形式，因此，本书淡化了会计凭证、会计账簿、会计核算形式的内容，并针对日趋重要的内部控制，增加了内部控制的有关内容。

本书共分九章，主要内容包括：会计信息系统的基本知识、会计确认与计量的基本理论、会计要素的确认与计量、会计原理基础、制造业主要业务的会计处理、会计账证及会计核算形式、内部控制、商业零售企业会计循环运用、会计报表信息与披露等。另外，本书的每个单元前都配以重点和难点的介绍，并在每个单元后都辅以多种类型的复习与练习题，便于初学者巩固复习和检查自己对知识点掌握的程度。

本书以高等院校会计专业本科生为对象，也照顾到经济类其他专业本、专科生学习会计原理的需要，可作为本、专科生学习会计学原理的教材；同时，它还可以作为经济工作者的会计业务进修用书和教师授课的参考用书。

在本书的编著过程中，参考了有关专家的相关著作和资料，在此表示感谢。由于作者水平有限，书中难免有缺陷和不足，竭诚希望读者给予批评和斧正。

曹洪香

2007年1月于郑州大学

目　录

第一章　总　　论

【本章重点和难点】

☆会计是一个以提供会计信息为主的经济信息系统。

☆会计对象是会计信息系统履行职能过程中涉及的具体内容，即资金运动。

☆会计基本职能是反映和监督经济过程，拓展职能是参与经营管理。

☆会计循环，从会计流程看由会计确认、会计计量、会计记录和会计报告等环节组成。

☆会计核算方法体系是由填制和审核会计凭证、设置会计科目和账户、复式记账、登记会计账簿、成本计算、财产清查和编制财务会计报告等专门方法构成的方法体系。

第一节　会计的概念和特征

一、会计的概念

任何一门学科，首先是对这门学科的定义给予合理的界定。我们这门学科也不例外，首先要解决的问题是：什么是会计。为了说明这个问题，我们将从会计的价值探讨出发，对会计给出一个符合现代会计需要的界定。

（一）会计的价值：从一张报表谈起

为了简化有关内容，我们从经济业务比较简单的服务性企业谈起。下面呈现给大家的是瑞华管理咨询股份公司在20××年10月31日的基本情况：

10月31日，瑞华管理咨询股份公司有库存现金40 000元；银行里有存款768 000元；公司里有若干的办公桌、椅等物品，价值为8 000元。另外，有自置写字间、汽车、电脑等财产，价值为2 670 000元；应收别的单位欠款为160 000元。该公司的投资人投入的资金为2 700 000元，有留存的未分配利润为754 000元，向其他往来单位应付业务款为180 000元，应付其他单位的押金款项为12 000元。

上面有关事项及数据只是反映了该公司的基本事实，我们还无法直接得到一些归类和综合的资料，对该公司的财务状况还不能一目了然。当我们将上述事项及数据用一张报表加以反映，情况就发生了变化，见表1-1。

表1-1所示的报表是简化的资产负债表，通过这张会计报表，现在我们可以得到与事项数据相比更加清楚的有关财务状况信息，如流动资产的总额、长期资产的总额、负债的总额和企业自有资金的总额等信息，从而可以比较好地了解瑞华公司的基本财务状况信息。

现在，我们自然会想到一个问题：这张会计报表是如何编制出来的？编制会计报表有什么价值呢？

表 1-1 **瑞华公司资产负债表**

20××年 10 月 31 日 单位：元

资产	金额	负债及投资人权益	金额
流动资产：		负债：	
货币资金	808 000.00	应付票据及应付账款	180 000.00
应收票据及应收账款	160 000.00	其他应付款	12 000.00
其他流动资产	8 000.00	负债合计	192 000.00
流动资产合计	976 000.00	所有者权益：	
长期资产：		实收资本	2 700 000.00
固定资产	2 670 000.00	未分配利润	754 000.00
长期资产合计	2 670 000.00	所有者权益合计	3 454 000.00
资产总计	3 646 000.00	负债及投资人权益总计	3 646 000.00

首先，对于第一个问题的回答，正是我们这门学科所要研究的主要内容，即对于一些杂乱无章的基本事实或经济业务数据，通过一定的手段和技术，编制成如表 1-1 所示的报表和其他会计报表，提供给需要有关会计报表信息的使用者。这个问题贯穿于这门学科的全部内容，在此就暂不赘述。

其次，对于第二个问题的回答，实质上是对会计价值所进行的探讨。会计工作最终的结果是报出会计报表，因此，会计报表的价值直接反映了会计的价值，而会计报表的价值又体现在会计报表使用者对报表信息的使用情况上。会计报表使用者不同，需要了解公司信息的要求就不同，会计报表的价值体现就有所不同。

会计报表使用者一般来说包括投资者或潜在投资者、债权人、政府相关管理部门、社会公众、企业管理层等。

我们下面以瑞华公司为例，对会计报表的不同使用者在对企业会计报表的使用方面进行简单分析。

1. 投资者或潜在投资者

投资者或潜在投资者的最终目的是增加财富或者使财富最大化。对公司投资者或潜在投资者而言，决定是否对公司进行投资或是否增加再投资，完全取决于投资者的投资目的以及公司的财务状况、发展前景。

若投资者投资的目的是为了增加财富、取得较大的投资利润，则投资者注重的是公司的盈利能力和美好的发展前景。反映盈利能力的信息资料，除了资产负债表中的有关数据资料可以提供之外，还需要从公司提供的利润表中了解。瑞华公司该年 10 月份的利润表，见表 1-2。

通过表 1-1 瑞华公司资产负债表中的“未分配利润”信息，以及表 1-2 瑞华公司利润表中的“净利润”信息，我们可以判断该咨询公司有一个比较好的盈利状况，这个公司是可以进行投资或再投资的。

若投资者投资的目的是为了取得公司的控制权，从而使财富最大化，则投资者更注重的是公司的资产结构、自有资本以及负债情况的信息，以便确定公司的投资价值和控制这个公司应支付的投资额。公司的资产结构越合理、负债比例越低，公司的财务状况就越好，控制这样一个公司需要的代价或进行投资所需的金额就越大。

表 1-2

瑞华公司利润表

20××年 10 月份

单位：元

项目	金额
营业收入	1 007 200.00
营业成本	534 900.00
税金及附加	6 043.00
管理费用	186 000.00
营业外支出	62 157.00
利润总额	218 100.00
净利润	163 575.00

从表 1-1 瑞华公司资产负债表中提供的有关信息，如货币资金总额、流动资产总额、长期资产总额、负债总额、权益总额等，我们可以看出，瑞华公司的资金充裕、资产结构合理，而且有比较少的债务负担，是一个财务状况较好的公司。因此，为了对该公司获得控制权以使财富最大化，投资者需要投入较多的资金才能达到目的。

2. 债权人

公司债权人通常包括银行、非银行金融机构（如信托投资公司等）、公司债权的购买者及其他提供贷款资金的单位和个人。对债权人而言，他们对公司是否供应借款资金，完全取决于公司还本付息的能力，而反映这种能力的信息是从资产负债表中可以得到的。从瑞华公司的资产与负债的对比可知，瑞华公司的现金和银行存款的合计就已经达到 808 000 元，而瑞华公司的负债只有 192 000 元，瑞华公司仅仅以货币资金进行偿债的能力就已经很强了，因此，在不存在其他不确定性因素的前提下，债权人此时对瑞华公司提供额度适当的借款资金，不会有收不回本息的财务风险，可以对瑞华公司提供适度的借款资金。

3. 政府相关管理部门

对政府管理部门而言，如财政部门、行业管理部门、税收部门等，在对企业进行宏观的调控管理时，其做出的相关指导性决策的依据和有关的管理规定，相当部分是来自于各个企业的会计报表汇总后提供的相关信息。在市场经济条件下，直接参与企业管理的政府部门，首推税务部门。税务部门通过各个企业提供的利润表，可以作为征税的主要依据，也作为检查企业是否履行纳税义务的依据。从瑞华公司 10 月份的利润表中的"利润总额"信息，税务部门可以确定应对瑞华公司征收企业所得税。因为，我国的税法中明确指出，亏损企业可不交纳所得税，有盈利的企业必须按照相应的所得税率计算交纳所得税。

4. 社会公众

社会公众也关心企业的经营活动，包括企业对所在地区经济所做出的贡献，如增加就业、提供社会服务等。社会公众可利用会计信息中提供的有关企业发展前景、经营效益等方面的信息，做出相应的决策，如做出就业选择等。

5. 企业管理层

上面我们讨论的都是会计信息对企业外部使用者的价值或作用，那么它们对企业内部的经营管理又有什么价值或作用呢？

对企业管理层而言，在对经营的每一个环节做出正确的管理决策之前，都必须要有相关的信息资料，这些信息资料不仅来自于上述提到的资产负债表和利润表，往往还会来自于一些不对外公开的报表资料和其他会计信息。例如，一个企业的成本费用数据信息，属于企业的商业秘密，不应该对外提供；但是对企业管理层而言，成本费用相关数据却是必须得到的信息，据此才可制定出控制成本费用的管理措施。由此可见，会计信息对企业管理层而言也是非常重要的。

从表1-2瑞华公司利润表提供的会计信息中，我们可以做出一个简单的判断：尽管该公司的营业收入、营业成本等情况都比较正常，但是管理费用的支出相对其公司规模来说，有些偏高，管理层应特别注意这一信息。当然，如果管理层想更进一步地了解是哪些方面的管理费用支出项目较高，还需从会计提供的管理费用分析表或明细表中的有关信息得知。

总之，通过上述对企业内部、外部的信息使用者对会计报表的使用情况来看，会计的价值表现在两个方面：一是通过提供一套完整的会计报表（包括上述资产负债表、利润表，以及其他报表和报告），反映企业的财务状况和经营成果，为投资者、债权人、政府管理部门、社会公众和企业内部管理层做出决策提供有用信息；二是通过利润表中的利润信息以及资产负债表中的未分配利润等增值信息，还可以评价企业管理层的经营业绩。

（二）会计的定义

以上我们从企业外部、企业内部的会计信息使用者的不同角度，阐述了会计的价值或者说介绍了会计的作用，通过这些介绍，我们可以得出一个结论就是：会计最主要的价值在于提供会计信息。因此，本书中我们对会计所做的定义为："会计是一个以提供会计信息为主的经济信息系统。"

在这个定义中所涉及的信息，在本书贯穿始终。这个术语不仅出现在会计的定义中，而且几乎所有的章节都有提及。经济信息是对经济活动的状态、特征及其变化的表述，是信息的一种。进一步来看，经济信息也有很多种。从信息所涉及的经济活动主体或不同范围来看，它可以是宏观的，如关于国家的经济活动信息或者一个地区的经济活动信息、全球的经济活动信息；也可以是微观的，如某一个具体企业经营活动的过程和结果的信息。在现代社会经济条件下，人们以货币和特定的规则、技术体现关于微观经济主体的经济活动和价值增值活动的经济信息，被称为会计信息。例如，资产总额、负债总额、收入、成本、利润等，都属于会计信息。

其实，对会计的界定，学术界并不统一。本书对会计的界定，与以往学术界对会计的界定有所不同。以往有的学者认为，会计是一种管理工具；而有的学者认为，会计是核算和监督经济活动的一种经济管理工作。我们对会计所做的界定——"会计是一个以提供会计信息为主的经济信息系统"，是针对现代会计的特征而做出的。

（三）会计信息系统

会计定义中明确指出，会计是一个以提供会计信息为主的经济信息系统，但会计信息系统所形成并传递的信息，应当按照人们使用信息的目的和要求进行。会计作为一个经济信息系统，必须是由多个相互联系、相互作用的元素构成的且具有特定目标的有机整体。

会计信息系统的构成元素通常包括：

（1）一套科学、完整的会计核算方法；

（2）一组具有相应知识、分工合理的人员；

（3）一套种类齐全的凭证、账簿及传递体系；

（4）其他必要的账务处理工具。

会计信息系统包括输入、加工处理、输出、反馈四个运行环节。会计信息系统输入的是以货币计量的有关经济活动的原始数据，经过加工处理之后，输出的是财务报告和其他经济信息，同时，也可进行反馈检验。对企业而言，会计信息系统如图 1-1 所示。

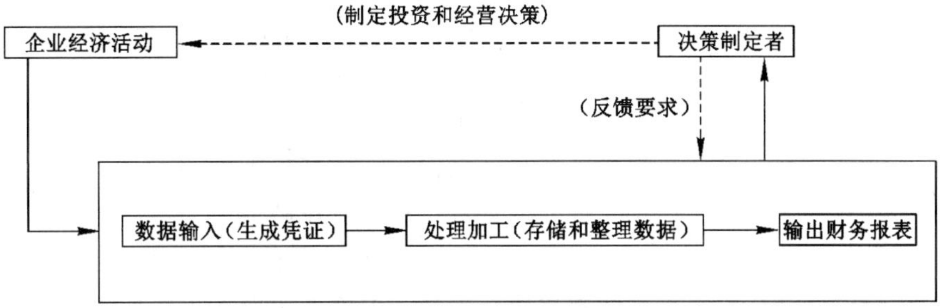

图 1-1 会计信息系统图

会计信息系统内部按照其作用，可以分成若干子系统，如会计凭证系统、会计账簿系统、会计报表系统；有的企业会计信息系统还包括采购系统、销售系统、存货系统、工资系统、往来款项结算系统等，这些系统共同作用，提供出会计信息使用者所需要的信息。

另外，需要说明一点的是：会计信息系统与许多信息系统一样，在开始的时候是手工核算系统，后来被计算机化。以计算机为主要信息处理工具的会计信息系统，称为计算机会计信息系统，也称为电算化会计信息系统。电算化会计信息系统是一个人机合一的系统，它的构成元素主要包括：

(1) 具备相应知识、分工合理的人员；

(2) 计算机硬件；

(3) 会计软件；

(4) 系统运行规范。

电算化会计信息系统，其实质是手工会计信息系统的进一步发展，是手工会计信息处理流程计算机化，但所依据的会计原理知识完全相同，会计信息处理基础与手工会计信息系统是一样的。

目前，我国的会计信息系统呈现的是手工会计信息系统和电算化会计信息系统并存的局面。在现代社会经济条件下，会计信息系统所提供的会计信息常常被人们称为“通用商业语言”，意思是指会计信息无国界，可以为各国有关人士知晓。

二、会计的基本特征

结合前述会计的价值、会计的定义以及会计信息系统的相关知识，我们需从以下几个方面把握会计的基本特征：

1. 会计是一个经济信息系统，其最主要的价值在于提供信息

在整个会计信息系统运行过程中，既不生产物质产品，也不生产能量，它所生产的是信息。也就是说，会计侧重于对外提供信息，通过特定的程序和方法，将经济活动中纷繁复杂的业务，在其信息系统的运行过程中转变为有关企业资金、所有权、债权债务、收入、费用、利润等会计信息。这种信息对人们在经济活动中进行经济决策来说是必不可少的，正确的决策有赖于充分准确的会计信息和其他相关的经济信息。

2. 会计信息系统是以货币作为主要计量单位的

现实中可用于计量的单位有三个种类：实物的、劳动的、货币的计量单位。实物的计量单位有件、只、两、吨、千克等；劳动的计量单位有工作月、工作日、小时、台时等。这两类计量单位虽然有直观具体的特点，但由于其衡量基础各不相同，它们只能计量某一类或几类经济业务，不能应用于所有经济业务，不能对经济业务进行综合反映，不便于直接比较。会计信息使用者要求会计信息系统提供的经济信息主要是价值量信息。由于货币具有价值尺度、流通手段、储藏手段、支付手段、世界货币等五种职能，而使货币计量单位这个价值指标具有了综合性，可满足会计信息系统提供价值量信息以进行综括反映的要求。因此，以货币作为主要的（但并不是唯一的计量单位）、统一的计量单位进行反映就成为会计的基本特征之一。

3. 会计信息的生成应以凭证为主要依据、以一系列专门的会计方法为手段

在会计信息系统中，加工处理的数据应有出处。这就要求对发生的任何经济业务，必须取得或填制合法的凭证，会计收集的初始信息应以合法的凭证为其载体，并在进行处理之前，按有关规定对凭证进行严格的审核，以确定有无差错和是否能输入会计信息系统。

在会计信息系统中，加工处理数据应按会计核算所需的一系列专门的会计方法来进行，以满足相关会计报表项目列报的要求和会计信息使用者对信息使用的要求。会计方法是在会计信息系统中从事一系列工作所使用的各种技术方法，狭义的会计方法是指会计核算方法；广义的会计方法一般包括会计核算方法、会计分析方法和会计检查方法等。其中，会计核算方法是最基本的方法，而会计分析方法和会计检查方法，主要是在会计核算方法的基础上，利用会计信息资料进行分析和检查，这些方法相互依存、相辅相成，形成一个完整的体系。

4. 会计提供的信息具有综合性、连续性、全面性和系统性

从企业内部管理者和外部信息使用者的角度考虑，会计提供的信息必须要具有综合性、连续性、全面性和系统性，以便有效地为经济决策提供科学的依据。

综合性：是指将企业的多种多样、错综复杂的经济活动，以货币作为统一的价值尺度进行计量，在会计信息系统中对经济活动做出综合的反映。

连续性：是指只要企业经营过程不停止，会计信息系统就要按照经济业务发生的时间顺序连续不断地进行记录和反映，不能有所中断。

全面性：是指凡是能用货币进行计量的经济活动，都需要在会计信息系统中进行全面记录和反映，不能发生遗漏。

系统性：是指对各项经济业务既要进行相互联系的登记，又要结合经济业务的特点进行科学系统地分类和整理，以使大量分散的经济业务得到有序的反映。

第二节　会计的对象、目标和方法

一、会计的对象

会计的对象是指会计信息系统履行职能过程中涉及的具体内容。在现代社会经济条件下，会计的对象具体是指在整个社会再生产过程中能用货币表现的经济活动，即资金运动。由于不同单位（这里所说的“单位”，是国家机关、社会团体、企业、事业单位和其他组织的统称）在社会再生产过程中的特点、性质和作用不同，经济活动的内容不同，会计的具体对象也

就不尽相同。本书中主要以行政事业单位、工业企业以及商业企业为例,说明其各自的会计具体对象,即资金运动。

1. 行政事业单位的资金运动

行政事业单位是行政单位和事业单位的统称,包括国家行政机关、司法机关、各党派团体及科研、文教、卫生等单位。这些单位的资金主要来自财政预算资金的拨付,单位的主要工作或活动是向社会提供行政服务或相应组织服务,不直接从事物质资料的生产和销售,但为了完成各自单位的任务,在为社会提供服务时需要一定的物资、设备、货币资金等,会有工资支付及其他费用项目支付等的产生。在行政事业单位中,其资金运动主要表现为,首先获得政府的财政预算资金,之后对资金加以运用,如购买和消费各种实物商品、发放工资、支付管理费等,资金使用后予以核销,未使用完的将作为结余转入下期继续使用。因此,会计信息系统对象的具体内容就表现为预算资金的取得、使用、核销、结余转下期等特定形式的预算资金运动。

行政事业单位的资金运动可用图 1-2 表示。

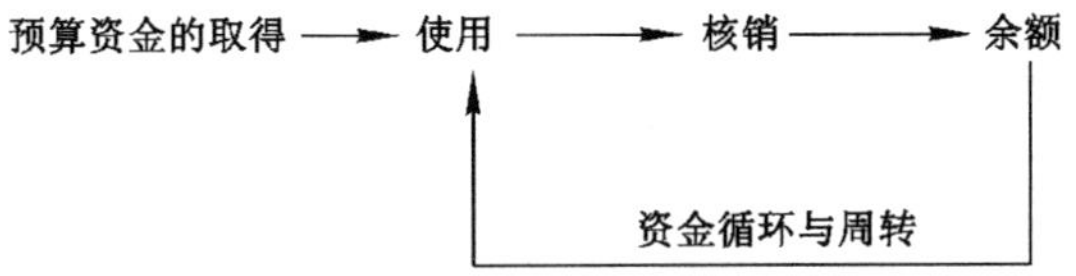

图 1-2 行政事业单位的资金运动图

当前,一部分事业单位中,除了完成国家规定的相关服务外,也同时从事经营活动。例如,一部分科研单位,为了开发和推广新技术,也以商品交换的方式转让科研成果或直接出售商品。这些事业单位的资金运动,既包含了预算资金的运动,也包含了经营资金的运动。

2. 工业企业的资金运动

在工业企业,资金运动表现在筹资活动中、经营活动中和投资活动中。在筹资活动中,企业要想方设法筹集到所需的资金。在经营活动中,随着供应、生产、销售等生产经营活动的开展而不断地在进行资金的运用,使资金在形式上发生变化。在供应阶段,企业主要以货币资金购买厂房、设备和原材料等,为进行生产而做必要的生产储备,从而使货币资金转化为储备资金;在生产阶段,生产工人直接利用各种劳动工具和设备对原材料进行加工,要消耗材料、支付工资等,这时一部分储备资金和货币资金转化为生产资金;产品加工完毕验收入库但还未出售时,生产资金就转换为成品资金;在销售阶段,企业将库存产品出售后,结算成品资金又转化为货币资金。在这部分货币资金中,企业将一部分利润以税金等形式上缴国家、偿还债务以及按规定向投资者分配利润等,使资金退出企业;而留存在企业的那部分货币资金又转入下期用以购买材料、支付生产费用等,继续进行周转使用,形成了资金的循环和周转。工业企业资金循环和周转运动可用图 1-3 表示。

工业企业的资金,有时还会运用于投资活动。在投资活动中,企业将资金投出并取得收益,称为对外投资及其收回。这些资金的增减变动也是工业企业的资金运动。

3. 商业企业的资金运动

商业企业的主要经营活动发生在商品流通领域,商业企业的经营活动主要包括商品的

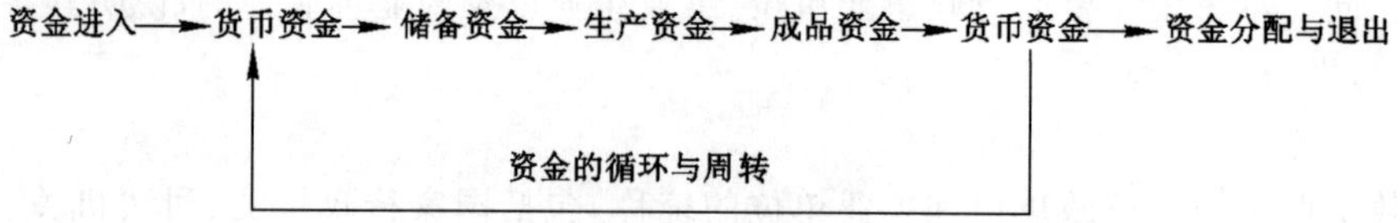

图 1-3　工业企业的资金运动图

购进和商品的出售两个经营阶段。在购进商品之后，企业的货币资金转化为商品资金；当购进的商品出售之后，商品资金又转化为货币资金。商业企业在这部分货币资金中，将一部分利润以税金等形式上缴国家、偿还债务以及按规定向投资者分配利润等，使资金退出企业；而留存在企业的那部分货币资金又用以购进商品等，继续进行周转使用，形成了资金的循环和周转。商业企业资金循环和周转运动可用图 1-4 表示。

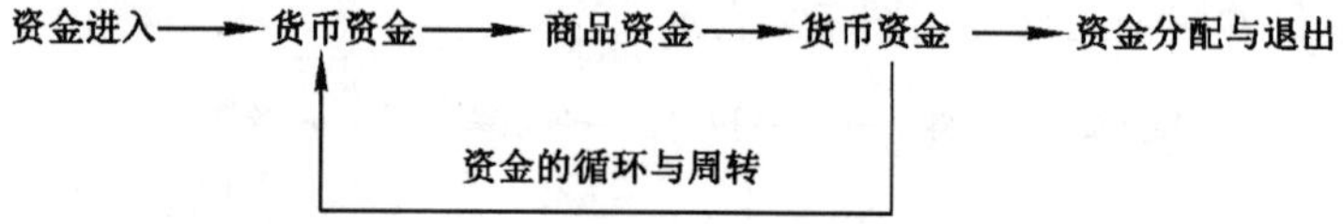

图 1-4　商业企业的资金运动图

在商业企业的经营活动中，资金除了在上述经营阶段中不断地循环周转外，有时也会运用于投资活动。在投资活动中，企业将资金投出并取得收益，称为对外投资及其收回。这些资金的增减变动也是商业企业的资金运动。

【1-1】　企业支付给单位职工的工资，是属于资金运用，还是属于资金退出？

总之，单位主体的资金运动，通常都表现为资金取得或投入、资金运用和资金退出三个过程。会计工作的主要任务，就是将这些过程中所发生的能用货币表现的经济活动，按照特定的规则加以反映。

二、会计目标和职能

（一）会计目标

会计目标也称会计目的，即向信息使用者提供有关会计信息，反映管理层受托责任履行情况，有助于信息使用者做出科学决策。会计目标主要包括以下有两个方面的内容：一是通过会计信息系统的运行提供财务状况、经营成果和现金流量等有关会计信息，充分反映管理层受托责任履行情况，用以满足信息使用者做出经济决策的需要。会计信息系统生成的会计信息主要是以货币形式表达的信息，从经济内容看，主要包括有关企业经济资源的信息，有关企业经济资源要求权的信息，有关企业经济资源、经济资源要求权变动情况的信息。二是加工利用信息，将会计信息按照一定规则和要求加工转换成经营管理所需要的综合信息，利用综合信息参与经营管理。会计的这一目标常常被人们所忽视。

与会计目标相对应,会计信息系统由两个子系统构成,一个是会计信息生成子系统,另一个是会计信息加工利用子系统,会计信息系统是二者的有机统一。会计信息生成系统是以货币形式,按照确认、计量和记录、报告的信息处理程序,采用一系列信息生成方法,反映经济过程及其结果,提供信息使用者所需的财务会计信息。财务会计报告是会计信息生成系统的最终结果。信息加工利用系统是根据会计信息生成系统所提供的基本财务会计信息,结合其他信息,进一步分析加工,提供经济决策所需要的综合信息,并利用这些信息参与企业管理。财务报表分析和管理会计主要是信息加工利用系统。本书主要讨论财务会计信息的生成,至于会计信息的综合加工、利用,需要在管理会计和财务管理课程中学习讨论。

(二)会计的职能

会计的职能分为基本职能和拓展职能,分别由会计信息生成系统和加工利用系统的功能实现。

1. 会计的基本职能

会计的基本职能主要是核算(或称反映)和监督。会计信息生成系统的主要功能是实现核算(反映)和监督经济活动过程的会计基本职能,是通过收集经济活动数据资料并将它转化为财务会计信息的过程来实现的。所谓核算(反映)经济活动过程,就是以货币形式,如实确认、计量、记录和报告经济活动过程及其结果。所谓监督经济活动过程,是在反映经济活动过程中,通过对原始凭证的审核和确认,监督经济活动的合法性、真实性和有效性。从时间上看,会计监督分为事前监督、事中监督和事后监督。从监督主体上看,分为内部监督、社会监督和政府监督。

会计核算与监督两项基本职能相辅相成,辩证统一。会计核算是会计监督的基础,没有会计核算所提供的各种信息,会计监督就失去了依据;而会计监督又是会计核算质量的保障,如果只有会计核算没有会计监督,就难以保证会计核算所提供信息的真实性和可靠性。这两项基本职能中,会计核算是最基本的职能,处于主导地位,而会计监督则存在于会计核算的过程之中。

2. 会计的拓展职能

随着经济活动日益繁杂和会计理论的不断深化,会计除了基本职能外,还具备了参与经营管理的拓展职能。会计加工利用系统的主要功能,是通过对财务会计信息按管理需要,进行加工、利用,以实现会计参与经营管理的拓展职能。会计参与经营管理工作是为了更好地利用综合信息,加强经营管理的预见性和计划性,利用会计信息参与预测和决策,具体表现在:

(1)会计评价:利用会计信息对经营业绩进行客观评价。

(2)会计预测:利用会计信息对经营前景进行科学分析与预测。

(3)会计决策:利用会计信息提出各种可行性方案,帮助主管人员在多个备选方案中选择出最佳方案,为管理当局提供与决策有关的信息。

三、会计核算方法和会计循环

(一)会计核算方法体系

所谓会计核算方法,是指对发生的经济业务事项进行会计确认、会计计量、会计记录、会计报告,并反映财务状况、经营成果和现金流量信息的过程中所采用的专门方法。

会计核算方法体系，是由填制和审核会计凭证、设置会计科目和账户、复式记账、登记会计账簿、成本计算、财产清查和编制财务会计报告等会计核算专门方法构成的方法体系。下面我们对这些会计核算专门方法进行简单介绍。

1. 填制和审核凭证

填制会计凭证是为了保证会计记录完整、真实和可靠，审查经济活动是否合理、合法而采用的一种专门方法。会计凭证是经济业务的书面证明，是登记账簿的依据，对每一项交易或事项填制会计凭证，并加以审核，可以保证会计核算的质量，并明确经济责任。

2. 设置会计科目和账户

设置会计科目和账户是对会计对象的具体内容进行归类、反映和监督的一种专门方法。设置会计科目可以对会计对象复杂多样的具体内容进行科学的分类，通过设置账户可对经济内容进行客观的记录，以便取得各种会计信息，并随时加以分析、检查和监督。

3. 复式记账

复式记账是对每一项交易或事项通过两个或两个以上有关账户相互联系起来进行登记的一种专门方法。采用复式记账，可以全面地、相互联系地同时在有关的两个或两个以上的账户中反映资金的增减变化，并掌握它的来龙去脉。

4. 登记账簿

登记账簿是根据填制和审核无误的会计凭证，在账簿上连续地、系统地、完整地记录交易或事项的一种专门方法。按照记账的方法和程序登记账簿并定期进行对账、结账，可以提供完整的、系统的会计资料。另外，账簿登记的各种数据资料，还是编制会计报表的主要依据。因此，登记账簿是一种非常重要的会计核算方法。

5. 成本计算

成本计算实际上是一种会计计量活动，它所要解决的是会计核算对象的货币计价问题。因此，广义的成本计算存在于各种交易或事项之中，任何一项交易或事项只要纳入了会计的信息核算系统，就都有一个货币计价问题，而货币计价就是确定用何种成本属性入账的问题。所谓成本计算，就是对应计入一定对象上的全部费用进行归集、计算，并确定各成本对象的总成本和单位成本的会计方法。科学的成本计算是正确地进行盈亏计算的基础。目前的会计学科体系中已经存在一个专门的学科——成本会计学，对成本计算的相关内容进行研究。

6. 财产清查

财产清查是为了确定某单位在一定日期财产的实存数，并核查账存数与实有数是否一致，从而保证会计资料真实完整及发现财产管理漏洞的一种方法。财产清查的具体方法包括实地盘点法、账目核对法、技术推算法等等。定期进行财产清查，对保护财产的安全完整和会计信息质量都有着重要作用。财产清查是编制年度会计报表前的一项重要的基础工作。

7. 编制财务会计报告

编制财务会计报告是根据账簿记录的会计数据资料，采用一定的表格及文件形式，概括地、综合地反映各单位一定会计期间的财务状况、经营成果和现金流量的一种方法。编制财务会计报告是会计核算的最后一个环节，也是对日常会计核算的总结。通过编制财务会计报告和对外报出财务会计报告，可以向有关方面提供企业一定期间的会计信息，是会计反映职能的集中体现。财务会计报告是连接会计信息与会计信息使用者的桥梁。

各种会计核算的专门方法之间的关系可用图 1-5 表示。

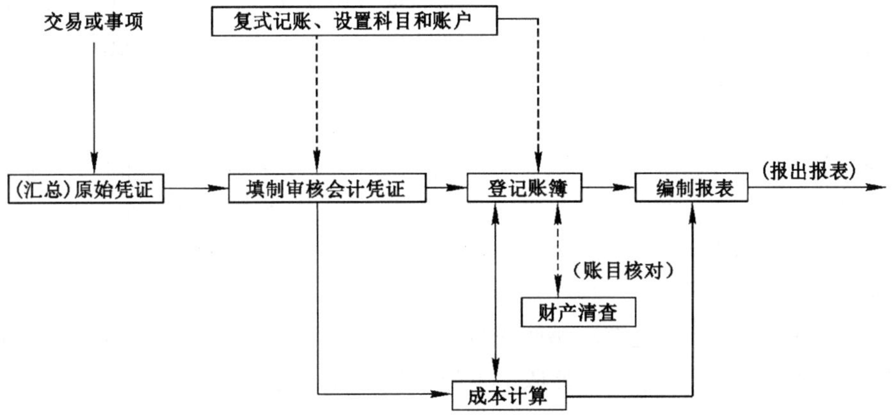

图 1-5　会计核算专门方法的关系示意图

会计核算的七种专门方法,虽然各有特定的含义和作用,但并不是独立存在的,而是相互联系、相互依存、彼此制约的,它们共同构成了一个完整的会计核算方法体系。

（二）会计循环

会计循环是指在会计信息系统中按照一定的步骤反复运行的会计程序。

如果从会计具体工作程序来看,会计信息系统的运行实际上是会计核算方法按照一定步骤进行的具体运用,即对反映交易或业务的原始凭证进行审核分析、编制记账凭证、登记账簿、试算平衡、账项调整与结转、编制会计报表和结账,形成了一种会计循环;从会计核算的具体内容来看,会计循环由填制和审核会计凭证、设置会计科目和账户、复式记账、登记会计账簿、成本计算、财产清查、编制财务会计报告等组成。

从会计流程看,会计循环由会计确认、会计计量、会计记录和会计报告等环节组成。会计信息系统的输入、加工处理、输出、反馈四个运行环节,在会计信息系统的具体运行过程中表现为会计确认、会计计量、会计记录和会计报告四种形式。

1. 会计确认

会计确认是指依据一定的标准,辨认哪些数据能输入会计信息及如何进行报告的过程。会计确认分为初始确认和后续再确认。

初始会计确认,决定了哪些交易、事项的数据应该在会计信息系统中予以记录和反映,解决的是交易、事项的数据是否应该输入会计信息系统的问题,以及输入会计信息系统的数据到底对哪些项目产生了什么样的影响。只有符合会计确认标准的经济活动才能作为会计事项被输入到会计信息系统中。

企业经济活动中可以在会计信息系统中予以记录和反映的交易、事项,称为会计事项。“交易”原意是指一个会计主体与其他会计主体发生的,以商品或劳务为主要内容的交换行为。从目前来看,交易主体的行为已经远远不止于此,除了商品或劳务的购销以外,还有对外筹资、投资等理财行为,因此,现在的“交易”概念已经延伸到泛指一个单位主体与外界一切单位之间发生的每一项往来,只要这些往来能够用货币形式加以计量、记录和报告,都称为交易。“事项”主要指发生在单位主体内部、可以用货币形式加以计量、记录和报告的内部经济活动,如生产车间领用原材料等。在我国会计工作中,目前的习惯是将交易、事项统称为“经济业务”。那些尚未引起资金运动、不能以货币形式加以计量、记录和报告的经济活动不作为经济业务,会计信息系统对其不予以确认为会计事项或不确认为经济业务,更不予以记录和报告。

例如,企业签订了一份销售合同,在这份销售合同尚未履行之前,并没有对企业资金运动和价值量产生实质性影响,因此,这一经济业务就不能被确认为会计事项,不能被输入会计信息系统。再如,业务人员出差归来报销差旅费,有一些业务之外的个人非正常开支,由于不符合企业财务制度中对开支的有关规定,不符合会计确认标准,因而不能被确认报销,就不能被输入会计信息系统。

会计后续再确认,主要是解决哪些项目应当列入会计报表以及如何列入会计报表的问题。例如,企业原来账户上有一笔应收的款项,在期末时,有确凿证据表明这笔款项不能收回,这时就应该将之从列入会计报表的应收账款项目总金额中扣除。

2. 会计计量

会计计量是指在会计确认的基础上确定具体金额的过程。会计计量解决的是定量问题,主要是确定某项经济业务对有关具体项目所产生的影响的大小。它是将经济业务涉及的数量和金额按照有关规定分配到有关项目中去的一项活动。

例如,企业收到某公司支付的款项 10 万元,其中 6 万元为已经实现的销售,4 万元为预收账款。会计人员确认预收账款为 4 万元而不是 10 万元,这个确定具体金额的过程,就属于会计计量。

会计计量贯穿于输入、加工处理、报告和反馈四个环节,会计信息系统四个环节的正确运行都离不开会计计量。

3. 会计记录

会计信息系统最为基本的运行过程就是会计记录,即借助于专门的会计方法,将经济业务所发生的数据,按照对有关项目的影响分别记录下来,形成对数据的加工处理或存储整理,并予以传递,从而最终形成财务报表信息。目前,我国会计实践中普遍采用的是复式记账法进行会计记录。

4. 会计报告

会计报告是会计信息系统运行的最后一个环节,也是最重要的环节。可以说,会计确认、会计计量、会计记录,都是为了会计报告而设计的。会计报告是会计信息系统的最终产品。如果这个最终产品不能符合信息使用者的要求,或不能满足其他一些方面的质量要求,则会计信息系统的运行就是不成功的。

目前,会计信息系统所提供的财务会计报告,主要是财政部统一规定的基本会计报表,在会计报表的种类、格式及内容上,都有一定的限制。除基本会计报表外,还可补充提供一些能帮助信息使用者更好地理解基本会计报表的信息,如会计报表附注等。随着会计电算化的普及,财务会计报告提供的速度越来越快,周期越来越短,会计信息的发布也不再以书面印刷品为唯一形式,会计报表信息的生成、传递、更新更为便捷。

第三节 会计的历史沿革及发展

会计学科与其他学科一样，都具有明显的继承性，无论是基本理论还是方法和程序，都随着社会的进步而处于不断发展之中，因此，了解会计信息系统的产生与沿革，将有助于我们更全面地理解会计的价值和作用，也有助于我们更好地把握未来会计信息系统的发展前景。

一、会计的历史沿革

（一）会计的产生

会计产生于何时，发源于何地，至今尚无定论。但会计的产生最终与人类的实践活动分不开。人类社会的生产实践活动决定着人类其他一切活动，也是人类会计行为产生的根本前提。

会计行为最初表现为人们对生产实践活动的记录和计量行为，如我国原始社会后期的"结绳记事"和"刻记"的出现，就是社会生产实践中产生的会计行为的萌芽。由于在人类社会早期阶段，社会生产力水平极其低下，没有剩余产品，这种简单的记录和计量行为，主要是计算劳动成果并为劳动成果的分配服务，只是生产职能的附带部分，即在"生产时间之外附带地把收支、收支日等记载下来"。后来，随着社会生产的不断发展，剩余产品大量出现，对劳动产品的记录和计算日益复杂化。当社会生产发展到一定水平，尤其是出现了私人占有财产以后，生产过程便逐步过渡到用货币形式进行计量和记录，并使会计逐渐从生产职能中分离出来，成为由专门人员进行核算的独立的职能。会计产生初期，由于无须向外部提供信息，因此，会计只是一种记录职能，尚不具备会计信息系统的其他功能。

（二）会计的发展历程

人类的会计行为是生产发展到一定阶段的产物，它也基于生产的需要而不断向前发展。物质资料的拥有是人类生存和发展的基础，以尽可能少的劳动耗费取得尽可能多的物质资料，是人们的共同愿望。为此，在不断改进生产技术的同时，必须相应改进对生产过程的所得、所费进行记录、计算和汇总的会计技术方法。综观会计核算的内容、方法的变化和发展，可将会计的发展分为三个阶段：古代会计阶段、近代会计阶段和现代会计阶段。

1. 古代会计阶段

古代会计阶段的起始时间至今无法考证，但截止时间一般都认为是1494年世界上第一部论述复式簿记的书籍——《算术、几何、比及比例概要》出版之前。

在我国，"会计"一词首先出现在夏代，但史书上并没有对之进行解释的记载。到周朝，中央王朝已建有政府会计机构并设立了"司会"职位，据《周礼》记载："主天下之大计，计官之长，掌国之官府、郊野县都之百物财用"，实施"听其会计"制度，即接受中央和地方官员的会计报告，审核其账目。西周对会计解释为"零星算之为计，总合算之为会"，即年终的总核算为会，日常的核算为计，合起来称为"会计"。我国西周时期以"参互""月要""岁成"等方法，对当日、当月、当年官府钱谷收支进行结算、考核。进入封建社会后，会计有了一定的发展和提高。从会计记录方法看，秦汉以前的官厅会计是用文字叙述记录，以后才逐渐改进，采用简明定式记录。汉朝（公元前206—公元220年）出现了"簿书""记簿"。

宋朝（960—1279年）时，会计又有了新发展，当时官府办理钱谷收支采用了"四柱清册”，创建了单式簿记的记账法，即“四柱结算法”，这在当时是世界上处于领先地位且比较成熟的会计记录方法。官吏报销钱粮或办理移交，需编造四柱清册。所谓“四柱”，是指“旧管、新收、开除、实在”，相当于现在的期初余额、本期增加、本期减少和期末余额。四柱结算法是把一定时期内财物的收付在账簿中分为旧管、新收、开除、实在四个方面进行记录，通过“旧管＋新收＝开除＋实在”这一平衡公式加以总结，既可检查日常记录的正确性，又可分类汇总日常会计记录，使之起到系统、全面和综合反映的作用，可见当时账簿中的平衡关系已经形成了。

在国外，这一阶段会计的发展一直是落后于我国的，只有几个文明古国的会计产生较早。例如，四千多年前的文明古国巴比伦，就开始了在金属、瓦片上的会计记录；同时期的古埃及已设有仓库记录官与监督官，并建立了较为严格的内部控制制度。公元前 5 世纪，古罗马的国家档案中已经有记录政府收入和支出的记载，并在政府中设会计官员；古希腊在公元前 630 年发明了铸币，并用铸币进行会计计量。13 世纪以前，意大利佛罗伦萨的银行簿记仍然是叙述式记账法；直至 13 世纪以后，簿记才得以改进，以简单的定式会计记录取代层次紊乱的叙述式记录。13 世纪以后，意大利的某些沿海城市，如威尼斯、佛罗伦萨等，出现了资本主义萌芽，借贷资本家开始以“借主”“贷主”的记账形式登记债权、债务，为以后借贷记账法的产生奠定了记账符号的基础和由单式簿记向复式簿记过渡的基础。

2. 近代会计阶段

近代会计，不少人认为应该是从 15 世纪末到 20 世纪 50 年代初期。

在我国，到了明末清初(1600 年前后)，出现了比四柱清册更加完备的、满足商业需要的复式记账，即“龙门账”。四柱清册只能应用于不计盈亏的政府会计或称官厅会计，而龙门账则满足商业上核算盈亏的需要。龙门账的先进性在于：所有账目分为“进、缴、存、该”四项。进，相当于收入；缴，相当于支出；存，相当于期末资产、债权的结存；该，相当于期末负债和资本。其关系式是“进－缴＝存－该”；结账时，按照上式的左、右两方，从两方面计算盈亏，并以该平衡公式审核盈亏计算的正误，当进缴差额等于存该差额时，即为账目“合龙门”。同时，还要求分别编制进缴表和存该表。

1636 年后，我国又产生了“四脚账”，又称为“天地合账”。这种账要求对一切账项，都要在账簿上记录两笔，既要登记每一账项的来向方面，又要登记每一账项的去向方面，以达到反映同一账项来龙去脉的目的。账簿采用垂直书写，分上下两格，上格记收，称为天方，下格记付，称为地方，上格的所记合计数与下格所记合计数必须相等，即为“天地合”。

龙门账和四角账都是我国较为完善的中式会计复式记账方法。

在这一时期，会计在西方国家迅速发展的实例不胜枚举。15 世纪末，意大利的沿海城市在商业和金融业率先得以发展。为了经济发展的需要，他们将借贷资本家原来使用的“借主”“贷主”的记账形式，经逐步改进后，形成了早期的借贷复式记账法。1494 年，意大利著名的数学家卢卡·巴其阿勒在威尼斯出版了《算术、几何、比及比例概要》一书，对复式簿记做了系统的介绍。此书除了介绍借贷复式记账法的原理之外，还介绍了以日记账、分录账和总账三种账簿为基础的会计制度，以后相继传至世界各国。借贷复式簿记系统不仅仅是一种会计记录方法，它不仅提供了一系列科学的会计观念，更重要的是，它还创造出“资本”“企业”等概念，从而推动会计前进了一大步。因此，《算术、几何、比及比例概要》一书的出版成为会计史上的第一个里程碑，卢卡·巴其阿勒也被后人称为“近代会计之父”。

1600 年，在英国成立了世界上第一个公司制企业——东印度公司之后，为了解决委托代理问题，开始提出会计惯例和公认会计原则的要求与研究。1853 年，在英国的苏格兰成立了世界上第一个注册会计师专业团体——爱丁堡会计师协会，并于 1854 年被授予皇家特许证，允许它的会计师冠以“特许会计师”的标志，会计开始成为一种社会性专门职业和通用的商务语言。这被称为会计发展史上的第二个里程碑。

英国是产业革命的发源地，而成本会计又是产业革命带来的重要成果之一。进入 20 世纪，国外的会计由原来的以商业为重点转向以工商企业为重点，以加工制造企业为主要内容的“成本会计”得以兴起。20 世纪 40 年代，国外的“管理会计”又因为能满足企业内部管理的需要而兴起。

另外，需要说明的是，由于半封建半殖民地的高度闭关锁国，我国近代会计的发展自四脚账后几乎没有多大进展。直到清末辛亥革命后，我国会计学家潘序伦、谢霖等人，才从日本引进了西方的借贷复式簿记，但只在“大清银行”使用。此后，在中华人民共和国成立以前，我国就一直存在着中式复式簿记和西式复式簿记并存的局面。中华人民共和国在 1949 年成立后，我国引进使用苏式会计，同时，也在某些行业使用了借贷复式记账的方法，并与世界上其他国家一起进入了现代会计阶段。

由古代会计和近代会计的沿革，我们可以看出，那时的会计虽说是一个系统，但会计系统的作用侧重于反映，是管理经济活动的工具，具有管理的职能，是管理工作的重要组成部分。在 1600 年公司制企业出现之后，会计系统需要向外提供有关信息，使会计系统演变成为一个信息系统已经初现端倪，但会计系统主要还是通过会计核算发挥其管理作用。

3. 现代会计阶段

现代会计是指 20 世纪 50 年代以后，在发达的市场经济国家，特别是在美国发展起来的会计。现代会计完全具有了我们前述的信息系统的特征，因此，从严格意义上讲，会计是“提供会计信息的一个经济信息系统”这个定义就是针对现代会计而言的。

现代会计阶段，世界经济得到了迅猛发展，与此相适应会计理论得到丰富，会计技术方法日益先进，而且会计学科的门类不断增多。现代会计的形成和发展主要表现在两个方面：

第一，会计与现代电子计算和信息技术相结合，由手工簿记系统发展为电子数据处理系统和网络系统。1946 年，美国第一台电子计算机诞生后，1953 年便在会计中得以运用，逐步形成了如今的电算化会计。会计处理的电算化，是会计在记录与计算技术方面的重大革命。会计信息的网络化，大大促进了会计信息的传递，有助于提高会计信息的使用效率。

第二，会计的理论、方法随着企业内部和外部对会计信息的不同要求而出现了两个分支。1952 年，世界会计学会正式批准使用“管理会计”一词，由此将会计分为财务会计和管理会计两大门类。财务会计是以向投资者、债权人等外部信息使用者提供决策所需信息为主，因此也被称为“对外报告会计”；而管理会计是以向企业内部各级管理者提供决策所需的经济信息为主，因此也被称为“对内报告会计”。会计出现的这两个分支，被称为是会计史上的第三个里程碑。

与此同时，对会计信息系统的界定，从概念上讲，应当包括财务会计信息系统（即会计信息生成子系统）和管理会计信息系统（即会计信息加工利用子系统），我们通常所讲的会计信息系统，通常是指财务会计信息系统，主要目标是向外部信息使用者提供有用的会计信息。

当然，现代会计除了上述两个方面的发展外，还有许多新的发展领域。目前，通货膨胀会计、税务会计、国际会计等在国内外经济工作中都得到了比较广泛的应用,形成了比较完善的会计信息系统体系。

二、会计的未来展望

我国会计信息系统目前出现手工会计信息系统和电算化会计信息系统并存的局面。从总体上看,我国计算机会计信息系统发展较快,但不平衡。一些小微企业仍停留在手工会计操作上,而且,计算机的应用主要限于代替手工记账、算账和报账,将计算机用于辅助会计人员进行管理和决策方面还很有限。此外,既懂会计专业知识又懂计算机的复合型人才还相当缺乏。因此,我国计算机会计信息系统的开发与应用任重道远。

随着经济的发展和会计处理技术的改进,我国会计信息系统将会得到进一步的发展,具体表现在以下三个方面:

1. 系统功能的综合和技术集成

企事业单位的经营活动是一个有机的整体,会计是从价值方面综合反映企事业单位的财务状况和经营成果。而企业开展预测、决策、控制、分析,不仅需要会计信息,还需要供、产、销、劳资、物资、设备等多种信息。因此,需要将会计作为一个子系统,建立以财务管理为核心的企业综合管理信息系统,同时建立决策支持系统、内部控制系统,并通过系统集成技术,把它们组合在一起,使会计这一信息系统能够将会计核算、会计管理、会计分析和决策有机地结合在一起,能自动实现会计信息与其他管理信息相互交换和融合,通过计算机、网络及通信等现代信息技术,对经济业务活动的信息进行搜集、加工、存储、传送及应用,促使企业生产经营活动的业务流、物质流、资金流与信息流的相互融合,为企业管理决策和国家宏观控制、决策实时提供所需的财务信息及相关信息。

2. 信息系统输出的多元化

运用计算机强大的数据处理功能和高速准确的处理效率,实现信息系统输出的多元化,提高信息的及时性,满足不同信息使用者的需求。不仅可以按月、按季、按年输出有关信息,还可以按旬、按周、按日输出必要的信息。另外,还可以针对不同需求对象,输出各种内容特殊的专用报表,满足不同管理者的需求。

3. 信息系统的网络化

随着计算机技术、网络技术的蓬勃发展,网络时代的来临必将使会计信息系统发展为网络会计信息系统。所谓网络会计信息系统,是指计算机网络化的会计系统,其所需处理的各种数据越来越多地以电子形式直接存储于计算机网络之中,对各种交易中的会计事项进行确认、计量和披露的会计活动。

网络会计信息系统的特点表现为:

(1) 在线反馈。当业务事项发生时,会计信息系统可以通过企业内部网、企业外部网以及互联网直接采集有关的数据信息,实现会计业务一体化处理,可以实时予以反映;凭借计算机的强大处理能力和网络的传输能力,信息使用者只要点击鼠标即可生成所需的会计信息。

(2) 全面反映。通过在线访问,信息需求者可以直接从网上获取所有企业开放的财务信息和非财务信息,满足企业多方面的需要。

(3) 实时分析比较。在线数据库包括网上所有企业的信息,企业内部财务人员可在此基础上得到同行业其他企业的有关财务指标,并进行分析比较,正确预测企业今后的发展方向。

(4) 资源共享。大量数据通过网络从企业内外有关系统直接采集，而企业内外的各个部门也可以根据授权，通过网络直接获取信息，通过相互访问实现资源共享。

复习与练习

一、填空题

1. 经济信息是对经济活动的__________、特征及其变化的表述。

2. 对于会计信息系统来说，它主要包括四个运行环节，即输入、__________、输出和__________。

3. 会计对象，简单地说就是用货币表现的经济活动，即__________。

4. 会计的基本职能能是__________和__________经济活动过程。

5. __________是会计信息系统运行的最后一个环节，也是最重要的环节。

二、判断题

1. 会计是“提供会计信息的一个经济信息系统”这个定义就是针对近代会计而言的。 ( )

2. 会计信息的生成应以凭证为主要依据。 ( )

3. 电算化会计信息系统，其实质是手工会计信息系统的进一步发展，是手工会计信息处理流程计算机化，因此，会计信息处理基础与手工会计信息系统有所不同。 ( )

4. 会计核算方法包括填制凭证、登记账簿、成本计算、财产清查和编制会计报表、会计报表分析等。 ( )

5. 会计核算的各种专门方法是相互独立的，一般按会计部门分工，可以由会计人员进行独立处理。 ( )

三、单选题

1. ( )是会计的拓展职能。

A. 反映　　B. 监督

C. 参与经营管理　　D. 形成报表

2. 下面的几种表述中，不正确的是( )。

A. 会计核算是最基本的职能

B. 会计监督是会计核算质量的保障

C. 会计循环是指在会计信息系统中按照一定的步骤反复运行的会计程序

D. 会计以货币作为唯一的计量单位

3. ( )贯穿于输入、加工处理、报告和反馈四个环节。

A. 会计记录　　B. 会计确认

C. 会计计量　　D. 会计报告

4. 会计出现的财务会计和( )这两个分支，被称为是会计史上的第三个里程碑。

A. 成本会计　　B. 管理会计

C. 通货膨胀会计　　D. 税务会计

5. 最早系统论述借贷复式记账原理及其运用的著作是( )。

A. 唐元和二年(公元 807 年)李吉甫撰《元和国计簿》

B. 唐大和(或作太和)元年(公元 827 年)韦处厚著《大和国计》

C. 宋景德四年(公元 1007 年)丁谓主编《景德会计录》

D. 意大利数学家卢卡·巴其阿勒 1494 年出版的《算术、几何、比与比例概要》

四、多选题

1. (　　)属于企业的会计信息使用者。

A. 税务机关

B. 企业的管理层

C. 对上市公司年度财务会计报告进行审计的注册会计师

D. 企业的贷款银行

2. 企业本次购料应支付的总款项为 10 万元,其中的 6 万元购料款已经支付,其余款项一个月后支付。会计人员确定本次业务形成的应付款为 4 万元。这个确定本次具体应付款金额的过程属于(　　)。

A. 会计确认　　B. 会计计量

C. 会计记录　　D. 会计报告

3. 会计提供的信息具有(　　)的特征。

A. 连续性　　B. 全面性

C. 系统性　　D. 综合性

4. 会计除了具有核算和监督的职能外,还具有的职能有(　　)。

A. 评价经营业绩　　B. 成本计算

C. 预测经营前景　　D. 参与经营决策

5. 下列各项中属于会计核算方法的有(　　)。

A. 编制财务预算　　B. 设置会计科目和账户

C. 复式记账　　D. 填制和审核会计凭证

五、简答题

1. 什么是会计?你是如何理解会计的价值的?

2. 会计的基本职能和拓展职能有哪些?

3. 会计的对象是什么?会计核算方法体系中包括了哪些会计专门方法?

4. 什么是会计循环?从会计流程看,会计循环由哪些环节组成?

5. 你认为会计的发展前景是怎样的?

第二章　会计假设与会计信息质量要求

【本章重点和难点】

☆会计假设，又称为会计前提，是对会计核算所处时间、空间环境等所做的合理假定，是会计确认、计量和报告的前提。

☆会计核算以人民币作为记账本位币。业务收支以人民币以外的货币为主的单位，可以选定其中一种货币作为记账本位币，但是编报的财务会计报告应当折算为人民币。

☆企业应当划分会计期间，分期结算账目和编制财务会计报告。

☆会计基础，是指会计确认、计量和报告的基础，是确认一定会计期间的收入和费用，从而确认损益的标准。企业应当以权责发生制为基础进行会计确认、计量和报告。

☆权责发生制，又称应计制，是指收入、费用的确认应当以收入和费用的实际发生为确认的标准，合理确认当期损益的一种会计基础。

☆会计信息的质量要求，是对企业财务会计报告中所提供高质量会计信息的基本规范。会计信息质量要求主要包括可靠性、相关性、可理解性、可比性、实质重于形式、重要性、谨慎性和及时性。

第一节　会计假设与会计基础

一、会计假设

会计假设，又称为会计前提，是对会计核算所处时间、空间环境等所做的合理假定，是会计确认、计量和报告的前提。在现代社会经济条件下，会计赖以活动的客观经济环境受到多种不确定性因素的影响，会计人员在选择会计核算方法对经济业务进行会计处理时，不可避免地需要运用一些估计或判断。为了进行正确的会计处理，避免估计或判断的随意性，保证会计信息质量，需要首先设定一些假设，并在这些假设限定的情况下进行核算。我国会计基本准则中将会计假设确定为会计主体、持续经营、会计分期和货币计量四个方面。

（一）会计主体

所谓会计主体，又称会计个体或会计实体，是指会计人员进行会计工作所为之服务的一个特定单位。典型的会计主体是企业。会计信息系统所处理的数据、所提供的信息，不是漫无边际的，而是要严格限定在具有一定独立性的单位或主体之内，会计信息系统所接受和所处理的数据以及所输出的信息，都不应该超出这些单位的空间范围。会计主体假设在应用时，涉及三层含义：

首先，会计主体假设的目的在于明确会计信息系统进行加工、处理的空间范围和界限，划清个人与单位、单位与单位间的经济行为的界限。所以，会计所反映的只能是会计主体范围内的经济活动,不能将会计主体范围外的其他单位的经济活动以及会计主体的所有者、内部职工等个人的经济行为都纳入核算。例如,企业所有者的交易与事项,是属于企业所有者主体所发生的,不应纳入企业主体的会计核算范围。但是企业所有者投入到企业的资本或企业向所有者分配的利润,则属于企业主体所发生的交易或事项,应当纳入企业的会计核算范围。会计核算工作中通常所讲的资产、负债的确认、收入的取得、费用的发生,都是针对特定会计主体而言的。

其次,会计主体是根据经济管理和核算的需要事先确定的,可否列为会计主体不是一成不变的。但一般来说,凡是独立组织会计工作、独立计算盈亏、独立编制报表的经济单位,都是会计主体。在此应特别注意,会计主体与法律主体并非是对等概念。法律主体是以独立承担刑事或民事法律责任为依据的;而会计主体是以是否独立进行会计核算为确定依据。一般来说,法律主体必然是会计主体,但会计主体不一定是法律主体。例如,总公司和分公司,它们都是具有独立性的经济单位,总公司和分公司都是会计主体,但分公司不具有独立的法人地位,不独立承担民事责任,分公司是会计主体不是法律主体,而总公司具有独立的法人地位,可独立承担民事责任,总公司是会计主体也是法律主体。

最后,会计主体假设还揭示了会计信息系统在进行具体的信息加工、处理时的明确立场。对于各种经济业务和经济关系,都应从会计主体的立场进行处理。例如,一笔购销业务,以销售企业作为会计主体,这笔业务表现为销货业务在会计中加以处理;而以购进企业作为会计主体,这笔业务表现为购货业务在会计中加以处理。

会计主体假设或者说会计主体前提,对会计确认、计量、报告的范围从空间上做了有效界定,解决了为谁核算的问题,对于正确地反映一个经济实体所拥有的经济资源及其所承担的义务,计算该经济实体的经营收益或损失等,都有重要意义。

(二) 持续经营

持续经营,是指会计信息系统在加工、处理信息过程中应当以企业持续、正常的生产经营为基本前提。换句话说,是假设企业的经营活动在可预见的未来,将按当前的规模和状态持续经营下去,不会停业,不会大规模削减业务。

企业是否持续经营,在会计方法的选择上有很大差别。一般情况下,企业将会按照当前的规模和状态继续经营下去,不会停业,不会大规模削减业务。明确了这个基本假设,会计处理就得以建立在非破产、非清算的基础之上,从而解决了资产的计价、费用的分摊及收益的确定的问题。例如,固定资产的价值转移可以按使用年限分期转为费用;企业的负债,可以在未来按规定的条件清偿;企业的销货款,可以在未来按期收回;等等。这些都是以企业能够"持续经营"这一假设为前提的。在这个假设下,企业在信息的收集和处理上所使用的会计处理方法可以保持稳定,企业的会计记录和会计报表能够真实可靠。

但是,持续经营假设并不会在事实上消除企业经营活动的风险性和破产清算的可能性。当企业不能抵御市场风险、出现资不抵债的情况时,就不得不宣告破产或改组。这时,持续经营假设就不再适用,而且以这一会计假设为依据的会计原理和会计处理方法,均已不再适用,会计处理方法需做相应的改变,改按企业清算的会计方法进行会计处理。

(三) 会计分期

会计分期间,也称为会计期间,是指为了及时计算盈亏和对外提供会计信息而将一个企业的持续经营期间人为地划分成时间间隔相等、首尾相接的一段一段的较短的期间。

会计分期假设可以说是对持续经营假设的必要补充，它随着持续经营假设的产生而产生，两者都是对会计活动时间范围的规定。我国《企业会计准则——基本准则》第七条明确指出："企业应当划分会计期间，分期结算账目和编制财务会计报告。"

在正常情况下，企业的生产经营活动是持续不断地进行的，从理论上说，企业的经营成果只有在企业最后结束其经营活动时才能确定下来。但实际上又绝不会如此。因为在一般情况下，谁都无法预期企业将于何时结束它的全部业务，也就是不能等到它结束经营时才反映财务状况和计算净收益；而且，企业的投资者、债权人和政府有关部门都需要及时了解企业的相关信息，因此就需要人为地划分会计期间。按照会计期间，企业可及时地结算账户和编制会计报表，从而及时地提供企业有关经营成果和财务状况的会计信息。

会计期间的划分可长可短，可以是月度、季度、半年度、年度，通常把月度、季度、半年度称为会计中期。会计年度通常为一年，它可以是历年，也可以是营业年。前者自公历 1 月 1 日到 12 月 31 日为一个会计年度；后者是以每年中企业经营活动最不活跃的时间作为会计年度的起点和终点，例如，从 7 月 1 日到次年的 6 月 30 日。一般来说，各国的会计年度都是按照政府的财政预算年度来确定的。西方国家通常采用的是营业年度，而我国会计年度自公历 1 月 1 日起至 12 月 31 日止，即以公历年度作为企业的会计年度。

明确会计分期假设意义重大。有了会计分期假设，才有了"本期"与"非本期"的概念，才产生了本期与非本期的区别，才形成了本期收入确定、本期费用分配、应收、应付等一系列规定和相应的会计处理方法。

（四）货币计量

货币计量是指会计主体在会计确认、计量和报告时以货币作为计量尺度，反映会计主体的经济活动。在会计的确认、计量和报告过程中之所以选择以货币为基础进行计量，是由货币的本身属性决定的，选择货币尺度进行计量可以充分反映经营情况，其他计量单位，如实物的计量单位、劳动的计量单位，只能从某一侧面反映经营情况，无法在量上进行汇总和比较。所以，《企业会计准则——基本准则》第八条规定："企业会计应当以货币计量。"

企业在会计处理过程中不仅要采用货币为主要计量单位，记录、反映企业的经济活动并报告其结果，并且经济交易在多种货币存在的情况下，会计主体需要确定一种特定的货币作为统一的计量单位。这种在会计上被选用的作为统一的计量货币，称为记账本位币。各国在选用记账本位币时，一般是首选本国货币。在我国，以人民币作为记账本位币。《中华人民共和国会计法》（以下简称《会计法》）第十二条规定："会计核算以人民币作为记账本位币。业务收支以人民币以外的货币为主的单位，可以选定其中一种货币作为记账本位币，但是编报的财务会计报告应当折算为人民币。"

二、会计基础

会计基础，是指会计确认、计量和报告的基础，是确认一定会计期间收入和费用，从而确认损益的标准。企业在一定会计期间，为进行生产经营活动而发生的费用，可能在本期已付出货币资金，也可能在本期尚未付出货币资金；所形成的收入，可能在本期已经收到货币资金，也可能在本期尚未收到货币资金；同时，本期发生的费用可能与本期收入的取得有关，也可能与本期收入的取得无关。诸如此类的经济业务必须以所采用的会计基础为依据进行处理。会计基础主要有两种：权责发生制和收付实现制。

（一）权责发生制

权责发生制，又称应计制，是指收入、费用的确认应当以收入和费用的实际发生为确认的标准，合理确认当期损益的一种会计基础。

具体地说，权责发生制要求凡是当期已经实现的收入，不论款项是否收到，都应作为当期的收入处理；凡是归属期属于当期的费用，不论款项是否付出，都应作为当期的费用处理；凡是不属于当期的收入和费用，即使款项已经在当期收到和支付，也不能作为当期的收入和费用处理。

权责发生制与持续经营假设、会计分期假设有着直接的联系。在现代社会经济活动中，存在一些资金的收付与事项或交易的发生存在时差的情况，如预收销货款、预付购货款等情况，虽然款项已经收到或支付，但实际的经济业务并未在本期实现，为了更真实、公允地反映特定会计期间的财务状况和经营成果，就不能将预收或预付的款项作为本期的收入或费用处理。

思考问题

【2-1】 在权责发生制下，20××年4月，某企业销售出一批货物，款项当时未收到，后来在5月中旬收到款项。这笔销货业务，该企业应当在几月份确认为收入？

【2-2】 在权责发生制下，20××年9月，某企业预收到客户的一批购货款，但货物还没有向客户发出。这笔预收货款，能否作为该企业9月份的收入？

权责发生制，主要是从时间上规定会计确认的基础，其核心是根据权、责关系实际发生的期间来确认收入和费用。根据权责发生制进行收入与成本、费用的核算，最大的优点是能够更加准确地反映特定会计期间真实的财务状况及经营成果。《企业会计准则——基本准则》第九条规定："企业应当以权责发生制为基础进行会计确认、计量和报告。"

在权责发生制下，会产生应收和应付款项以及应计收入、应计费用等核算项目。

（二）收付实现制

收付实现制，又称现金制，是以实际收到或支付现金作为确认收入和费用标准的，是与权责发生制相对应的一种会计基础。按照收付实现制的要求，收入和费用的归属期间将与现金收付行为的发生与否紧密地联系在一起。

具体地说，收付实现制要求凡在本期收到的和支付的款项，无论其归属期是否为本期，都作为本期的收入和费用处理；凡是没有在本期收到的和支付的款项，无论其归属期是否为本期，都不能作为本期的收入和费用处理。

思考问题

【2-3】 在收付实现制下，20××年4月，某企业销售出一批货物，款项当时未收到，后

来在 5 月中旬收到款项。这笔销货业务，该企业应当在几月份确认为收入？注意与思考问题 2-1 的区别。

【2-4】 在收付实现制下，20××年 9 月，某企业预收到客户的一批购货款，但货物还没有向客户发出。这笔预收货款，能否作为该企业 9 月份的收入？注意与思考问题 2-2 的区别。

事业单位会计核算基础一般采用收付实现制；事业单位部分经济业务或事项，以及部分行业事业单位的会计核算采用权责发生制核算的，由财政部在相关会计制度中具体规定。

【事业单位存在经营业务举例】 作为事业单位的剧院取得的演出收入，应该按照收付实现制核算，而剧院附设的商店取得的销售收入属于经营业务，应按会计制度中的规定以权责发生制为基础进行核算。

2017 年 1 月开始在行政、事业单位实施的《政府会计准则——基本准则》第三条规定："政府会计由预算会计和财务会计构成。预算会计实行收付实现制，国务院另有规定的，依照其规定。财务会计实行权责发生制。"

收付实现制下的会计不会产生预收收入、预付费用、应计收入、应计费用项目，会计期末可直接根据账户的记录确定本期的收入和费用，不存在调账的问题。这种处理方法比较简便，但对各期损益的确定不够合理，所以，我们国家的企业会计准则要求企业以权责发生制为核算基础。

第二节　会计信息质量要求

一、会计信息使用者

会计信息使用者一般来说包括企业外部的会计信息使用者和企业内部的会计信息使用者。

我们在第一章曾分析了各种会计信息使用者对会计报表的使用与评价，本节为了知识的系统性，在这里对会计信息使用者只做一个简单分类。

1. 企业内部的会计信息使用者

企业内部的会计信息使用者，主要是企业管理层的相关人员。

2. 企业外部的会计信息使用者

(1) 投资者或潜在投资者；

(2) 债权人；

(3) 政府相关管理部门；

(4) 社会公众。

二、会计信息的质量要求

会计信息的质量要求，是对企业财务会计报告中所提供高质量会计信息的基本规范，是使会计信息有助于信息使用者决策所应具备的基本特征。会计信息质量要求主要包括可靠性、相关性、可理解性、可比性、实质重于形式、重要性、谨慎性和及时性。

从某种意义上讲，会计信息系统提供的会计信息就是一种“商品”。作为“商品”，要对经营者和决策者有用，这些信息才是有价值的。如果会计信息不准确或者不完全，人们几乎不能依据其做出什么决策，同时还可能会对企业或个人带来损失。许多人相信，2017 年 12 月初上市公司超华科技(002288)和*ST 佳电(000922)遭到证监会立案调查，就是由于会计核算和财务会计报告信息的不准确造成的，这些不准确的信息让投资者不能准确地判断公司的财务状况、真实的经营状况，导致投资者的投资发生损失。因此，会计信息与其他商品一样，也要符合一定的质量要求，否则，它对其使用者将没有什么作用。这种使会计信息有用的最基本的质量要求，就是会计信息的质量特征。换句话说，会计信息的质量特征指的就是会计信息应达到的质量标准，直接体现了信息使用者对会计信息的质量要求，表明了什么是有用的会计信息。

目前，世界各国对会计信息的质量要求都有不同的研究和规定，一般是由会计准则规定，会计人员执行。我国《企业会计准则——基本准则》中，对会计信息质量要求所确定的标准，表现为可靠性、相关性、可理解性、可比性、实质重于形式、重要性、谨慎性和及时性八个方面。

(一) 可靠性

可靠性要求企业以实际发生的交易或者事项为依据进行会计确认、计量和报告，如实反映符合确认和计量要求的各项会计要素及其他相关信息，保证会计信息真实可靠、内容完整。

企业的会计信息要满足会计信息使用者的决策需要，就必须内容真实、数字准确、资料可靠。可靠性的具体标志主要有真实性、可核性和中立性三个方面。真实性要求会计处理必须以实际发生的经济业务及其合法凭证为依据，不能有人为的主观因素，做到手续完备、内容真实、数字准确；可核性要求会计信息具有可重复验证的特征，即对同一笔业务由不同的会计人员来处理，其结果应当是一致的；中立性要求会计人员在进行会计方法的选择、会计信息的加工和生成、最终会计信息的披露等过程中，应主要考虑所提供的会计信息是否对决策者有用，而不能根据个人的偏好去选择会计方法，更不能考虑选择这种或那种方法对特定利益集团的影响，更不能通过会计方法的选择歪曲会计信息。

(二) 相关性

相关性要求企业提供的会计信息应当与财务会计报告使用者的经济决策需要相关，有助于财务会计报告使用者对企业过去、现在或者未来的情况做出评价或者预测。信息的价值在于其与会计信息使用者的决策相关联，有助于正确决策或提高决策水平。相关性要求企业在收集、加工、处理和提供会计信息的过程中，充分考虑会计信息使用者的信息需求，有针对性地提供会计信息。

【与会计信息使用者的决策相关联举例】 某企业 7 年前买了一辆汽车，当时购买价格为 55 万元，现在已经耗损了 45 万，那么这辆汽车的价值是 55 万元还是 10 万元？如果信息使用者需要知道现在的价值，即为 10 万元，如果需要知道购买时的价值，即为 55 万元。

按照我国的情况，会计信息的相关性表现在企业提供的会计信息必须满足三个方面的不同需要：一是满足国家进行宏观经济管理的需要；二是满足企业外部有关方面了解企业经营成果、财务状况和现金流量的需要；三是满足企业内部经营管理者的需要。

值得注意的是，会计信息的相关性应以可靠性为基础，在可靠性的前提下尽可能做到相关性，不能把两者对立起来。

（三）可理解性

可理解性要求企业提供的会计信息应当清晰明了，便于财务会计报告使用者理解和使用。

提供会计信息的目的在于使用，要使用会计信息，首先必须了解会计信息的内涵，弄清会计信息的内容，这就要求会计记录和财务会计报告必须清晰明了，否则，就谈不上会计信息的使用。可理解性要求企业的会计信息系统及会计记录应当准确、清晰，填制会计凭证、登记会计账簿必须做到依据合法、账户对应关系明确、内容摘要正确，在编制会计报表时，项目勾稽关系清楚、项目完整、数字准确。另外，在财务情况说明书中对某些事项的文字说明，应简明扼要，表达的含义要清楚完整，便于理解。遵循可理解性要求，不仅可以扩大会计信息的使用范围，而且可进一步增强会计信息的效用。

该项要求的前提是信息使用者必须具备一定与企业经营活动相关的会计知识，并愿意付出努力去研究这些知识。

（四）可比性

可比性要求企业提供的会计信息应当具有可比较性。可比性要求企业的会计处理应当按照国家规定的会计处理方法进行，会计指标应当口径一致、相互可比。具体包括下列两层含义：

1. 同一企业不同时期可比

同一企业不同时期发生的相同或者相似的交易或者事项，应当采用一致的会计政策，不得随意变更。确需变更的，应当在附注中说明。

企业发生的交易或事项具有复杂性和多样性，对于某些交易或事项可以有多种会计核算方法。例如，存货的领用和发出，可以采用先进先出法、加权平均法、移动加权平均法、个别计价法等确定其实际成本；固定资产折旧方法可以采用年限平均法、工作量法、年数总和法和双倍余额递减法等。要求可比性的目的是使会计信息的使用者能利用以前会计期间的会计信息考核、评价本期的财务状况和经营成果，并借以进行正确的预测和决策。如果企业在不同的会计期间采用不同的会计核算方法，将不利于会计信息使用者对会计信息的理解，甚至导致分析和判断出现错误。

2. 不同企业相同会计期间可比

不同企业同一会计期间发生的相同或者相似的交易或事项，应当采用规定的会计政策，确保会计信息口径一致、相互可比。

为了保证会计信息能够满足决策的需要，便于比较不同企业的财务状况、经营成果和现金流量，不同企业发生相同或者相似的交易或事项，应当采用国家统一规定的相关会计方法和程序。可比性使来自各企业的会计信息能统一汇总，为国民经济宏观调控提供有用的信息。

（五）实质重于形式

实质重于形式要求企业应当按照事项或交易的经济实质进行会计确认、计量和报告，而不应当仅仅按照他们的法律形式作为会计处理的依据。

在实务中，交易或事项的外在法律形式或人为形式并不是总能完全真实地反映其实质内容的。所以，会计信息如果要达到真实反映其所拟反映的交易或事项，就必须根据交易或事项的实质，而不能仅仅根据它们的法律形式进行反映。

例如，以融资租赁方式租入的固定资产（一般为设备），虽然从法律形式来讲企业并不拥有其所有权，但是由于租赁合同中规定的租赁期相当长，接近于该资产的使用寿命；租赁期结束时承租企业有优先购买该资产的选择权；在租赁期内承租企业有权支配资产并从中收益，所以，从其经济实质来看，企业能够控制其创造的未来经济利益，因此，会计上将融资租赁的固定资产视同自有的固定资产处理。

如果企业的会计处理仅仅按照交易或事项的法律形式或人为形式进行，而其法律形式又没有反映其经济实质或经济现实，那么其最终结果将不利于会计信息使用者的决策，反而会误导会计信息使用者的决策。

（六）重要性

重要性要求企业提供的会计信息应当反映与企业财务状况、经营成果和现金流量等有关的所有重要交易或者事项。

按照重要性的要求，在会计信息加工处理和输出会计信息过程中，对交易或事项应当区别其重要程度，采用不同的方式。按照重要性的要求，对资产、负债、损益等有较大影响，并进而影响财务会计报告使用者据以做出合理判断的重要会计事项，必须按照规定的会计方法和程序进行处理，并在财务会计报告中予以充分、准确地披露；对于次要会计事项，在不影响会计信息的真实性和不至于误导财务会计报告使用者做出正确判断的前提下，可适当简化处理。对次要的会计事项做适当的简化核算，可使会计资料和会计报表突出重点地反映企业的经营情况和财务状况。

在评价某些经济活动的重要性时，很大程度上取决于会计人员的职业判断。一般来说，应当从质和量两个方面进行分析。从性质上来说，当某一会计信息被遗漏或错误表达时，会使信息的使用者做出的判断或决策发生重大影响或改变，这一会计信息所反映的经济活动就属于重要会计信息，就应当列为重要会计信息予以单独反映；从数量方面来看，当某一经济活动所涉及的数量或金额达到一定规模时，就可能对决策产生重大影响，该经济活动就应当重点反映和披露，如金额较大的投资活动、筹资活动等。

（七）谨慎性

谨慎性要求企业对交易或者事项进行会计确认、计量和报告应当保持应有的谨慎，不应高估资产或者收益、低估负债或者费用。

企业在经营活动过程中会存在一些外部的和内部的不确定因素，为了避免风险和不确定性的发生给企业正常经营带来严重的影响，在会计信息系统进行会计处理时，必须充分估计各种风险，合理预计可能发生的各项费用和损失，但基于稳健考虑，不预计可能取得的收益、不高估资产。当某项交易或事项在会计核算上有多种处理方法可供选择时，在不影响合理反映的前提下，企业应尽量选用一种不高估收益或资产、不低估损失或负债的会计处理方法，从而避免导致企业虚增盈利，也能避免现金无谓地流出企业，增强了企业抵抗市场风险的能力。

目前，按照现行会计制度的要求，企业对可能发生的应收账款计提坏账准备、对可能发生的资产减值损失计提资产减值准备、对固定资产采用加速折旧法计提折旧、对售出商品可能发生的保修义务确认预计负债等，都体现了会计信息质量的谨慎性要求。

（八）及时性

及时性要求企业对于已经发生的交易或者事项，应当及时进行会计确认、计量和报告，不得提前或者延后。

会计信息的价值在于帮助会计信息使用者做出经济活动决策，而会计信息具有时效性，只有能够满足决策的及时需要，信息才有价值。如果会计信息提供得不及时，即便是可靠、相关的会计信息，对于信息使用者的作用也会大大降低，甚至产生误导等。

根据及时性要求，企业在生成会计信息过程中必须做到三点：

（1）及时收集会计信息资料，即在经济业务发生后，及时收集、整理各种原始单据。

（2）及时加工、处理会计信息，即当期发生的交易或事项必须在当期的会计资料中加以反映并编制出财务报告，不能延至后期，也不能提至前期。

（3）及时传递会计信息，即在规定的时限内，及时将编制出的财务会计报告报出，传递给财务会计报告的使用者。例如，我国要求企业的半年度财务报告应当在中期结束后的60天内报出，就是为了保证企业及时传递会计信息、满足会计信息质量的要求。

复习与练习

一、填空题

1. 会计假设是对会计核算__________、__________等所做的合理假定，是会计确认、计量和报告的前提。

2. 会计分期假设可以说是对__________假设的必要补充，这两者都是对会计活动__________的规定。

3. 各国在选用记账本位币时，一般是首选__________货币。在我国，以__________作为记账本位币。

4. 企业应当以__________为基础进行会计确认、计量和报告。

5. 会计信息质量要求主要包括可靠性、__________、可理解性、__________、实质重于形式、重要性、__________和及时性。

二、判断题

1. 会计主体是根据需要事先确定的，可否列为会计主体不是一成不变的。（　　）

2. 会计期间可以分为年度和中期，中期是指半年度。（　　）

3. 权责发生制，又称应计制，是指收入、费用的确认应当以收入和费用的实际发生为确认的标准，合理确认当期损益的一种会计基础。（　　）

4. 投资者或潜在投资者、债权人、政府相关管理部门、企业管理层都属于企业外部的会计信息使用者。（　　）

5. 为了满足及时性信息质量要求，企业可以对即将发生的交易或事项提期确认入账加以反映并编制出财务报告。（　　）

三、单选题

1. 持续经营假设不再适用的情况是（　　）。

A. 固定资产的价值转移可以按使用年限分期转为费用

B. 企业按清算会计的处理要求进行会计处理

C. 企业的销货款可以在未来按期收回

D. 长期借款可以在未来按规定的条件清偿

2. 境外设立的中国企业向国内报送的财务会计报告,应当采用的货币是(　　)。

A. 美元　　B. 日元

C. 人民币　　D. 所在国货币

3. 体现不高估资产或收益、不低估负债或损失的会计信息质量要求是(　　)。

A. 重要性　　B. 权责发生制

C. 及时性　　D. 谨慎性

4. 根据权责发生制,以下属于本期收入或费用的是(　　)。

A. 预付明年的房屋租金　　B. 本期已经收款但尚未发货

C. 商品在本期已销售但货款尚未收到　　D. 支付预定明年的报纸杂志费

5. 下列项目中不属于会计信息质量要求的是(　　)。

A. 可靠性　　B. 相关性

C. 实质重于形式　　D. 全面性

四、多选题

1. 下列项目中属于会计假设的有(　　)。

A. 货币计量　　B. 持续经营

C. 会计分期　　D. 参与经营管理

2. 下列各项中,可以视为一个会计主体,但不是法律主体的有(　　)。

A. 总公司　　B. 分公司

C. 子公司　　D. 实行经济责任制的生产车间

3. 下列可以纳入本企业核算项目的有(　　)。

A. 企业本期支付的购料款

B. 企业本期出售的设备

C. 企业所有者向银行的贷款

D. 企业本期支付职工的工资

4. 下列哪些属于会计中期的会计分期?(　　)

A. 月度　　B. 年度

C. 季度　　D. 半年度

5. 下列属于会计信息质量要求的有(　　)。

A. 可理解性　　B. 重要性

C. 相关性　　D. 连续性

五、简答题

1. 什么是会计假设? 我国规定的会计假设有哪些? 其各自的含义是什么?

2. 什么是会计基础? 权责发生制和收付实现制的区别是什么?

3. 什么是会计信息质量要求? 具体包括哪些要求?

4. 如何理解可比性对会计信息质量要求的两层含义?

第三章　会计要素与会计等式

【本章重点和难点】

☆会计要素是指根据交易或事项的经济特征对经济业务引起变化的项目所做的归类。

☆我国将会计要素划分为资产、负债、所有者权益、收入、费用和利润六个方面。

☆会计上所应用的会计计量属性包括五种，即历史成本、重置成本、可变现净值、公允价值和现值。企业在对会计要素进行计量时，一般应当采用历史成本。

☆会计等式是表明各会计要素之间基本关系的等式，揭示了会计要素之间的内在联系。会计等式在实际运用中有着不同的表达形式，分为静态的会计等式、动态的会计等式和综合的会计等式。

☆会计上将“资产＝负债＋所有者权益”，称为基本会计等式、会计恒等式。

☆不论企业经济业务怎样变化，都不会破坏会计等式的平衡，这就是会计等式恒等原理。

第一节　会计要素

一、会计要素的含义与分类

（一）会计要素的含义

会计要素，是指根据交易或事项的经济特征对经济业务引起变化的项目所做的归类。

为了将企业经济活动所产生的多种多样的经济业务连续地、全面地和分门别类地加以确认、计量和报告，有必要将经济业务涉及资金运动过程中所要反映的具体项目进行适当的归类。合理地划分会计要素，有利于清晰地反映产权关系和其他经济关系。

（二）会计要素的分类

我国将会计要素划分为资产、负债、所有者权益、收入、费用和利润六个方面。资产、负债和所有者权益三个会计要素，反映企业在一定日期的财务状况，是对企业资金运动的静态反映，属于静态（时点）会计要素，在资产负债表中列示；而收入、费用和利润三个会计要素，反映企业在一定时期内的经营成果，是对企业资金运动的动态反映，属于动态（时期）会计要素，在利润表中列示。

二、会计要素的确认

（一）资产

1. 资产的概念及特征

资产是指企业过去的交易或者事项形成的、由企业拥有或者控制的、预期会给企业带来经济利益的资源。

企业从事经营活动必须拥有一定的物质资源，如货币资金、厂房场地、机器设备、原材料等，而这些资源是否属于会计信息系统中加以确认、加工处理中的资产要素，需要根据资产的特征加以判断。具体来说，资产具有以下基本特征：

(1) 资产由过去的交易或事项所形成。这里所指的企业过去的交易或者事项，包括购买、生产、建造行为或其他交易或者事项。预期在未来发生的交易或者事项不形成资产。也就是说，资产必须是现实的资产，而不能是预期的资产，是过去已经发生的交易或事项所产生的结果。至于未来发生的交易或事项以及未发生的交易或事项可能产生的结果，则不属于现在的资产，不得作为资产会计要素确认。例如，企业通过购买、自行建造等方式形成的某项设备，或因贷款而得到的银行存款等，都是企业的资产；但是企业预计在某个期间将要购买的原材料等，因其相关的交易或事项尚未发生，则不能作为企业的资产加以确认。

(2) 资产能够为企业拥有或控制。为企业拥有或者控制，是指企业享有某项资源的所有权，或者虽然不享有某项资源的所有权，但该资源能被企业所控制。一般来说，一项资源要作为企业的资产予以确认，应该拥有此项资源的所有权，可以按照自己的意愿进行使用或处置，其他企业或个人未经同意，不能擅自使用该企业的资产。但在某些情况下，对于一些特殊方式形成的资产，企业虽然对其不拥有所有权，但能够进行实际控制，则按照实质重于形式的要求，可以将之确认为企业的资产，如采用融资租赁方式租入的固定资产。

(3) 资产能够预期会给企业带来经济利益。预期会给企业带来经济利益，是指直接或者间接导致现金和现金等价物流入企业的潜力。这是资产的本质特征。作为企业的资产，在某些情况下可以单独产生净现金流入，而某些情况下则需与其他资产结合才可能在将来直接或间接地产生净现金流入。预期不能带来经济利益的，就不能确认为企业的资产。例如，库存已经失效的材料等，由于不能给企业带来未来的经济利益，就不应该再作为企业的资产出现在资产负债表中。再如，一条在技术上已经被淘汰的生产线，尽管在实物形态上仍然存在，它实际上已经不能再用于产品生产，不能为企业带来经济利益。这样的生产线，就不应再作为企业的资产挂账，而应在其失去为企业创造未来经济利益的时候，及时进行处置，确认为一项损失。

2. 资产的确认条件

将一项资源确认为资产，除了需要符合资产的定义外，还应同时满足以下两个条件：

(1) 与该项资源有关的经济利益很可能流入企业。从资产的定义可以看到，资产的本质特征是资源能否带来未来经济利益，因此，对资产的确认，关键是要判断是否存在未来经济利益。任何一项资源，如果不具备未来经济利益，那么，即使企业过去为取得该项资源曾发生过巨额耗费，也不能确认为资产。已经确认为资产的，也应从账面上予以剔除。按照这一要求，如果根据编制财务会计报表时所取得的证据，判断与资源有关的经济利益可能流入企业，那么就应当将其作为资产予以确认；反之，不能确认为资产。能否带来未来经济利益是资产确认的必要条件。

(2) 该资源的成本或价值能够可靠地计量。可计量性是所有会计要素确认的标准和重要前提，资产的确认也应该符合可靠计量的要求。可靠地计量，要求有关资源的取得有确凿可靠的证据，说明交易发生或完成时所形成的各种交易价格，以此作为依据计量取得资源所付出产的成本。

3. 资产的分类

企业拥有的资产，形态多样，在经营活动中的特点和作用也各不相同。为了正确地认识资产，需要按照一定的标准对其进行分类。资产按照其流动性，可分为流动资产和非流动资产两大类。

(1) 流动资产

流动资产，是指预计一个正常营业周期内变现、出售或耗用的资产，或者主要以交易为目的而持有的、预计在一年内变现的资产。一个正常营业周期，是指企业从购买用于加工的资产开始至实现货币资金为止的期间。正常的营业周期通常短于一年，但也存在正常营业周期长于一年的情况，在这种情况下，与生产循环相关的库存商品(产成品)、应收账款、原材料等，尽管是超过一年变现、出售或耗用，仍应作为流动资产。当正常营业周期不能确定时，应当以一年(12 个月)作为正常营业周期。

流动资产主要包括库存现金、银行存款、交易性金融资产、应收账款、应收股利、其他应收款、存货等。

交易性金融资产，是指企业以近期出售为目的而取得的有公开报价、公允价值能够可靠计量的金融资产。通常情况下，将企业以赚取价差收益为目的而从二级市场购入的股票、债券、基金等，划分为交易性金融资产。

存货，是指企业在正常的生产经营中为销售或为耗用而储备的物资，包括原材料、低值易耗品、包装物、库存商品、半成品等。

(2) 非流动资产

非流动资产，是指流动资产以外的资产，主要包括债权投资、其他债权投资、长期股权投资、固定资产、在建工程、工程物资、无形资产等。

债权投资，是指到期日固定、回收金额固定或可确定，且企业有明确意图和能力持有至到期的非衍生金融资产。通常情况下，将企业持有的、在活跃市场上有公开报价的国债、企业债券、金融债券等，划分为债权投资。

其他债权投资，是指持有意图不明确、有公开报价、公允价值能够可靠计量的金融资产。换句话说，其他债权投资，是既不属于交易性金融资产，也不属于债权投资、贷款和应收款项等债权，更不属于长期股权投资的金融资产。通常情况下，其他债权投资有活跃市场，其公允价值能够通过活跃市场获取，只是其持有期限不确定，即企业在初次确认时并不能确定是在短期内出售以获利，还是长期持有以获利。

长期股权投资是指投资期在一年以上股票投资和对外联营、合作、合营投资等。

固定资产是指为生产商品、提供劳务、出租或者经营管理而持有，使用寿命超过一个会计年度的有形资产。实务中，固定资产是指使用年限较长，单位价值在规定标准以上，并且在使用过程中保持其原有实物形态的资产。如房屋、建筑物、机器设备、运输工具等。

无形资产是指企业长期使用但没有实物形态的资产，包括专利权、商标权、专有技术、土地使用权、特许经营权等。

(二) 负债

1. 负债的概念及特征

负债是指企业过去的交易或者事项形成的、预期会导致经济利益流出企业的现时义务。从负债的定义可以看出，负债至少具有以下几个特征：

(1) 负债是基于过去的交易或事项而产生的。也就是说，导致负债的交易或事项已经发生。例如，购置货物或接受劳务会产生应付账款；向银行借入款项会产生偿还贷款的义务。只有源于已经发生的交易或事项，会计上才有可能确认为负债。正在筹划的未来交易或事项，如企业的购料计划等，不会产生负债。

(2) 负债是企业承担的现时义务。它是负债的一个基本特征。现时义务是指企业在现行条件下已承担的义务，未来发生的交易或者事项形成的义务，不属于现时义务，不应当确认为负债。

现时义务可以是法定义务，也可以是推定义务。法定义务是指具有约束力的合同或者法律法规规定的义务，通常在法律意义上需要强制执行。例如，企业购买原材料形成应付账款，企业向银行贷入款项形成借款，企业按照税法规定应当交纳的税款等，均属于企业承担的法定义务，需要依法予以偿还。推定义务是指根据企业多年来的习惯做法、公开的承诺或者公开宣布的政策而导致企业对已经发生的交易或事项将承担的责任，这些责任也使有关各方形成了企业将履行义务解脱责任的合理预期。例如，某企业多年来制定有一项销售政策，对于售出商品提供一定期限内的售后保修服务，预期将为售出商品提供的保修服务就属于推定义务，应当将其确认为一项负债。

(3) 现时义务的履行会导致经济利益流出企业。现时义务的履行可采取若干种方式，如支付现金、提供劳务、以非货币资产抵偿、将该项义务转换为所有者权益等。这一特征是负债的最重要的特征。

2. 负债的确认条件

将一项现时义务确认为负债，除了符合负债的定义外，还应同时满足以下两个条件：

(1) 与该义务有关的经济利益很可能流出企业。从负债的定义可以看到，预期会导致经济利益流出企业是负债的一个本质特征。在实务中，履行义务所需流出的经济利益带有不确定性，尤其是与推定义务相关的经济利益通常需要依赖于大量的估计。因此，负债的确认应当与经济利益流出的不确定性程度的判断结合起来，如果有确凿证据表明，与现时义务有关的经济利益很可能流出企业，就应当将其作为负债予以确认；反之，如果企业承担了现时义务，但是会导致企业经济利益流出的可能性很小。就不符合负债的确认条件，不应将其作为负债予以确认。

(2) 未来流出的经济利益的金额能够可靠地计量。负债的确认在考虑经济利益流出企业的同时，对于未来流出的经济利益的金额应当能够可靠计量。对于与法定义务有关的经济利益流出金额，通常可以根据合同或者法律规定的金额予以确定，考虑到经济利益流出的金额通常在未来期间，有时未来期间较长，有关金额的计量需要考虑货币时间价值等因素的影响，对于与推定义务有关的经济利益流出金额，企业应当根据履行相关义务所需支出的最佳估计数进行估计，并综合考虑有关货币时间价值、风险等因素的影响。

3. 负债的分类

负债按照偿还期的长短，分为流动负债和非流动负债两大类。

流动负债，是指预计在一个正常营业周期内偿还，或者主要以交易为目的而持有的、预计在一年内偿还的负债，主要包括短期借款、交易性金融负债、应付账款、应交税费、应付职工薪酬等。交易性金融负债，是指企业采用短期获利模式进行融资所形成的负债。

非流动负债，是指流动负债以外的负债，主要包括应付债券、长期应付款、长期借款等。

应付债券，是指企业为筹集资金而对外发行的期限在一年以上的长期借款性质的书面证明，约定在一定期限内还本付息的一种书面承诺。

（三）所有者权益

1. 所有者权益的概念及特征

所有者权益，是指企业资产扣除负债后由所有者享有的剩余权益。公司的所有者权益又称为股东权益。从数量关系上看，所有者权益金额为资产总额减去负债总额后的余额，即为企业的净资产。所有者权益具有下面的基本特征：

（1）所有者按照其投入资本在企业总资本中所占份额分享企业利润，也按其投资份额享有企业的净资产。

（2）除非发生减资、清算或分派现金股利，企业不需要偿还所有者权益。所有者的投资是企业可长久使用的资金来源，所有者对企业的投资不需企业归还，除非企业发生减资、清算。所有者按照《公司法》的要求以各种资产方式对企业进行投资，是所有者的一种义务，而且这些投资只有在清算的时候，按照相应的规定会得到其部分投资额的归还；在正常的经营中投资者不得撤回投资，但可以进行投资的转让。

（3）企业清算时，所有者的求偿权在债权人之后。清算时，债权人有对企业资产的优先求偿权，债权人的求偿权得到满足后，企业仍有剩余资产时，所有者按照其出资比例对剩余资产进行分配。因此，所有者权益是一种剩余权益。

2. 所有者权益的确认条件

所有者权益体现的是所有者在企业中的剩余权益，因此，所有者权益的确认主要依赖于资产、负债、收入、费用会计要素；所有者权益等于资产总额减去负债总额，所有者权益金额取决于资产和负债的计量，反映企业所有者在企业中享有的经济利益。

3. 所有者权益的分类

所有者权益的来源包括所有者投入的资本、直接计入所有者权益的利得和损失、留存收益等，具体表现为实收资本(或股本)、资本公积、其他综合收益、盈余公积和未分配利润。

（1）所有者投入的资本，是指所有者投入企业的资本部分，它既包括构成企业实收资本或股本的金额，也包括投入资本超过实收资本(注册资本)或股本部分的溢价金额。

实收资本，是指企业的投资者按照企业章程或合同、协议的约定，实际投入企业的资本。实收资本是企业永久性的资金来源，它表明所有者对企业的基本产权关系。实收资本的构成比例或股东的股份比例，是确定所有者在企业所有者权益中份额的基础，也是企业进行利润或股利分配的主要依据，同时还是企业清算时确定所有者对净资产的要求权的依据。

资本公积是企业收到投资者出资额超出其在注册资本(或股本)中所占份额的部分，以及其他资本公积。

资本公积包括资本溢价(或股本溢价)和其他资本公积。

企业接受所有者投入资本过程中，收到投资者出资额超出其在注册资本(或股本)中所占份额的部分，即资本溢价或股本溢价，按照我国现行规定应被计入资本公积——资本溢价或股本溢价，这部分溢价所形成的资本公积是所有者投入资本时形成的资本增值。

资本公积——其他资本公积，是指除由净损益、其他综合收益和利润分配等原因以外引起的所有者权益增加的其他变动。如股东对企业捐赠、股东对企业债务豁免、股东代为偿债等，属于资本公积——其他资本公积。

(2) 其他综合收益——直接计入所有者权益的利得和损失。

其他综合收益,是指企业根据相关会计准则规定未在当期损益中确认的各项利得和损失,即直接计入所有者权益的利得和损失。

直接计入所有者权益的利得和损失,是指不应计入当期损益、会导致所有者权益发生增减变动的、与所有者投入资本或者向所有者分配利润无关的利得或者损失。

现行规定,直接计入所有者权益的利得和损失,应计入其他综合收益。

利得,是指由企业非日常活动所形成的、会导致所有者权益增加的、与所有者投入资本无关的经济利益的流入。利得分为直接计入所有者权益的利得(如其他债权投资的公允价值超过账面价值、资产评估价值超过账面价值的差额,外币报表折算差额的收益等)和直接计入当期利润的利得(如政府补助收入、处置固定资产的净收益、接受股东之外的其他人和单位的捐赠、罚没收入等)。

损失,是指由企业非日常活动所发生的、会导致所有者权益减少的、与向所有者分配利润无关的经济利益的流出。损失分为直接计入所有者权益的损失(如可供出售的金融资产的公允价值低于账面的价值、外币报表折算差额的损失等)和直接计入当期利润的损失(如盘亏损失、非常损失、公益性捐赠支出等)。

(3) 留存收益,是指企业从历年实现的利润中提取或形成的留存于企业的内部积累,包括盈余公积和未分配利润。

盈余公积是按照国家的规定从税后利润中提取的公积金。企业在经营过程中产生的税后利润不能全部用于分配,而是先按照国家规定的比例提取一部分,作为企业的公共积累资金,用于以后扩大再生产等方面的使用,这些公共积累资金就称为盈余公积,形成企业所有者权益的一部分。

未分配利润是企业按照利润分配政策对税后利润进行了分配之后剩余的未分配的利润。这部分剩余的税后利润留在企业归投资者共同所有,可以在将来用于分配,形成企业所有者权益的一个组成部分。

(四) 收入要素

1. 收入的概念及特征

收入是指企业在日常活动中形成的、会导致所有者权益增加的、与所有者投入资本无关的经济利益的总流入。这里的"经济利益"是指归企业所有的现金或者最终能转化为现金的非现金资产。根据收入的定义,收入具有以下基本特征:

(1) 收入是在企业的日常经营活动中产生。"日常经营活动"是企业为完成其经营目标而从事的正常的、经常性的活动,如工商业企业从事的商品购销活动,金融企业的存、贷款业务等活动,都属于各自企业的日常经营活动。有些交易或事项虽然能为企业带来经济利益,但不属于企业的日常经营活动,是偶发的交易或事项,因此其流入的经济利益不能确认为收入,而应当计入利得。例如,企业出售固定资产、转让无形资产等,不属于企业的日常经营活动,因而其取得的净收益属于利得,而不是收入。

(2) 收入能使企业所有者权益(净资产)增加。与收入相关的经济利益流入应当会使所有者权益增加,如销售商品的收入会增加企业的银行存款或者应收账款、提供劳务的收入可抵偿债务等。由于收入能增加资产或减少负债,而所有者权益表现在数量上是资产减去负债的差额,因此,企业取得的收入本身能增加所有者权益。不能使所有者权益增加的经济利益流入，不应确认为收入。例如，企业向银行借入款项，尽管也导致了企业经济利益的流入，但同时使企业承担了一项等额债务的现时义务，所以，该流入并不使企业所有者权益增加，不应将其确认为收入，而应当确认为一项负债。

收入能使企业所有者权益(净资产)增加是其主要特征。

(3) 收入是与所有者投入资本无关的经济利益的总流入。收入应当会导致经济利益的流入，但实务中，经济利益的流入有时是所有者投入资本所导致的，所有者投入的资本不应当确认为收入，而应当直接确认为所有者权益。

2. 收入的确认条件

企业收入的来源渠道多种多样，不同收入来源的表现特征各有不同，但确认为收入的条件，除了应当符合收入的定义外，至少还应当符合以下条件：

(1) 与收入相关的经济利益很可能流入，从而导致企业资产增加或者负债减少。例如，已经收到了款项或者已经取得了收取款项的权利。

(2) 经济利益的流入额能够可靠计量。

需要特别注意的是，在确认收入的实务中，企业应以控制权转移作为收入确认时点的判断标准。《企业会计准则——收入》第四条规定："企业应当在履行了合同中的履约义务，即在客户取得相关商品控制权时确认收入。"其中，取得相关商品控制权，是指能够主导该商品的使用并从中获得几乎全部的经济利益。

企业以控制权转移作为收入确认的时点，要求企业与客户之间的合同必须同时满足下列条件：

① 合同各方已批准该合同并承诺将履行各自义务；

② 该合同明确了合同各方与所转让商品或提供劳务相关的权利和义务；

③ 该合同有明确的与所转让商品或提供劳务相关的支付条款；

④ 该合同具有商业实质，即履行该合同将改变企业未来现金流量的风险、时间分布或金额；

⑤ 企业因向客户转让商品而有权取得的对价很可能收回。

3. 收入的分类

收入可以有不同的分类。根据重要性要求，可以分为主营业务收入和其他业务收入。主营业务收入一般占企业收入的比重较大，对企业的经营成果产生较大的影响，如工商业企业的销货收入等；其他业务是企业的附营业务或兼营业务，其收入一般占企业收入的比重较小，如工商业企业的包装物出租收入等。不同行业的主营业务收入和其他业务收入所包括的具体内容有所不同。

按收入的性质分类，收入可以分为销售商品收入、提供劳务收入和让渡资产使用权收入。销售商品收入，是指企业通过销售商品实现的收入，如制造业生产并销售产品的收入；提供劳务收入，是指企业通过提供劳务实现的收入，如咨询公司通过提供咨询服务实现的收入；让渡资产使用权收入，是指企业通过让渡资产使用权实现的收入，如租赁公司出租资产实现的收入。

(五) 费用要素

1. 费用的概念及特征

费用是指企业在日常经营活动发生的、会导致所有者权益减少的、与向所有者分配利润无关的的经济利益的总流出。费用具有以下基本特征：

(1) 费用是企业从事日常生产经营活动所形成的资产耗费，非日常经营活动所发生的耗费不构成费用。费用的本质在于以获得更大利益为目的的资源丧失。费用实质上是资产的一种转化形式，是日常的生产经营活动为取得收入而对资产的耗费，如办公用品的使用、原材料的消耗、固定资产的磨损等。利用资产获取经营收入的行为一旦实现，这些资产不复存在，而从资产形态转化为费用状态。但是，非日常经营活动所发生的资产耗费，如罚款支出、对外捐赠的支出、固定资产的毁损等，不是由于企业从事日常活动形成，不是以获得更大利益为目的的资源丧失，而是由外部和偶发性的事项所引起，因此这种资产耗费不构成费用，只是一种营业外支出或损失。

(2) 费用会导致所有者权益减少。与费用相关的经济利益流出应当会导致所有者权益的减少，不能导致所有者权益减少的经济利益流出不应确认为费用。例如，企业以银行存款偿付一项债务，只是一项资产和一项负债的等额减少，对所有者权益没有影响，因此不构成费用。

(3) 费用是与向所有者分配利益无关的经济利益的总流出。费用的发生会导致经济利益的流出，从而导致资产的减少或者负债的增加，其表现形式包括货币的流出，存货、固定资产的流出或消耗等。企业向投资者分配股利或利润，虽然也会导致经济利益流出企业，但这一资金流出虽然导致了资产的减少，减少了企业的所有者权益，但其属性是企业对最终经营成果的分配，不是因日常经营活动引起的资产减少，不应作为费用。

2. 费用的确认条件

费用的确认条件，除了应当符合费用的定义外，至少还应当符合以下条件：

(1) 与费用相关的经济利益很可能流出，从而导致企业资产减少或者负债增加。

(2) 经济利益的流出额能够可靠计量。

在掌握“费用”会计要素时，应注意的一个重要问题——“费用”与“成本”的关系。费用和成本两者之间既有联系也有区别。成本是按一定对象所归集的费用，是对象化了的费用。就工业企业来说，生产成本是相对于一定的产品而言所发生的费用，是按照产品品种等成本计算对象对发生的费用进行归集而形成的，因此成本是费用的一部分。由此可见，费用的概念范围要大于成本的概念范围。

需要说明的是，费用的确认与计量应与收入相配比。企业为生产产品、提供劳务等发生的可归属于产品成本、劳务成本等的费用，应当在确认产品销售收入、劳务收入等时，将已销售产品、已提供劳务的成本等计入当期损益。企业发生的支出不产生经济利益的，或者即使能够产生经济利益但不符合或者不再符合资产确认条件的，应当在发生时确认为费用，计入当期损益。企业发生的交易或者事项导致其承担了一项负债而又不确认为一项资产的，应当在发生时确认为费用，计入当期损益。

3. 费用的分类

由于各种不同行业的企业有各自的经营特点，其费用的分类有所不同。这里我们只就通常情况按性质对费用进行分类，制造业按经济内容对费用进行分类。

(1) 费用按照性质划分，可分为成本费用和期间费用。

成本费用是与本期营业收入、劳务收入的取得直接相关所发生的费用，包括营业成本和税金及附加。营业成本是与营业收入直接相关的，已经确定了归属期和归属对象的各种直接费用。营业成本主要包括主营业务成本、其他业务成本等。税金及附加是企业向税务部门缴纳的相关税金及附加费。

期间费用是指虽与本期收入的取得密切相关，但不能直接归属于某个特定对象的各种费用，包括管理费用、销售（或营业）费用、财务费用，应当在发生时确认为当期费用，计入当期损益。

（2）制造业由于存在产品生产环节，所以，其费用的分类，按照与生产产品的相关程度或按经济用途分类，可以划分为直接费用、间接费用和期间费用三大类。

直接费用是直接用于产品生产而发生的费用，包括直接材料费用和直接人工的工资、福利费用等。

间接费用又称为制造费用或车间费用，是车间为组织和管理产品生产而发生的相关费用，如车间的办公费、设备的修理费、车间固定资产的折旧费等。

上述的直接费用和间接费用共同构成了企业的产品生产成本，也称为产品的制造成本或产品生产成本。当产品实现了销售，与产品销售收入相配比的已销产品成本、与销售有关而形成的税金及附加，可以计入当期损益。

制造业企业的期间费用是指企业为取得当期收入而发生的但不能直接归属于某个特定对象的各种费用，包括管理费用、销售费用、财务费用。这些费用与产品生产无直接的因果关系，因而期间费用不计入产品成本，但需要计入当期的损益。

（六）利润要素

1. 利润的含义与特征

利润是指企业在一定会计期间的经营成果。利润包括收入减去费用后的净额、直接计入当期利润的利得和损失等。直接计入当期利润的利得和损失，是指应当计入当期损益、会导致所有者权益发生增减变动的、与所有者投入资本或者向所有者分配利润无关的利得或者损失。

利润的计算结果若为正值，表示企业有盈利，净利润通常表现为企业所有者权益的增加；若这个数额为负值，表示企业亏损，亏损通常表现为企业所有者权益的减少。

2. 利润的确认条件

利润的确认主要依赖于收入和费用，以及直接计入当期利润的利得和损失的确认。利润金额取决于收入和费用、直接计入当期利润的利得和损失金额的计量。

3. 利润的分类

利润包括收入减去费用后的净额、直接计入当期利润的利得和损失等。其中，收入减去费用后的净额，反映企业日常经营活动的业绩；直接计入当期利润的利得和损失，反映企业非日常活动的业绩。企业应严格区分收入和利得、费用和损失，以便全面反映企业的业绩。

三、会计要素的计量

一般来说，一项完整的计量活动包括：

（1）确定计量单位。计量单位又称计量尺度，是指对计量对象量化时所采用的具体标准，如千克、吨、米、小时、人民币等。会计计量单位，笼统地讲包括货币计量单位、实物计量单位和劳动的计量单位，但在会计上作为主要的、统一的计量单位的是货币计量单位。

（2）确定计量属性。计量属性是被量化描述客体的特征或外在表现形式，如对某一物体是计量重量、密度还是强度，计量时按何种方式、何种标准确定与分配数量。

会计要素的计量是为了将符合确认条件的会计要素登记入账并列报于财务报表而确定其金额的过程。企业应当按照规定的会计计量属性进行计量，确定相关金额。

（一）会计计量属性及其构成

会计计量属性，是会计信息系统中需要核算的会计要素予以货币量化的外在表现形式，反映了会计要素金额的确定基础。目前，会计上所应用的会计计量属性包括五种，即历史成本、重置成本、可变现净值、公允价值和现值。

1. 历史成本

历史成本，又称为实际成本，是指取得或制造某项财产物资时所实际支付的现金或其等价物。在历史成本计量下，资产按照购置时支付的现金或者现金等价物的金额，或者按照购置资产时所付出的对价（即相对应的代价）的公允价值计量；负债按照因承担现时义务而实际收到的款项或者资产的金额，或者承担现时义务的合同金额，或者按照日常活动中为偿还负债预期需要支付的现金或者现金等价物的金额计量。

历史成本计量，要求对企业资产、负债和所有者权益等项目的计量，应当基于经济业务的实际交易成本，而不考虑随后市场价格变动的影响。例如，在企业外购固定资产的计量中，外购固定资产的成本包括购买价款，进口关税等相关税费，以及使固定资产达到预定可使用状态前发生的可归属于该项资产的包装费、运输费、装卸费、安装费等。

【例 3-1】 某公司购买不需要安装的设备一台，价款 200 万元，另支付运输费 3 000 元，包装费 1 000 元，款项以银行存款支付。假设暂不考虑增值税因素，该固定资产按历史成本计价，则其金额为多少？

答案：历史成本计价下，该固定资产的金额应为 200.4 万元。

在历史成本计量属性下，企业的资产、负债等项目都基于经济业务的实际交易成本进行计量，而不必考虑随后市场价格变动的影响，这将有助于各项资产、负债确认与计量结果的检查与控制；促使会计处理和会计信息的真实可靠；各期的会计信息能够保持一致和可比。这种计量属性具有客观、可验证、易取得、简单等优点。因此，长期以来，历史成本一直是世界各国通行的最重要的会计计量属性。但历史成本计量也有一些局限性，如历史成本入账后不得随意变动，在物价变动较大的情况下，历史成本不一定代表资产现时的真实价值。因此，历史成本计量属性一般在物价变动不大的情况下使用。

2. 重置成本

重置成本也称现行成本，是指如果在现时的生产力水平或市场条件下，重新取得或购建相同的资产将会支付的现金或现金等价物。现行成本反映了企业资产、负债等的现在价值。在会计实务中，少数固定资产等在某些特定情况下可以按照重置成本进行计量，如接受捐赠的固定资产、盘盈的固定资产等。在重置成本下，负债可以按照当前要求清偿债务时所需支付的现金或现金等价物金额计量。例如，企业进行盘点时发现盘盈固定资产一项，此时对于该盘盈的固定资产则采用重置成本进行计量，即以该盘盈固定资产相同规格型号、相同新旧程度的固定资产的价值（如市价）作为其重置成本，对其进行计量入账。

重置成本计量属性下，在价格变动时，可以合理地确定资产的价值和生产耗费的补偿，但重置成本的确定比较困难，计算上缺乏足够的依据，影响会计信息的质量，也没有完全消除货币购买力变动的影响。实务中，盘盈存货、盘盈固定资产的入账成本均采用重置成本。

3. 可变现净值

可变现净值是指在正常生产经营过程中，以预计售价减去进一步加工成本和预计销售费用以及相关税费后的净值。在可变现净值计量下，资产按照其正常对外销售所能收到的现金或者现金等价物的金额扣减该资产至完工时估计将要发生的成本、估计的销售费用以及相关税费后的金额计量。

【例 3-2】 某公司库存 A 材料的账面价值（成本）为 600 000 元，该批 A 材料市场销售价格总额为 550 000 元，假设销售时发生的预计销售费用以及相关税费为 50 000 元。若暂不考虑增值税因素，该批 A 材料按可变现净值计价，则其金额为多少？

答案：可变现净值计价下，该批 A 材料的金额应为 500 000 元。

可变现净值计量属性，是在不考虑资金时间价值的情况下，计量资产在正常经营过程中可带来的预期净现金流入或流出。一般应用于存货资产减值情况下的后续计量，在存货的期末计价采用成本与可变现净值孰低法时，可变现净值为存货期末计价口径的一种选择。

4. 公允价值

公允价值，是指市场参与者在计量日发生的有序交易中，出售一项资产所能收到或者转移一项负债所需支付的价格，即脱手价格。在公允价值计量下，资产和负债按照在公平交易中熟悉情况的交易双方自愿进行资产交换或者债务清偿的金额计量。如果忽略或不计相关交易费用，则公允价值就是现行的市场价格。

企业在市场中运行，而市场又瞬息万变，企业要根据市场变化随时做出决策，就必须了解其资产的现行市价。但是用现行市价计量预期使用的资产并不合理，因为并非所有的资产现行脱手价值可以准确确定。所以，公允价值一般适用于可以及时得到市价的某些资产上的计量。例如，交易性金融资产、可供出售金融资产的期末计量，采用期末公允价值计量，且公允价值与账面价值（历史成本）的差额计入当期损益（即公允价值变动损益）。

5. 现值

现值是指对未来现金流量以恰当的折现率（利率）进行折现后的价值，是考虑货币时间价值的一种计量属性。在现值计量下，资产按照预计从其持续使用和最终处置中所产生的未来现金流入量的折现金额计量。负债按照预计期限内需要偿还的未来净现金流出量的折现金额计量。

未来现金流量净现值最能准确反映资产的经济价值，最有利于财务决策，但是，会计信息的可靠性较差，因而在会计实务中应用范围较窄。目前，当固定资产、无形资产以分期付款方式取得时，会计准则要求其入账成本应选择未来付款总额的折现值计量。

【例 3-3】 某公司采用分期付款方式购入不需要安装设备一台，该设备总金额为 300 万元，约定未来三年的每年末付款 100 万元，分三年付清。购置该设备时的市场利率为 10%。该设备的入账成本为多少？

答案：经计算该设备三年付款总额的现值为 248.69 万元，所以该项设备的入账成本为 248.69 万元。

（二）五种计量属性之间的关系

历史成本通常反映的是资产或者负债过去取得或发生时的价值；而重置成本、可变现净值、现值以及公允价值，通常反映的是资产或者负债的现时成本或者现时价值，是与历史成本相对应的计量属性。

（三）会计要素计量属性的运用原则

企业在对会计要素进行计量时，一般应当采用历史成本。在某些情况下，为了提高会计信息质量，企业会计准则允许采用重置成本、可变现净值、现值、公允价值计量，应当保证所确定的会计要素金额能够取得并可靠计量，如果这些金额无法取得或者可靠计量的，则不允许采用其他计量属性。

在实务中，如果各种计量属性对同一经济业务或事项进行计量的结果是一致的，则不存在孰先使用的问题；如果计量结果不一致，则存在应该先使用哪种计量属性计量的问题。在各种计量属性中，应优先采用历史成本法计量。

第二节 会计等式

会计等式，又称为会计平衡公式、会计方程式，是表明各会计要素之间基本关系的等式，揭示了会计要素之间的内在联系。从数量的角度看，会计等式反映了会计要素在数量上存在的特定平衡关系的等式。会计等式是复式记账的理论基础，在实际运用中有着不同的表达形式，分为静态的会计等式、动态的会计等式和综合的会计等式。

一、静态的会计等式

反映资产、负债和所有者权益三大静态会计要素之间基本关系的等式称为静态的会计等式。由于它能够反映企业截止到某一时点，企业资产、负债和所有者权益所表现的状况，因此又被称为财务状况等式。最基本的静态会计等式是在没有负债情况下的等式，用公式(3-1)表示为：

$$资产 = 所有者权益 \tag{3-1}$$

上述等式中所表示的资产与所有者权益之间的平衡关系，是显而易见的。

在企业设立时，企业最初拥有的经济资源全部来自于投资者的投入。投资者投入的货币资金、原材料、机器设备、房屋建筑物、专有生产技术等，一个方面形成了企业资产，表现为不同的资产形态；另一方面形成了企业的资本，表现为企业的所有者权益。由于此时企业没有负债，企业的全部资产都属于投资者所有，也就是所有者的权益；从数量上看，全部资产的价值必然等于所有者权益的价值。

【例3-4】 20××年5月1日，张某、李某、高某三个人组建瑞达机械有限公司。张某投入货币资金10万元，投入专有生产技术的价值10万元；李某投入设备一套，价值35万元；高某投入厂房的价值30万，投入货币资金15万元。三个人在经营过程中按照出资比例享有对企业的所有权。

分析：由于新组建的瑞达公司没有负债，该企业的资产、负债及所有者权益的数量关系见表3-1。

从表3-1中我们可以看出，20××年5月1日，瑞达公司所有形态的资产总价值为100万元，全部来源于投资者投入这一个渠道，因此，所有者权益的价值也为100万元。这就形成了最初的会计等式：

$$资产(100万元) = 所有者权益(100万元)$$

即：

$$资产 = 所有者权益$$

表 3-1　　**瑞达机械有限公司资产、负债、所有者权益的数量关系表**

20××年 5 月 1 日　　单位：元

资产的分布形态	金额	资金的来源渠道	金额
货币资金	250 000.00	负债	
设备	350 000.00	所有者权益：	
厂房	300 000.00	张某的权益	200 000.00
无形资产(专有技术)	100 000.00	李某的权益	350 000.00
		高某的权益	450 000.00
资产合计	1 000 000.00	负债和所有者权益合计	1 000 000.00

但是，当企业开始经营之后，设立企业时投资者投入的资金不一定能够满足经营需要，企业必须再筹措新的资金。企业最常使用的筹资方式便是向银行等金融机构借入款项，这种向金融机构借入的资金称为银行借款，一个方面表现为企业的银行存款增加，另一个方面形成了企业的负债。另外，企业在经营过程中，由于购进原材料、机器设备等，在一定条件下会由于延期结算而形成应付款项；尽管购进材料增加了企业资产，同时也使企业的负债增加。此时，企业的资产总额不完全是由于投资者的投入形成，有一部分是因负债的增加而形成的。因此，企业在生产经营一个时期后，资产、负债及所有者权益的平衡关系就变为：

$$资产 = 负债 + 所有者权益 \tag{3-2}$$

式(3-2)反映了企业在任一时点所拥有的资产以及债权人和所有者对企业资产要求权的基本状况，反映的是企业资金运动的静态状况；揭示了资产价值的来龙去脉，明确了资产、负债及所有者权益三者之间的关系，揭示了企业静态下的财务状况。它既是复式记账法的理论基础，也是编制资产负债表的理论依据。这一会计等式被称为基本会计等式。

式(3-2)的左边从资产的具体形态和分布状况反映了企业资产价值的总量，资产价值总量等于各种不同分布形态资产价值的总和。

式(3-2)的右边从资产的形成因素、来源渠道方面反映了企业资产价值的总量。企业生产经营过程所需要的一定资金，其渠道一般来源于两大方面，一是投资者投入的资金，另一方面是负债形成的资金。这两方面资金的具体表现形式就是各种形态的资产，因此负债资金和所有者权益资金这两方面资金的总量等于资产价值的总量。

另外，由式(3-2)我们还可以推导出下面的关系式：

$$资产 - 负债 = 所有者权益 \tag{3-3}$$

这个关系式表明，确定所有者权益之前必须先确定负债。将资产总额扣除负债总额，剩余部分才是所有者权益。因此，所有者权益是一种剩余权益，在会计上称为“净资产”。而且从式(3-3)中，我们还可知道基本会计等式——式(3-2)的右方顺序只能为“负债＋所有者权益”。

【例 3-5】 上述瑞达公司经过两个月的生产经营，截止到 20××年的 7 月 1 日，公司的原材料、产成品等库存存货价值为 30 万元。由于购进材料形成一部分应付款项 10 万元，另外，公司还向银行借入偿还期为半年的贷款 20 万元。其他方面的情况仍同 20××年 5 月 1 日。

分析：瑞达机械公司 7 月 1 日的资产、负债和所有者权益的数量关系见表 3-2。

表 3-2　　瑞达机械有限公司资产、负债、所有者权益的数量关系表

20××年7月1日　　单位:元

资产的分布形态	金额	资金的来源渠道	金额
货币资金	250 000.00	负债:	
存货	300 000.00	短期借款	200 000.00
设备	350 000.00	应付账款	100 000.00
厂房	300 000.00	所有者权益:	
无形资产	100 000.00	张某的权益	200 000.00
		李某的权益	350 000.00
		高某的权益	450 000.00
资产合计	1 300 000.00	负债与所有者权益合计	1 300 000.00

从表 3-2 可以看出,瑞达公司在 7 月 1 日拥有的资产总额已经达到 130 万元,资产的分布在经营了一个时期以后发生了变化,增加存货 30 万元,其余资产形态没有变化;从资金来源的渠道看,瑞达公司原有投资者的投资额没有发生变化;增加了负债渠道的资金,其中向银行借款 20 万元,由于购料交易增加了应付账款 10 万元。由此可见,企业这一个时期资产总额增加的 30 万元,完全是由于企业负债渠道的资金增加。此时,企业的资产、负债及所有者权益之间的平衡关系表现为:

资产(130 万元)= 负债(30 万元)+ 所有者权益(100 万元)

即:　　资产 = 负债 + 所有者权益

二、动态的会计等式

反映收入、费用和利润三大动态会计要素之间基本关系的等式称为动态的会计等式。动态的会计等式由于能够反映企业某一个会计期间收入、费用及经营成果的形成情况,因此又被称为经营成果等式。

企业在生产经营过程中,由于经营而取得收入,同时也因此而发生费用。企业通过将收入与费用的比较,才能确定出一定期间的利润水平,即收入与费用的差额形成企业的利润。因此,六大会计要素中的后三个要素,即收入、费用、利润三个会计要素存在一定的数量关系。用公式表示为:

收入 − 费用 = 利润　　(3-4)

这个会计等式是对基本会计等式的补充和发展,该公式表明企业一定会计期间的经营成果与收入、费用之间的关系,说明了企业利润的实现过程,反映的是企业资金运动的动态状况。它是编制利润表的理论依据。

需要注意的是,实务中,收入与费用的差额实际上是经营利润,需要经过对相关利得和损失调整计入后,才等于利润。

在利用式(3-4)计算时,企业在一定时期内获得的收入大于费用,其差额为产生的利润;若企业在一定时期内获得的收入小于费用,其差额为产生的亏损。企业获得利润会增加企业的所有者权益,所产生的亏损将减少企业所有者的权益。

【例 3-6】 上述瑞达公司在 20××年的 7 月份销售产品,实现销售收入 20 万元并收到价款,已销售产品的成本为 12 万元,当月发生并用现金支付的期间费用总额为 2 万元。其

他条件未变。

分析：根据瑞达公司7月份的经营情况可确定出当月的利润为：

7月份利润＝收入(20万元)－成本和费用(12万元＋2万元)＝6万元

三、综合的会计等式

式(3-2)所反映的只是企业某个时点的财务状况，而不能反映经营活动对企业财务变化的影响；而式(3-4)中，即表示收入、费用与利润的关系等式，反映企业经过一定期间的经营之后，企业的所得、所费与经营成果的财务状况，不能反映出企业经过一定期间的经营之后某个时点的财务状况。实际上，企业经过一个期间的经营，一方面取得的收入增加了企业的资产或减少了企业的负债；另一方面所发生的费用减少了企业的资产或增加了企业的负债。从而，使式(3-2)和式(3-4)两个会计等式之间建立起勾稽关系。把一定期间的六个会计要素联系起来，可以得到下面的会计等式：

资产＝负债 ＋ 所有者权益 ＋(收入－费用)

或：　资产 ＋ 费用 ＝ 负债 ＋ 所有者权益 ＋ 收入　(3-5)

由于该等式对全部要素之间的内在关系做了全面综合的表达，因此，将式(3-5)称为会计要素综合会计等式。

由于有式(3-4)所展示的“收入－费用 ＝ 利润”关系，因此，式(3-5)可扩展为：

资产＝负债＋所有者权益＋利润　(3-6)

式(3-6)表明，企业经过一定期间的经营取得财务成果后，拥有的资产数额来源于三个方面：① 由企业通过负债渠道形成；② 通过所有者投入渠道形成；③ 通过企业经营积累的利润形成。企业经营只有获得利润，才可能取得比以前更多的资产，这是企业正常发展的前提条件。

我们在前面已经讲过，利润直接影响所有者权益，因此，当利润归入“所有者权益”之后，在会计期末，金额发生变化的会计等式又恢复为如下形式：

资产＝负债 ＋ 所有者权益

会计上将“资产＝负债＋所有者权益”这一基本会计等式又称为“会计恒等式”。

【例3-7】 仍以瑞达公司前三个例子中的资料为例。

分析：该公司截止到7月末，其资产、负债、所有者权益、收入、费用和利润的有关项目都发生了增减变动。7月末，该公司的资产、负债、所有者权益的数量关系的具体变化情况见表3-3。

表3-3　瑞达机械有限公司资产、负债、所有者权益的数量关系表

20××年7月31日　单位：元

资产的分布形态	金额	资金的来源渠道	金额
货币资金	430 000.00	负债：	
存货	180 000.00	短期借款	200 000.00
设备	350 000.00	应付账款	100 000.00
厂房	300 000.00	负债合计	300 000.00
无形资产	100 000.00	所有者权益：	
		张某的权益	200 000.00

续表 3-3

资产的分布形态	金额	资金的来源渠道	金额
		李某的权益	350 000.00
		高某的权益	450 000.00
		未分配利润	60 000.00
		所有者权益合计	1 060 000.00
资产合计	1 360 000.00	负债与所有者权益合计	1 360 000.00

从表 3-3 可以看出，该公司 7 月份具体资产形态的价值发生变化的有货币资金和存货。货币资金因销售增加了 20 万元，货币资金因支付费用减少了 2 万元，该公司的现金在 7 月份净增加 18 万元；存货中的产成品因销售减少了 12 万元。这样，7 月末企业的资产总额比 7 月初增加了 6 万元。

该公司 7 月份负债的金额及投资者的投资额都没有发生变化。但由于企业产生了销售收入，在扣减了相应的成本费用之后产生利润 6 万元，因此使所有者权益中增加了未分配利润 6 万元。

由此可见，瑞达公司的会计要素在 7 月份的关系表现为：

资产(130 万＋6 万)＝负债(30 万)＋所有者权益(100 万)＋收入(20 万)－成本和费用(12 万＋2 万)

即：　资产(130 万＋6 万)＝负债(30 万)＋所有者权益(100 万)＋利润(6 万)

月末：　资产(136 万元)＝负债(30 万元)＋所有者权益(106 万元)

这样，在 7 月末，金额发生变化的会计等式又恢复为如下形式：

资产＝负债＋所有者权益

四、会计等式的恒等原理

企业在生产经营过程中，必然要发生各种各样的经济业务，如购买材料、支付工资、产品入库、销售产品等，每项经济业务的发生又必然会引起相应会计要素价值的增减变动。但不论怎样变化，都不会破坏上述会计等式的平衡，这就是会计等式的平衡原理，或会计等式恒等原理。

现在我们通过实例来说明由于经济业务的发生使会计要素相关项目发生变化，但总不会破坏会计等式的平衡。

【例 3-8】　丙企业 20××年 6 月 1 日的资产、负债及所有者权益状况见表 3-4。6 月份，该企业发生了如下的经济业务：

(1) 向供应方购买一批原材料，价款 40 000 元，经双方协商延期付款。

(2) 以银行存款 100 000 元，归还部分短期借款。

(3) 收回应收账款 150 000 元，存入银行。

(4) 签发一张商业汇票 50 000 元，抵付已到期的应付购料款。

(5) 将盈余公积中的 100 000 元转作资本金。

(6) 向某银行的短期借款 100 000 元转作银行对本企业的投资。

(7) 根据企业的利润分配政策，计算出应分配给投资者的利润为 50 000 元。

(8) 收到新的投资者投入的机器设备一套，价值 100 000 元。

(9) 企业经批准减资，支付投资者现金 50 000 元。

(10) 销售一批产品，价款 160 000 元，已收存银行。

(11) 将已出售产品的生产成本 110 000 元，转为主营业务成本。

(12) 以现金 1 000 元购买办公用品。

表 3-4　　**丙企业资产、负债及所有者权益状况表**

20××年 6 月 1 日　　单位：元

资产	金额	负债及所有者权益	金额
现金	10 000.00	负债：	
银行存款	140 000.00	短期借款	295 000.00
应收账款	250 000.00	应付账款	125 000.00
原材料	400 000.00	负债合计	420 000.00
包装物	20 000.00	所有者权益：	
固定资产	100 000.00	实收资本	300 000.00
		盈余公积	200 000.00
		所有者权益合计	500 000.00
资产合计	920 000.00	负债及所有者权益合计	920 000.00

我们将上述经济业务发生后引起会计要素项目的增减变化情况分析如下：

业务一：向供应方购买一批原材料，价款 40 000 元，经双方协商延期付款。

该项业务发生之后，使企业的资产会计要素中的原材料项目增加 40 000 元，同时也使负债会计要素中的应付账款项目增加 40 000 元。在会计平衡公式中表示为：

业务发生前　资产(92 万)＝负债(42 万)＋所有者权益(50 万)

业务影响额　　＋4 万　　＋4 万

业务发生后　资产(96 万)＝负债(46 万)＋所有者权益(50 万)

会计等式的左方资产项目增加 4 万元，等式的右方负债项目增加 4 万元，该业务没有涉及所有者权益要素项目的增减变动。因此，会计等式的左、右两方同时增加 4 万元，会计等式保持新的平衡关系。

结论：当一项经济业务的发生只涉及资产、负债两方面，而且影响金额又是等额增加时，会计等式中的资产总额、负债及所有者权益之和都以相同金额增加，会计等式仍然保持平衡关系。

业务二：以银行存款 100 000 元，归还部分短期借款。

该项业务发生之后，使企业的资产会计要素中的银行存款项目减少 100 000 元，同时也使负债会计要素中的短期借款项目减少 100 000 元。在会计平衡公式中表示为：

业务发生前　资产(96 万)＝负债(46 万)＋所有者权益(50 万)

业务影响额　　－10 万　　－10 万

业务发生后　资产(86 万)＝负债(36 万)＋所有者权益(50 万)

会计等式的左方资产项目减少 10 万元，等式的右方负债项目也减少 10 万元，该业务没有涉及所有者权益要素的增减变动。因此，会计等式的左、右两方同时减少 10 万元，会计等式保持新的平衡关系。

结论：当一项经济业务的发生只涉及资产、负债两方面，而且影响金额又是等额减少时，会计等式中的资产总额、负债及所有者权益之和都以相同金额减少，会计等式仍然保持平衡关系。

业务三：收回应收账款 150 000 元，存入银行。

该项业务发生之后，使企业的资产会计要素中的银行存款项目增加 150 000 元，同时也使资产会计要素中的应收账款项目减少 150 000 元。在会计平衡公式中表示为：

业务发生前　　资产(86 万)＝负债(36 万)＋所有者权益(50 万)

业务影响额　　　＋15 万

　　　　　　　　－15 万

业务发生后　　资产(86 万)＝负债(36 万)＋所有者权益(50 万)

该业务与前两项业务不同，它影响的只是资产要素内部的项目，即会计等式的左方资产要素一方面增加 15 万元，另一方面又减少 15 万元，该业务没有涉及负债要素和所有者权益要素的增减变动。因此，会计等式的左方资产要素在一个项目增加另一个项目以等额减少之后，会计等式保持不变的平衡关系。

结论：当一项经济业务的发生仅仅涉及资产要素内部项目的增减变化，而且资产项目的影响额又是等额一增一减时，资产总额保持不变；同时由于业务不影响负债及所有者权益总额，负债及所有者权益之和也保持不变，会计等式仍然保持平衡关系。

业务四：签发一张商业汇票 50 000 元，抵付已到期的应付购料款。

该项业务发生之后，使企业的负债会计要素中的应付票据项目增加 50 000 元，同时使负债会计要素中的应付账款项目减少 50 000 元。在会计平衡公式中表示为：

业务发生前　　资产(86 万)＝负债(36 万)＋所有者权益(50 万)

业务影响额　　　　　　　　＋5 万

　　　　　　　　　　　　　－5 万

业务发生后　　资产(86 万)＝负债(36 万)＋所有者权益(50 万)

该业务发生之后，它影响的只是负债要素内部的项目，即会计等式的右方负债要素一方面增加 5 万元，另一方面又减少 5 万元，该业务没有涉及资产要素和所有者权益要素的增减变动。因此，会计等式的右方的负债会计要素在一个项目增加另一个项目以等额减少之后，会计等式保持不变的平衡关系。

结论：当一项经济业务的发生仅仅涉及负债要素内部项目的增减变化，而且负债项目的影响额又是等额一增一减时，负债总额保持不变；同时由于业务不影响资产及所有者权益，资产总额、所有者权益总额也都保持不变，会计等式仍然保持平衡关系。

业务五：将盈余公积中的 100 000 元转作资本金。

该项业务发生之后，使企业的所有者权益会计要素中的实收资本项目增加 100 000 元，同时使所有者权益会计要素中的盈余公积项目减少 100 000 元。在会计平衡公式中表示为：

业务发生前　　资产(86 万)＝负债(36 万)＋所有者权益(50 万)

业务影响额　　　　　　　　　　　　　　＋10 万

　　　　　　　　　　　　　　　　　　　－10 万

业务发生后　　资产(86 万)=负债(36 万)+所有者权益(50 万)

该业务发生之后，它影响的只是所有者权益要素内部的项目，即会计等式的右方所有者权益项目一方面增加 10 万元，另一方面又减少 10 万元，该业务没有涉及资产要素和负债要素的增减变动。因此，会计等式的右方的所有者权益会计要素在一个项目增加另一个项目以等额减少之后，会计等式保持不变的平衡关系。

结论：当一项经济业务的发生仅仅涉及所有者权益要素内部项目的增减变化，而且所有者权益项目的影响额又是等额一增一减时，所有者权益总额保持不变；同时由于业务不影响资产及负债，资产总额、负债总额也都保持不变，会计等式仍然保持平衡关系。

业务六：向某银行的短期借款 100 000 元转作银行对本企业的投资。

该项业务发生之后，使企业的负债会计要素中的短期借款项目减少 100 000 元，同时在银行贷款转作投资后，使所有者权益会计要素中的实收资本项目增加 100 000 元。在会计平衡公式中表示为：

业务发生前　　资产(86 万)=负债(36 万)+所有者权益(50 万)

业务影响额　　　　　　　　　−10 万　　　　　　+10 万

业务发生后　　资产(86 万)=负债(26 万)+所有者权益(60 万)

该业务发生之后，它影响的只是等式右方的负债要素项目和所有者权益要素，即一方面会计等式的右方负债项目减少 10 万元，另一方面所有者权益项目增加 10 万元，该业务没有涉及等式左方的资产要素增减变动。因此，会计等式右方的负债要素的一个项目减少而所有者权益会计要素一个项目以等额增加之后，会计等式保持不变的平衡关系。

结论：当一项经济业务的发生涉及负债和所有者权益要素项目的增减变化，而且是负债项目减少而所有者权益项目等额增加时，等式右面的负债及所有者权益的和保持不变；同时由于业务不影响等式左面的资产总额，资产总额也保持不变，会计等式仍然保持平衡关系。

业务七：根据企业的利润分配政策，计算出应分配给投资者的利润为 50 000 元。

该项业务发生之后，使所有者权益会计要素中的利润分配项目减少 50 000 元，同时使企业负债会计要素中的应付利润项目增加 50 000 元。在会计平衡公式中表示为：

业务发生前　　　　资产(86 万)=负债(26 万)+所有者权益(60 万)

业务影响额　　　　　　　　　　　+5 万　　　　　　−5 万

业务发生后　　　　资产(86 万)=负债(31 万)+所有者权益(55 万)

该业务发生之后，它影响的只是等式右面的所有者权益要素和负债要素项目，即一方面会计等式的右方所有者权益项目减少 5 万元，另一方面负债项目增加 5 万元，该业务没有涉及等式左面的资产要素增减变动。因此，会计等式的右方的所有者权益会计要素在一个项目减少而负债要素的一个项目以等额增加之后，会计等式保持不变的平衡关系。

结论：当一项经济业务的发生涉及负债和所有者权益要素项目的增减变化，而且是所有者权益项目减少而负债项目等额增加时，等式右面的负债及所有者权益的和保持不变；同时由于业务不影响等式左面的资产总额，资产总额也保持不变，会计等式仍然保持平衡关系。

业务八：收到新的投资者投入的机器设备一套，价值 100 000 元。

该项业务发生之后，使企业的资产会计要素中的固定资产项目增加 100 000 元，同时也使所有者权益会计要素中的实收资本项目增加 100 000 元。在会计平衡公式中表示为：

业务发生前　　资产(86 万)=负债(31 万)+所有者权益(55 万)

业务影响额　　　+10 万　　　　　　　　　　　　　+10 万

业务发生后　　　资产(96 万)=负债(31 万)+所有者权益(65 万)

会计等式的左方资产项目增加 10 万元,等式的右方所有者权益项目增加 10 万元,该业务没有涉及负债要素的增减变动。因此,会计等式的左、右两方同时增加 10 万元,会计等式保持新的平衡关系。

结论:当一项经济业务发生只涉及资产、所有者权益两方面,而且影响金额又是等额增加时,资产总额、负债及所有者权益之和都以相同金额增加,会计等式仍然保持平衡关系。

业务九:企业经批准减资,支付投资者现金 50 000 元。

该项业务发生之后,使企业的资产会计要素中的现金项目减少 50 000 元,同时也使所有者权益会计要素中的实收资本项目减少 50 000 元。在会计平衡公式中表示为:

业务发生前　　　资产(96 万)=负债(31 万)+所有者权益(65 万)

业务影响额　　　-5 万　　　　　　　　　　　　　　-5 万

业务发生后　　　资产(91 万)=负债(31 万)+所有者权益(60 万)

会计等式的左方资产项目减少 5 万元,等式的右方所有者权益项目也减少 5 万元,该业务没有涉及负债要素的增减变动。因此,会计等式的左、右两方同时减少 5 万元,会计等式保持新的平衡关系。

结论:当一项经济业务发生只涉及资产、所有者权益两方面,而且影响金额又是等额减少时,资产总额、负债及所有者权益之和都以相同金额减少,会计等式仍然保持平衡关系。

业务十:销售一批产品,价款 160 000 元,已收存银行。

该项业务发生之后,使企业的资产会计要素中的银行存款项目增加 160 000 元,同时也使收入会计要素增加 160 000 元。在综合会计平衡公式中表示为:

业务发生前　　资产(91 万)=负债(31 万)+所有者权益(60 万)+收入-费用

业务影响额　　+16 万　　　　　　　　　　　　　　　　+16 万

业务发生后　资产(107 万)=负债(31 万)+所有者权益(60 万)+收入(16 万)-费用

该业务与前几项业务不同,它一方面影响综合会计等式中左面的资产要素银行存款项目增加,另一方面影响综合会计等式中右面的收入要素增加,即会计等式的左方资产项目一方面增加 16 万元,另一方面等式右方的收入要素增加 16 万元,该业务没有涉及负债要素、所有者权益要素、费用要素的增减变动。因此,会计等式的左方在资产项目增加、等式右方在收入项目以等额增加之后,会计等式保持不变的平衡关系。

结论:当一项经济业务的发生涉及资产要素项目及收入要素的增减变化,而且会计要素项目又是等额增加时,即资产总额增加,收入等额增加;同时由于业务不影响负债及所有者权益,负债及所有者权益也都暂时保持不变,因此,会计等式仍然保持平衡关系。

另外,由于收入本身会增加所有者的权益,因此这一项业务发生之后,其最终的平衡关系会表现为:

资产(107 万元)=负债(31 万元)+所有者权益(76 万元)

业务十一:将已出售产品的生产成本 110 000 元,转为主营业务成本。

产品售出之后,为了确定销售利润,通常按规定需将产品的成本结转为主营业务成本。因此,该项业务发生之后,使企业的资产会计要素中的库存商品项目减少 110 000 元,同时使费用会计要素中的主营业务成本增加 110 000 元。在综合会计平衡公式中表示为:

业务发生前　资产(107 万)＋费用＝负债(31 万)＋所有者权益(76 万)＋收入

业务影响额　　－11 万　＋11 万

业务发生后　资产(96 万)＋费用(11 万)＝负债(31 万)＋所有者权益(76 万)＋收入

该业务发生之后，它一方面影响综合会计等式中资产要素库存商品项目的减少，另一方面影响综合会计等式中的费用要素主营业务成本项目增加，即会计等式的左方资产项目一方面减少 11 万元，另一方面等式左方的费用要素增加 11 万元，该业务没有涉及负债要素和所有者权益要素的增减变动。因此，会计等式的左方在一个资产项目减少、一个费用项目增加之后，其左方的总额没有改变，会计等式保持不变的平衡关系。

结论：当一项经济业务的发生涉及资产要素项目及费用要素的增减变化，而且会计要素项目又是等额一增一减时，资产总额减少的数额正是其形式转变为费用的数额，等式左方的总和保持不变；同时由于业务不影响收入、负债及所有者权益，负债及所有者权益也都暂时保持不变，会计等式仍然保持平衡关系。

另外，费用增加会引起所有者权益的减少，因此，该项业务发生之后，其最终的平衡关系表现为：

资产(96 万)＝负债(31 万)＋所有者权益(65 万)

业务十二：以现金 1 000 元购买办公用品。

该项业务发生之后，使企业的资产会计要素中的现金项目减少 1 000 元，同时使费用会计要素增加 1 000 元。在会计平衡公式中表示为：

业务发生前　资产(96 万)＋费用(11 万)＝负债(31 万)＋所有者权益(76 万)＋收入

业务影响额　－1 000 元　＋1 000 元

业务发生后　资产(95.9 万)＋费用(11.1 万)＝负债(31 万)＋所有者权益(76 万)＋收入

该业务一方面影响资产要素现金项目的减少，另一方面影响综合会计等式中的费用要素增加，即会计等式的左方资产项目一方面减少 0.1 万元，另一方面等式左方的费用要素增加 0.1 万元，该业务没有涉及负债要素和所有者权益要素的增减变动。因此，会计等式的左方在一个资产项目减少、一个费用项目增加之后，其左方的总额没有改变，会计等式保持不变的平衡关系。

结论：当一项经济业务的发生涉及资产要素项目及费用要素的增减变化，而且会计要素项目又是等额一增一减时，资产总额减少的数额正是其形式转变为费用的数额，等式左方的总和保持不变；同时由于业务不影响收入、负债及所有者权益，负债及所有者权益也都暂时保持不变，会计等式仍然保持平衡关系。

另外，费用增加会引起所有者权益的减少，因此，该项业务发生之后，其最终的平衡关系表现为：

资产(95.9 万)＝负债(31 万)＋所有者权益(64.9 万)

通过以上实例可以看出，无论发生什么种类的经济业务，使会计要素发生了怎样的增减变动，都不会改变会计等式的数量平衡关系，而且会计等式的数量平衡关系最终表现为资产、负债和所有者权益之间的恒等关系上，即“资产＝负债＋所有者权益”的平衡关系永远成立。

企业的经济业务归结起来共有九种类型，这九种类型的业务发生后分别引起：

(1) 一个资产项目增加，一个负债项目增加，如业务一。

(2) 一个资产项目减少，一个负债项目减少，如业务二。

(3) 一个资产项目增加，一个资产项目减少，如业务三。

(4) 一个负债项目增加，一个负债项目减少，如业务四。

(5) 一个所有者权益项目减少，一个所有者权益项目增加，如业务五。

(6) 一个负债项目减少，一个所有者权益项目增加，如业务六。

(7) 一个所有者权益项目减少，一个负债项目增加，如业务七。

(8) 一个资产项目增加，一个所有者权益项目增加，如业务八和业务十。

(9) 一个资产项目减少，一个所有者权益项目减少，如业务九、业务十一和业务十二。

下面，我们将经济业务的类型用图 3-1 表示出来。

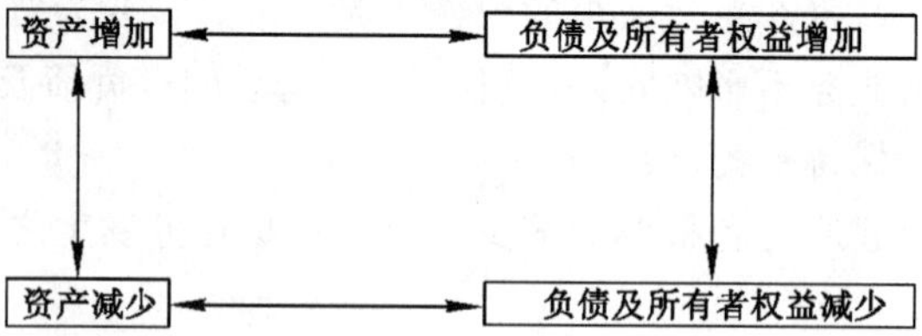

图 3-1　企业经济业务类型图

各种类型的经济业务发生之后都不会影响会计等式的平衡，在此我们已经得到论证。

复习与练习

一、填空题

1. 我国将会计要素划分为六个方面，资产、________和________三个要素称为静态会计要素，________、费用和________三个要素称为动态会计要素。

2. 制造业的费用按照与生产产品的相关程度或按经济用途分类，可以划分为________、间接费用和期间费用三大类。

3. 在确认收入的实务中，企业应以________转移作为收入确认时点的判断标准。

4. 所有者权益的来源包括所有者投入的资本、直接计入所有者权益的利得和损失、________等，具体表现为实收资本(或股本)、资本公积、________、盈余公积和未分配利润。

5. 目前，会计上所应用的会计计量属性有五种，即历史成本、________、公允价值、可变现净值和________。

二、判断题

1. 资产是指企业现时的交易或者事项形成的、由企业拥有或者控制的、预期会给企业带来经济利益的资源。（　）

2. 企业通过购买、自行建造等方式形成的某项设备，或因贷款而得到的银行存款或经勘探发现的厂房下的铁矿等，都是企业的资产。（　）

3. 所有者权益是指企业投资人对企业资产的所有权。（　）

4. 企业以银行存款偿付一项债务，只是一项资产和一项负债的等额减少，对所有者权益没有影响，因此，不构成费用。（　）

5. 直接计入当期利润的利得和损失，是指应当计入当期损益、会导致所有者权益发生增减变动的、与所有者投入资本或者向所有者分配利润无关的利得或者损失。（ ）

6. 在可变现净值计量下，资产按照预计从其持续使用和最终处置中所产生的未来现金流入量的折现金额计量。（ ）

7. “收入－费用＝利润”这一会计等式是复式记账法的理论基础，也是编制资产负债表的依据。（ ）

8. 资产、负债和所有者权益三项会计要素，是资金运动的动态表现，反映企业的财务状况，是资产负债表的基本要素。（ ）

9. 经济业务的发生，可能引起资产与权益总额发生变化，但是不会破坏基本会计等式的平衡关系。（ ）

10. 资产、负债与所有者权益的平衡关系是企业资金运动处于相对静止状态下出现的，如果考虑收入、费用等动态要素，则资产、负债与权益总额的平衡关系必然被破坏。（ ）

三、单选题

1. 下列各项中，属于企业资产的是（ ）。

A. 应付账款　　B. 购买的设备

C. 预收账款　　D. 即将购入的原材料

2. 下列各项中属于流动资产的是（ ）。

A. 原材料　　B. 运输设备

C. 商标权　　D. 对外联营投资

3. 下列项目中属于负债类的是（ ）。

A. 营业费用　　B. 盈余公积

C. 实收资本　　D. 应交税费

4. 下列各项中，不属于所有者权益的是（ ）。

A. 资本溢价　　B. 计提的盈余公积

C. 投资者投入的资本　　D. 应付高管人员基本薪酬

5. 下列各项中，属于反映企业经营成果的会计要素是（ ）。

A. 资产　　B. 所有者权益

C. 负债　　D. 费用

6. 在（ ）计量属性下，企业的资产、负债等项目都应当基于经济业务的实际交易成本，而不必考虑随后市场价格变动的影响。

A. 历史成本　　B. 重置成本

C. 可变现净值　　D. 公允价值

7. 资产按照购置时支付的现金或者现金等价物的金额，或者按照购置资产时所付出对价的公允价值计量的计量属性是（ ）。

A. 历史成本　　B. 重置成本

C. 可变现净值　　D. 公允价值

8. 某公司资产总额为 20 万元，负债总额为 5 万元，以银行存款 2 万元偿还短期借款，并以银行存款 2 万元购买设备（暂不考虑增值税）。则上述业务入账后，该公司的负债总额为（ ）万元。

A. 2　　B. 3

C. 25　　D. 15

9. 下列内容不属于期间费用的是（　）。

A. 管理费用　　B. 制造费用

C. 销售费用　　D. 财务费用

10. 以下有关"收入－费用＝利润"等式表述不正确的有（　　）。

A. 是编制利润表的理论基础

B. 表明了企业一定会计期间的经营成果

C. 反映了收入、费用、利润三要素之间的内在联系和数量关系

D. 上述等式也称为静态会计恒等式

四、多选题

1. 下列各项中，属于资产要素特点的有（　　）。

A. 必须是经济资源　　B. 必须是有形的

C. 必须预期能给企业带来经济利益　　D. 必须是企业拥有或控制的

2. 下列各项中，属于费用要素特点的有（　　）。

A. 企业在日常活动中发生的经济利益的总流入

B. 会导致所有者权益减少

C. 与向所有者分配利润无关

D. 会导致所有者权益增加

3. 下列各项中，影响利润金额计量的有（　　）。

A. 资产　　B. 收入

C. 费用　　D. 直接计入所有者权益的利得或损失

4. 下列项目中，属于资产的有（　　）。

A. 银行借款　　B. 应付账款

C. 对外联营投资　　D. 厂房

5. 下列各项中，会导致所有者权益总额减少的事项有（　　）。

A. 分派现金股利　　B. 可供出售金融资产公允价值下降

C. 企业发生亏损　　D. 投资者撤资

6. 下列项目中属于期间费用项目的有（　　）。

A. 销售费用　　B. 财务费用

C. 直接费用　　D. 车间费用

7. 下列关于会计等式的表述中，正确的有（　　）。

A. 财务状况等式是复式记账的理论基础

B. "资产＝负债＋所有者权益"这一会计等式体现了企业在某一时点的财务状况

C. "收入－费用＝利润"这一会计等式是企业资金运动的动态表现

D. 经营成果等式是编制财务报表的依据

8. 下列各项经济业务中，能引起基本会计等式左、右两边会计要素同时变动的有（　　）。

A. 收到某单位前欠货款存入银行　　B. 以银行存款偿还银行借款

C. 收到某单位投入机器设备一台　　D. 盈余公积金转增资本

9. 下列各项经济业务中,会导致企业资产总额和负债总额同时减少的有(　　)。

A. 用现金支付应付货款　　B. 购买材料一批货款未付

C. 接受投入的机器设备　　D. 用银行存款偿还所欠贷款

10. 下列各项经济业务中,能引起资产和所有者权益同时增加的有(　　)。

A. 盈余公积金转增资本　　B. 企业减资支付股东货币资金

C. 收到外单位货币资金投资存入银行　　D. 收到机器设备投资

五、简答题

1. 什么是会计要素?我国规定的会计要素有哪些?其含义是什么?

2. 六大会计要素各自有哪些特征?其确认的条件是什么?

3. 什么是会计计量属性?各种会计计量属性的含义是什么?

4. 什么是会计等式?其表现形式有哪几种?

5. 如何理解基本会计等式的恒等性?

第四章 账户与复式记账

【本章重点和难点】

☆会计科目是对会计要素的具体内容进行分类反映的类(项)目。会计科目按照所反映的经济业务内容分为资产类、负债类、共同类、所有者权益类、成本类和损益类六大类。

☆会计科目按其隶属关系,可分为总分类会计科目和明细分类会计科目。明细分类会计科目一定是隶属于某个总分类会计科目下的会计科目。

☆账户,是根据会计科目开设的、具有一定结构或格式、按规定的方法记录经济业务内容的记账载体或记账账页。它由账户名称和账户结构两部分组成。

☆所谓复式借贷记账法,就是以"借""贷"二字作为记账符号,利用复式记账的原理,记录会计要素增减变动的记账方法,是复式记账法的一种。

☆借贷记账法的记账规则:"有借必有贷,借贷必相等"。

☆所谓试算平衡,是指利用试算平衡公式,通过编制试算平衡表以检验账户记录是否存在错误的一种专门方法。

第一节 会计科目与会计账户

一、会计科目及其分类

(一) 会计科目的概念

会计科目(简称科目)是对会计要素的具体内容进行分类反映的类(项)目。同一会计要素中,由于其具体项目的内容各有不同,管理要求也有所不同。如原材料和固定资产都属于资产会计要素中的项目,但由于它们反映着不同的经济内容,其管理要求也有所不同。为了全面、系统、分类地反映和监督各项经济业务的发生情况,以及由此而引起的各个会计要素项目的增减变动,就有必要对各个会计要素分别设置会计科目。

所谓设置会计科目,就是根据会计要素的不同特征,按照经营管理的特点和要求进行系统分类,据以确定分类反映的项目名称、编号和分类反映内容的一种会计核算方法。

设置会计科目能使编制与整理会计凭证和设置账簿、业务记录有所依据,它是组织会计核算的首要环节;同时,设置会计科目也是进行会计监督的重要手段。即使在会计电算化信息系统下,会计数据的收集和处理也是依据会计科目进行的。

会计科目的设置应遵循以下原则:

(1) 合法性原则。设置会计科目应当根据会计准则和企业会计制度的要求进行。在我国,总分类科目原则上由财政部统一规定,在不影响企业会计核算要求和会计报表指标汇总，以及对外提供统一的财务报告的前提下，企业可根据实际情况自行增设、减少或合并某些会计科目。

（2）相关性原则。会计科目的设置必需能够反映出会计要素项目的经济内容和特点，要能够满足信息使用者的需要。

（3）实用性原则。设置会计科目应符合单位自身特点，满足单位的实际需要。

（二）会计科目的分类和编号

会计科目按照不同的标准可以有不同的分类。常见的会计科目分类基本上有按经济内容分类和按隶属关系分类两种。

1. 按经济内容分类

会计科目按经济内容分类是最基本的一种分类方式，是了解会计科目性质的直接依据。会计科目按照所反映的经济业务内容分为资产类、负债类、共同类、所有者权益类、成本类和损益类六大类。我国《企业会计准则——应用指南》中对企业的会计科目按经济内容分类做了统一的科目名称及编号的规定。一般企业会计科目具体见表 4-1。

表 4-1 中，资产类会计科目的排列顺序基本上是按照资产流动性的强弱进行排列的。资产的流动性越强，排序越在前，流动性差的长期股权投资、固定资产等排在后。负债类会计科目的排列一般是按照偿还期的长短进行排列的，偿还期越长的排序越靠后；所有者权益类的会计科目是按照形成时间的前后顺序进行排列的；至于成本类和损益类的会计科目，是按照其在经济活动中的作用进行排序的。

会计科目表中，财政部不仅对各类会计科目的名称做了统一的规定，而且对会计科目还进行了统一的编号。进行统一编号的目的有两个：一是为了统一会计科目的管理，便于编制会计凭证、登记账簿、查阅账目；二是便于会计电算化的应用和普及。表 4-1 中会计科目的编号采用的是四位数码编号法。

（1）四位数编码中的千位数代表科目按照经济业务的内容所属的类别，也是通常所说的会计科目大类。如“1”代表资产类的会计科目，“2”代表负债类的会计科目，“3”代表共同类的会计科目，“4”代表所有者权益类的会计科目，“5”代表成本类会计科目，“6”代表损益类会计科目。

（2）四位数编码中的百位数代表会计科目的性质，表示某会计科目在某大类会计科目下所属的小类代码。凡是百位数相同的会计科目，在业务性质、要素特征上具有基本一致或类似的特点。如现金、银行存款会计科目的编号中的百位数都是“0”，这个“0”代表会计科目是属于货币资金性质的类别。再如，资产类会计科目中，会计科目编号中的百位数是“1”的会计科目，都属于资产类科目中反映债权性质的科目。

（3）四位数编码中的后两位数代表会计科目在其小类别中的顺序号。在会计科目表中，某些会计科目之间出现了很多顺序号的断号或者空号，这主要是为了满足经济业务发展的需要，预先留有的空号，供增设会计科目之用。

对会计科目表中会计科目的排列顺序和编号，企业不得随意打乱重编。

2. 按隶属关系或统御关系分类

会计科目按其隶属关系，可分为总分类会计科目和明细分类会计科目。明细分类会计科目一定是隶属于某个总分类会计科目下的会计科目。

表 4-1　　　　一般企业主要会计科目表

序号	编号	会计科目	序号	编号	会计科目	序号	编号	会计科目
		一、资产类	38	1603	固定资产减值准备			**三、共同类**
1	1001	库存现金	39	1604	在建工程	74	3101	衍生工具
2	1002	银行存款	40	1605	工程物资	75	3201	套期工具
3	1012	其他货币资金	41	1606	固定资产清理	76	3202	被套期项目
4	1101	交易性金融资产	42	1621	生产性生物资产			
5	1121	应收票据	43	1622	生产性生物资产累计折旧			**四、所有者权益类**
6	1122	应收账款	44	1631	油气资产	77	4001	实收资本或股本
7	1123	预付账款	45	1632	累计折耗	78	4002	资本公积
8	1131	应收股利	46	1701	无形资产	79	4003	其他综合收益
9	1132	应收利息	47	1702	累计摊销	80	4004	其他权益工具
10	1221	其他应收款	48	1703	无形资产减值准备	81	4101	盈余公积
11	1231	坏账准备	49	1711	商誉	82	4103	本年利润
12	1321	受托代销商品	50	1712	商誉减值准备	83	4104	利润分配
13	1401	材料采购	51	1801	长期待摊费用	84	4201	库存股
14	1402	在途物资	52	1811	递延所得税资产			
15	1403	原材料	53	1901	待处理财产损益			**五、成本类**
16	1404	材料成本差异				85	5001	生产成本
17	1405	库存商品			**二、负债类**	86	5101	制造费用
18	1406	发出商品	54	2001	短期借款	87	5201	劳务成本
19	1407	商品进销差价	55	2101	交易性金融负债	88	5301	研发支出
20	1408	委托加工物资	56	2201	应付票据			
21	1411	周转材料	57	2202	应付账款			**六、损益类**
22	1471	存货跌价准备	58	2203	预收账款	89	6001	主营业务收入
23	1481	持有待售资产	59	2211	应付职工薪酬	90	6051	其他业务收入
24	1482	持有待售资产减值准备	60	2221	应交税费	91	6061	汇兑损益
25	1501	债权投资	61	2231	应付利息	92	6101	公允价值变动损益
26	1502	债权投资跌价准备	62	2232	应付股利	93	6111	投资收益
27	1503	其他债权投资	63	2241	其他应付款	94	6115	资产处置损益
28	1504	其他权益工具投资	64	2245	持有待售负债	95	6117	其他收益
29	1511	长期股权投资	65	2314	受托代销商品款	96	6301	营业外收入
30	1512	长期股权投资跌价准备	66	2401	递延收益	97	6401	主营业务成本
31	1521	投资性房地产	67	2501	长期借款	98	6402	其他业务成本
32	1522	投资性房地产累计折旧	68	2502	应付债券	99	6403	税金及附加
33	1523	投资性房地产减值准备	69	2701	长期应付款	100	6601	销售费用
34	1531	长期应收款	70	2702	未确认融资费用	101	6602	管理费用
35	1532	未实现融资收益	71	2711	专项应付款	102	6603	财务费用
36	1601	固定资产	72	2801	预计负债	103	6701	资产减值损失
37	1602	累计折旧	73	2901	递延所得税负债	104	6711	营业外支出
						105	6801	所得税费用
						106	6901	以前年度损益调整

总分类会计科目又称总目或一级科目,它是总括地反映各会计要素项目并提供较为概括的会计信息的科目。明细分类科目又称明细科目,是对总分类会计科目所做的进一步分类,提供更为具体明确、更详细的会计信息的科目。总分类会计科目对明细科目起统驭作用,明细分类会计科目对总分类会计科目起补充说明的作用。

有的总分类会计科目反映的经济内容较多,还可在总分类会计科目下设置二级明细科目,二级明细科目下再设置三级科目,三级明细科目下设置四级科目,等等。企业可根据管理的需要,决定明细科目设置的层级。例如,工业企业可在原材料总分类会计科目下设置原料及主要材料、辅助材料二级明细科目,然后再依据材料规格、品种或型号等设置三级甚至四级明细科目。

对明细科目的编号企业可自行确定。通常明细科目的编号采用两位数码编号法。具体编号时,是在总分类会计科目编号后相应增加编码。从二级科目往下依次增加两位数编码,按照明细会计科目使用的数量,其编码从小到大排列。

例如,某企业生产电冰箱、洗衣机两类家电产品。电冰箱包括A型容量和B型容量两种;洗衣机包括双缸洗衣机和滚筒洗衣机,滚筒洗衣机又包括D型和E型两种。该企业库存商品明细分类会计科目名称的确定及其编号的编制应如下进行:

库存商品(1405)——电冰箱(140501)——A型电冰箱(14050101)
——B型电冰箱(14050102)
——洗衣机(140502)——双缸洗衣机(14050201)
——滚筒洗衣机(14050202)
——D型滚筒洗衣机(1405020201)
——E型滚筒洗衣机(1405020202)

该企业的库存商品中的科目已经设置到了四级科目,“库存商品”是总目或一级科目,其余的是明细科目。“库存商品——电冰箱”“库存商品——洗衣机”是二级科目;“库存商品——电冰箱——A型电冰箱”“库存商品——电冰箱——B型电冰箱”“库存商品——洗衣机——双缸洗衣机”“库存商品——洗衣机——滚筒洗衣机”是三级科目;而“库存商品——洗衣机——滚筒洗衣机——D型滚筒洗衣机”“库存商品——洗衣机——滚筒洗衣机——E型滚筒洗衣机”则是四级科目。

各层级科目的编号与各层级的科目一一对应,因此,该企业的会计科目编号也相应地设置到了四级,这里不再一一赘述。

二、账户及其结构

(一)账户的概念

账户,是会计账户的简称,是根据会计科目开设的、具有一定结构或格式、用于分类反映会计要素增减变动情况及其结果的记账载体。它由账户名称和账户结构两部分组成。

会计科目只是对会计对象具体内容进行分类反映的类目,还不能进行具体的会计核算。会计科目的设置,为对会计要素的具体内容进行分类核算提供了依据,但会计科目所提供的核算指标,其具体数据资料则一定要通过会计账户才能够加以记录和反映。为了全面系统地反映和监督会计要素的增减变动,必须设置账户。账户的设置是以会计科目为依据的,同时要服从于会计报表对会计信息的要求。设置账户是会计核算的一种专门方法,每一个企业根据自身的经营特点,设置一套完整的账户体系,用以全面核算和监督一定期间内所发生的每项交易或事项。

账户的设置应与会计科目的设置相适应。通常,企业在设置了会计科目之后,可以按照会计科目的名称和性质对应地分别设置会计账户。在实际工作中,并没有严格区分设置会计科目和设置会计账户的过程,而是把这两方面的设置工作结合在一起直接来处理。

(二) 账户的分类

由于账户是依据会计科目开设的,因此,设置账户时,账户的分类基本上取决于会计科目的分类。账户的分类具体有:

1. 按照核算的经济内容对账户进行分类

与会计科目按照经济业务内容进行分类相对应,账户按经济内容分类可分为资产类账户、负债类账户、共同类账户、所有者权益类账户、成本类账户和损益类账户,共六大类账户,其每一大类账户中的具体账户的名称、编号及与会计科目相同。如库存商品账户按照经济内容分类属于资产类账户,其编号与会计科目的编号相对应,也为"1405"。

2. 按照隶属关系或统驭关系对账户进行分类

与会计科目按照隶属关系进行分类相对应,账户按照隶属关系进行分类可分为总分类账户和明细分类账户。总分类账户是根据总分类会计科目开设的,提供总括分类核算资料指标的账户;在总分类账户中,只使用货币计量单位反映经济业务。总分类账户以下的各层级账户称为明细分类账户。明细分类账户是提供明细分类核算资料指标的账户,是对其总分类账户资料的具体化和补充说明。明细分类账户除了用货币计量反映经济业务外,必要时还需要使用实物计量单位或劳动计量单位从数量或时间上进行反映,以满足经营管理的需要。

总分类账户与所属明细账户的核算内容相同,只是反映内容的详细程度不同;总分类账户和明细分类账户之间可相互制约、相互核对;总分类账户和明细分类账户两者之间的关系是统驭与隶属、总括与补充说明的关系。如原材料总分类账户下可设置原料与主要材料、辅助材料等二级账户,对二级账户还可进行细分,设置如原材料——原料与主要材料——××材料等三级账户。原材料总分类账户对二级、三级等各下属层级明细账户起统驭作用,提供总括会计核算的信息,而原料与主要材料、辅助材料等二级以下各层级的账户,是隶属于原材料总分类账户,是对原材料总分类账户的说明和补充,提供具体详细的会计信息;原材料总分类账户和所属明细分类账户之间可相互制约,数据可相互核对。

3. 按照用途和结构对账户进行分类

账户按照用途和结构可以分为盘存类账户、结算类账户、跨期摊配类账户、资本类账户、调整类账户、集合分配类账户、成本计算类账户、集合配比类账户、财务成果类账户和计价对比账户等。

(1) 盘存类账户,是指可以通过实物盘点进行核算和监督的各种资产类账户,如现金、银行存款、原材料、库存商品、固定资产等账户。

(2) 结算类账户,是指用来核算和监督一个经济组织与其他经济组织或个人以及经济组织内部各单位之间债权债务往来结算关系的账户。按照结算性质的不同,它可以分为债权结算账户(如应收账款、应收票据等)、债务结算账户(如应付账款、短期借款、应交税费等)和债权债务结算账户(如曾经使用过的其他往来账户)。

(3) 跨期摊提类账户,是指用来核算和监督应由若干个会计期间共同负担而又在某个会计期间一次支付费用的账户，如长期待摊费用账户。

(4) 资本类账户，是指用来核算和监督经济组织从外部取得的或内部形成的资本金增加变动情况及其实有数的账户，如实收资本、资本公积等账户。

(5) 调整类账户，是指用来调节和整理相关账户的账面金额并表示被调整账户的实际余额数的账户。调整类账户按照调整方式的不同，可以分为备抵调整账户、附加调整账户和备抵附加调整账户等三类。备抵调整账户是指用来抵减被调整账户余额，以取得被调整账户余额的账户。资产类、负债类和所有者权益类账户，存在一些备抵(或称抵减)账户，如坏账准备、累计折旧等账户。附加调整账户，是指用来增加被调整账户余额的账户，现实中这类账户已经很少使用。备抵附加调整账户是指既具有备抵又具有附加调整功能的账户，比较典型的备抵附加账户是材料成本差异账户。

(6) 集合分配类账户，是指用来归集和分配经济组织经营过程中某个阶段所发生的相关费用的账户，如制造费用账户。集合分配类账户所记录的费用属于当期的开支，应当在当期分配完毕，因此集合分配类账户没有期末和期初余额。

(7) 成本计算类账户，是指用来归集经营过程中某个阶段所发生的全部费用，并据以计算和确定出各个对象成本的账户，如在途物资、生产成本、在建工程等账户。

(8) 集合配比类账户，是指用来核算和监督经营过程中发生的损益，并借以在期末计算和确定其财务成果的账户。集合配比类账户按其性质不同，又可以分为收入类账户(如主营业务收入、投资收益等账户)和成本费用支出类账户(如主营业务成本、管理费用、营业外支出等账户)。

(9) 财务成果类账户，是指用来核算和监督经济组织在一定时期内财务成果形成，并确定最终成果的账户。典型的财务成果类账户是本年利润账户。

(10) 计价对比账户，是指对某项经济业务，按两种不同的计价进行核算对比，借以确定其业务成果的账户，如固定资产清理、待处理财产损益等账户。

(三) 账户的结构

账户的结构，是指账户格式的组成部分及各组成部分之间的关系。经济业务发生之后引起的资金运动，无外乎表现为资金的增加或资金的减少。将经济业务的内容记录到账户当中，必然要求账户的结构中有记录增加数和记录减少数的部分；同时，为反映增减变化后的结果，账户还要有反映结余的部分。这样，反映资金运动的增加额、减少额和结余额这三个部分就构成了账户的基本结构。通常，将账户划分为左方、右方两方，一方用以登记增加额，一方用以登记减少额，还可根据实际需要分为若干栏次，用以登记与之相关的其他资料。至于账户的哪一方登记增加额，哪一方登记减少额，余额在哪一方，取决于账户的性质和所使用的记账方法。

在实际工作中，账户的格式因账户种类的不同而多种多样。但无论哪一个账户，其账户结构中必然包括如下基本内容：

(1) 账户的名称：即会计科目的名称。

(2) 日期：将经济业务记录到账户的时间。

(3) 凭证号码：记账凭证的号码。

(4) 摘要：简要说明发生的经济业务。

(5) 左方和右方：记录增加额或减少额。

(6) 余额及余额方向:本行记录经济业务后或期末计算出的余额及余额方向。

一般账户的格式见表 4-2。

表 4-2 **账户名称:××××**

年		凭证号码	摘要	左方	右方	余额方向	余额
月	日						

表 4-2 所反映的这种格式称为账户的基本格式,是手工记账经常采用的格式。会计实务中,所采用的记账方法不同,账户的具体格式也会有所不同。

在实际工作中出现的其他账户格式,都是在这种基本格式下经过改进而演化出来的,但其他格式中的内容一定包含着账户结构中的基本内容。在已经实行会计电算化的单位,尽管其账户格式不明显,但是在账户当中要反映的内容与手工记账的情况相同,仍然要按照上述格式的内容开展程序设计,进行相关的数据处理。

在一定期间内,每一个账户中往往会连续地记录许多经济业务的数额,会计上把记录每一笔业务的增加、减少的数额,称为业务发生增加额、业务发生减少额,统称为业务发生额;把一定期间内所登记的业务发生额的合计数统称为本期发生额,增加额合计称为本期增加发生额,减少额合计称为本期减少发生额。账户中的"本期发生额"是一个动态的指标,反映一定期间内某账户金额的增减变动状况。

账户中所记录的增加总额和减少总额相抵后的差额,称为账户的余额。余额按照表示的时间不同,又分为期初余额和期末余额,本期的期末余额转入下期,就是下期的期初余额。期末余额是一个静态指标,反映某一时日或某一时刻某账户资金增减变动后的结果。

另外,按照记账核算要求,在会计账户中每一行只登记一项经济业务的数额,有些账户需要同时计算出本行记录经济业务发生后的余额,即本行余额。

一般来说,一个会计账户正常的余额所在方向与账户中记录增加数据的方向一致。

由上述可知,账户结构中所反映的金额指标一般包括期初余额、本期增加发生额、本期减少发生额和期末余额四种。上述四个指标之间的关系,可用公式表示为:

期末余额=期初余额+本期增加发生额-本期减少发生额

在会计教学和会计研究中,涉及有关账户的应用时,为了减少画出账页的工作量和方便起见,往往将账户中的左方和右方的记录突出表现,舍去其他栏次,形成简化的账户格式,即T字形账户格式。T字形账户的格式如图 4-1 所示。

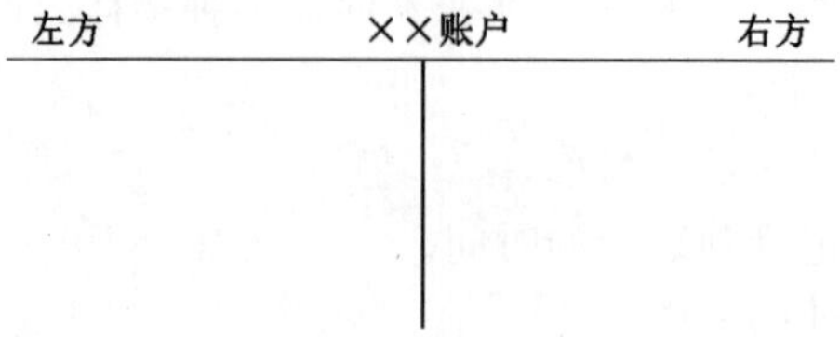

图 4-1 T字形账户的格式

T 字形账户中也能反映出一般账户结构中的四个金额指标。至于是左方记录增加额还是右方记录增加额,取决于账户的性质和记账方法。如果左方记录增加额,则右方一定记录减少额;同样,如果右方记录增加额,则左方一定记录减少额。T 字形账户中所记录的四个金额指标之间的数量关系与一般账户结构的情况相同。

三、账户与会计科目的关系

账户与会计科目之间既有联系,又有区别。

账户与会计科目之间的联系表现为:会计科目和账户都是对会计对象具体内容的分类,两者反映的内容一致,性质相同;会计账户是根据会计科目开设的,会计科目的名称就是会计账户的名称;会计科目是设置账户的依据,账户是会计科目的具体运用。因此,会计科目的性质决定了会计账户的性质,会计科目的分类决定了账户的分类。从这个意义上讲,在实际工作中,会计人员往往会把会计科目和会计账户不加区别地相互通用。

会计科目和会计账户之间的区别是:会计科目只是名称,本身没有什么结构,而账户除了有与会计科目相同的名称之外,必须要具有一定的格式或结构;会计科目只是对会计要素按照经济业务的特性所做的进一步分类的类目,仅仅反映经济内容是什么,而会计账户则不仅反映经济内容是什么,而且是进行连续、全面和系统的核算,以便记录和反映交易或事项金额的增减变动及其结果;会计科目主要是用来开设账户、填制凭证,而账户主要是用来提供某一具体会计对象的会计资料,作为编制财务报表项目及其相关数据的依据。

第二节　复式借贷记账法

一、会计记账法的种类

所谓会计记账法,是指会计人员利用文字和数字,在账户中记录各种交易或事项的专门方法。从会计产生开始到现在,抛开最初的结绳记事等原始的会计萌芽阶段的表达方式之外,按照记录方式的不同,人类使用的会计记账方法可以分为两大种类:一种是单式记账法,另一种类是复式记账法。下面我们对这两种记账方法分别加以介绍。

(一)单式记账法

所谓单式记账法,是指对每一项交易或事项只在一个账户中进行单方面记录的方法。在近代会计产生之前,世界上普遍采用的是单式记账法,用于管理赋税和财货钱物。采用单式记账法记账时,其突出的特点是只用一个账户记录一项交易或事项,而且是以现金或金额为主要记账内容。因此,它在交易或事项发生后,选择单方面记账时,一般重点考虑的是涉及的货币资金、债权、债务的增减变化。对这些交易或事项单方面核算货币资金、债权、债务的增减变化,至于引起这种增减变化的原因所表现的其他要素的增减变化并不进行会计核算。单式记账法下,账户的设置数量较少,一般只开设现金、银行存款、应收账款和应付账款以及常见的反映财产物资的账户。

【例 4-1】 用单式记账法对下列业务进行记账:

(1) 用现金购买原材料 100 千克,价款总额为 1 000 元。

(2) 购买原材料 120 千克,价款总额为 1 200 元,款项未付。

(3) 用现金偿付欠款 1 000 元。

业务一:对于这项交易,单式记账法的记账要求是选择库存现金账户单方面记账。只在库存现金账户中记录现金减少 1 000 元即可,不需再设置原材料账户记录原材料的增加,也就是说,对引起现金减少的原因(即购买原材料而使原材料增加的情况)不做记录。

业务二:对于这项交易,同样道理,只在应付账款账户中记录应付购料款增加 1 200 元,对原材料的增加省略不计。

业务三:这是一项有关偿付款项的事项,既涉及货币资金的变化,又涉及债务的变化。按照单式记账法的要求,应首选库存现金账户进行单方面的记账。只在库存现金账户中记录现金减少 1 000 元,至于引起现金减少的原因是偿还应付账款的情况不通过应付账款账户记录。

单式记账法虽然手续简便,但存在着明显的缺陷。第一,单式记账法下账户设置数量少,账户体系不完整;第二,账户之间不存在必然联系,不能全面、系统地反映经济业务的来龙去脉;第三,账户之间数量上不存在勾稽关系,不能通过试算平衡等方法检查账户记录是否正确。因此,单式记账法只是在经济不发达,或经济业务十分简单时才使用,这种方法早已被淘汰。目前,广泛应用的是复式记账法。

(二) 复式记账法及其种类

所谓复式记账法,是指对发生的每一项交易或事项所引起的资金运动,都要以相等的金额同时在两个或两个以上的账户中进行全面系统记录的方法。它是以会计的基本等式“资产＝负债＋所有者权益”为依据建立起来的一种科学记账法,是最基本、最主要的会计方法之一,被世界各国广泛采用。复式记账法下要求设置完整的账户体系,以便对发生的经济业务同时在相互联系的两个或者两个以上的账户中,以相等金额进行记录。

【例 4-2】 仍是例 4-1 中的几项业务:

(1) 用现金购买原材料 100 千克,价款总额为 1 000 元。

(2) 购买原材料 120 千克,价款总额为 1 200 元,款项未付。

(3) 用现金偿付欠款 1 000 元。

要求:采用复式记账法进行记账。

业务一:该项业务发生之后,一方面引起原材料增加 1 000 元,另一方面引起现金减少 1 000 元。为了反映这项交易的来龙去脉,在复式记账法下,对该项交易一方面需在原材料账户中记录原材料增加 1 000 元的金额,另一方面需同时在库存现金账户中记录现金减少 1 000 元的金额。

业务二:同样道理,按照复式记账的原理,对该项交易一方面需在原材料账户中记录原材料增加 1 200 元的金额,另一方面需同时在应付账款账户中记录应付账款增加 1 200 元的金额。

业务三:这项业务由于是偿还欠款,一方面使现金减少 1 000 元,同时也使应付账款减少 1 000 元。因此,按照复式记账的原理,对该事项一方面需在库存现金账户中减少现金 1 000 元,另一方面需在应付账款账户中记录应付账款减少 1 000 元。

复式记账法与单式记账法相比手续复杂,但复式记账法有着单式记账法无可比拟的优点:首先,复式记账法的账户设置全面,形成了一个完整的账户体系;第二,一项交易或事项发生后,同时在两个或两个以上的相互联系的账户中进行记录,因此能够反映业务的来龙去脉;第三,一项业务发生后,在相互联系的账户中以相等金额进行同时登记,使账户之间存在着数量上的勾稽关系,可以通过试算平衡检查账户记录是否正确,便于查账和对账。

由于各个行业经济活动具有不同的特征，因此，在运用复式记账法的原理进行记账时，可采用不同的具体方法。在我国的会计实务中，曾经使用过的复式记账法有增减记账法、收付记账法和借贷记账法。这些记账方法都运用复式记账法的原理记账，只是使用的记账符号、记账规则和平衡原理不同。增减记账法曾在我国的商业企业使用，收付记账法在行政事业单位使用，而借贷记账法曾在工业企业使用。我国会计在与国际惯例接轨后，企业会计制度中明确要求，企业的会计核算采用借贷记账法。因此，目前无论是商业企业、工业企业还是其他行业的企业，统一使用借贷记账法，增减记账法已经取消。至于行政单位，在会计核算时仍使用收付记账法。

二、借贷记账法

（一）借贷记账法的概念及记账符号

借贷记账法起源于14世纪前后的意大利沿海城市。当时的借贷资本家以“借主”和“贷主”记录债权和债务。放出去的款项作为债权记入“借主”名下，收进的款项作为债务记入“贷主”名下。但随着当时意大利工商业经济的发展，借贷资本家的会计账簿中不仅要记录银钱的借贷，还要记录财产物资的增减变动以及收入、支出的情况，因此，为了能对各种类型的业务采用统一的记账方式进行记录，借贷资本家记账时就将“借主”“贷主”改变为适应范围较广的“借”“贷”二字，既用以记录货币资金业务，也用以记录非货币资金业务的记账，而“借”和“贷”字已经失去原有的经济含义，它们演化成一种纯粹的记账符号，形成了复式借贷记账法。

所谓复式借贷记账法，简称借贷记账法，是以“借”“贷”二字作为记账符号，利用复式记账的原理，记录会计要素增减变动的一种复式记账方法。到15世纪，借贷记账法已逐步形成比较完善的复式记账方法体系，广泛应用于工商业企业，而且在世界其他国家传播开来，一直沿用至今。借贷记账法的内容体系包括记账符号、账户结构、记账规则、依据会计分录登账和试算平衡等，下面我们就详细介绍借贷记账法的内容。

在会计核算中，按照复式记账的要求，需要使用一对记账符号，来指明资金变动应记入账户的方向，以此反映各账户价值量的增加和减少的情况。记账符号是记账方法的重要标志，用来表示记账方法的主要特点，不同的记账方法采用的记账符号不同。

借贷记账法是以“借”“贷”二字作为记账符号，指明交易或事项发生之后的资金运动应记入账户的方向。将每一项交易或事项所涉及的增减变动金额记入账户的借方，还是记入账户的贷方，取决于账户的性质和账户的结构。

（二）借贷记账法的账户结构

1. 借贷记账法的账户基本结构

在前面我们介绍了账户的基本结构和基本内容，并指出不同的记账方法下，账户的具体结构有所不同。在借贷记账法下，账户结构也应包含一般账户下的账户结构中需要包含的基本内容，只是习惯上将左方称为借方，将右方称为贷方，并以其中的一方记录增加金额，以另一方记录减少金额；至于哪一方记录增加金额，哪一方记录减少金额，则需要根据不同账户的性质和具体结构来确定。借方业务发生额的合计数称为本期借方发生额，贷方业务发生额的合计数称为本期贷方发生额。期初余额和期末余额的方向一般与账户中记录增加金额的方向一致，余额方向需以借或贷表示。借贷记账法的基本结构见表4-3。

表 4-3　　　　　　　　　　　　账户名称：××××

年		凭证号码	摘要	借方	贷方	借或贷	余额
月	日						

借贷记账法下，其简化的 T 字形账户格式中，左方称为借方，右方称为贷方。借贷记账法的账户简化格式——T 字形账户格式，如图 4-2 所示。

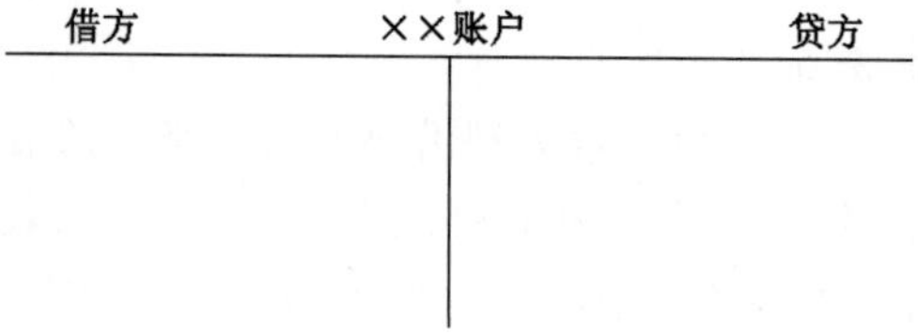

图 4-2　借贷记账法下账户的简化格式

2. 借贷记账法下各类账户的具体结构

前面我们已经讲过账户按照反映的经济内容不同，分为资产类账户、负债类账户、共同类账户、所有者权益类账户、成本类账户和损益类账户。不同账户由于其所属的账户大类不同，其账户性质和账户的具体结构也不同。通常而言，资产、成本和费用类账户的增加用“借”表示，减少用“贷”表示；负债、所有者权益、收入类账户的增加用“贷”表示，减少用“借”表示；备抵账户的结构与所调整账户的结构正好相反。下面对各类账户的具体结构进行分述。

(1) 资产类账户的具体结构

在会计恒等式“资产＝负债＋所有者权益”中，由于资产位于等式的左方，负债与所有者权益位于等式的右方，因此，习惯上在资产类账户的借方登记增加金额，右方登记减少金额，余额方向在借方；而负债类账户和所有者权益类的账户都是贷方登记增加金额，借方登记减少金额，余额方向在贷方。

综上所述，资产类账户的具体结构一般情况下如图 4-3 所示。(为了方便起见，我们采用简化的账户结构图表示，下同)

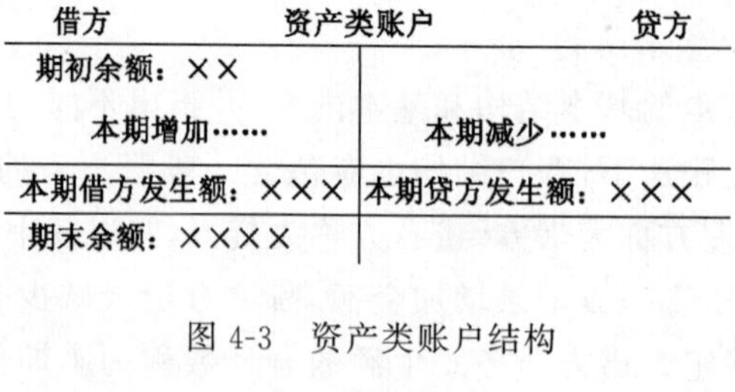

图 4-3　资产类账户结构

资产类账户的期末余额可根据下列公式计算：

期末借方余额＝期初借方余额＋本期借方发生额－本期贷方发生额

(2) 负债及所有者权益类账户的具体结构

“资产＝负债＋所有者权益”这一会计等式，决定了负债类或者所有者权益类账户的具体结构与资产类账户结构正好相反，其具体结构一般情况下如图 4-4 所示。

借方　　负债类或所有者权益类账户　　贷方

	期初余额：××
本期减少……	本期增加……
本期借方发生额：×××	本期贷方发生额：×××
	期末余额：××××

图 4-4　负债类或所有者权益类账户结构

负债或所有者权益类账户的期末余额可根据下列公式计算：

期末贷方余额＝期初贷方余额＋本期贷方发生额－本期借方发生额

需要说明的是，上述资产类账户中有一些账户，如备抵性质的账户、反映资产损失类的账户等，以及上述负债类的个别账户，其账户结构不遵循一般账户具体结构的规律，其核算应按会计准则的具体规定进行。

(3) 共同类账户的具体结构

在借贷记账法下，共同类账户是兼有资产和负债双重性质的账户。当发生的业务使共同类账户金额增加时，业务发生额记入借方；当发生的业务使共同类账户金额减少时，将业务发生额记入贷方。共同类账户期末余额方向不确定，期末余额方向反映了账户的性质。期末借方余额反映企业因这类业务而形成的资产；期末贷方余额反映企业因这类业务而形成的负债。共同类账户的具体结构如图 4-5 所示。

借方　　共同类账户　　贷方

期初余额：××	或者期初余额：
本期增加……	本期减少……
本期借方发生额：×××	本期贷方发生额：×××
期末余额：××××	或 期末余额：××××

图 4-5　共同类账户结构

(4) 成本类账户的具体结构

成本类账户反映不同经营业务进行过程中，各种成本支出的归集和按照业务完成的进度或程度对成本支出的结转，这类账户期末结转之后一般没有余额，若有余额则代表的是一种资产占用额。例如，生产成本账户，在期末时对全部完工产品的成本结转为库存商品的成本，结转之后，生产成本账户没有余额；若在期末结转部分完工产品的成本，则其账户余额在借方，表示的是产品的成本。成本类账户的具体结构如图 4-6 所示。

(5) 损益类账户的具体结构

在借贷记账法下，我们把损益类账户中的各种收入、投资收益账户都归结为收入类账户结构中，而主营和其他业务的成本、期间费用等一些支出账户都归结为费用类账户。

由于收入本身会增加所有者权益，因此，习惯上收入类账户的具体结构与所有者权益类

借方	成本类账户 贷方
期初余额：××	
本期增加……	本期冲减或结转……
本期借方发生额：×××	本期贷方发生额：×××
期末余额：××××	

图 4-6 成本类账户结构

账户结构相似。具体来说，在收入类账户的贷方登记增加金额，借方登记减少金额和结转金额，期末结转之后一定没有余额。收入类账户的具体结构如图 4-7 所示。

借方	收入类账户 贷方
（1）本期减少…… （2）结转	本期增加……
本期借方发生额：×××	本期贷方发生额：×××

图 4-7 收入类账户结构

由于费用最终会减少所有者权益，习惯上，费用类账户的具体结构与收入类账户结构相反。具体来说，在费用类账户的借方登记增加金额，贷方登记减少金额和结转金额，期末结转之后一定没有余额。费用类账户的具体结构如图 4-8 所示。

借方	费用类账户 贷方
本期增加……	（1）本期减少…… （2）结转
本期借方发生额：×××	本期贷方发生额：×××

图 4-8 费用类账户结构

（三）借贷记账法的记账规则

借贷记账法下使用记账符号并按照账户具体结构的要求，在两个或两个以上的账户中记录同一项交易或事项，需要遵循一定的记账规则。所谓记账规则，就是运用某种记账方法处理经济业务时，确定将经济业务如何记入账户的规律。为了清晰地揭示借贷记账法的记账规则，我们先看以下几笔业务例子。

【例 4-3】 甲公司在 20××年 2 月份发生下列业务：

(1) 甲公司的投资者以 20 万元现款作为投资，转入该公司的开户行。

(2) 从银行提取现金 1 万元。

(3) 用银行存款购买 3 万元四年后到期的国库券。

(4) 销售 A 产品，产品的销售价格为 41 500 元。其中，收到对方签发的一张转账支票，转入银行的款项为 21 500 元，其余款项对方一个月以后付款。本例暂不考虑增值税。

(5) 聘请外单位的专家对车间设备进行故障修理，发生的修理费 1 300 元尚未支付。

业务一：该事项发生后涉及银行存款和实收资本两个账户。一方面使银行存款增加 20 万元，另一方面使甲公司的实收资本增加 20 万元。由于银行存款账户属于资产类账户，银行存款增加的 20 万元应记入银行存款账户的借方；由于实收资本账户属于所有者权益类账户，实收资本增加 20 万元后，应在实收资本账户的贷方登记 20 万元。记录结果如下所示：

借方 银行存款	贷方
(1) 200 000	

借方 实收资本	贷方
	(1) 200 000

业务二：该事项发生后涉及银行存款和现金两个账户。一方面使银行存款减少 1 万元，另一方面使现金增加 1 万元。由于银行存款账户属于资产类账户，银行存款减少的 1 万元应记入银行存款账户的贷方；由于现金账户也属于资产类账户，现金增加 1 万元后，应在现金账户的借方登记 1 万元。记录结果如下所示：

借方 银行存款	贷方
	(2) 10 000

借方 现金	贷方
(2) 10 000	

业务三：该事项发生后涉及银行存款和持有至到期投资两个账户。一方面使银行存款减少 3 万元，另一方面使持有至到期投资增加 3 万元。由于银行存款账户属于资产类账户，银行存款减少的 3 万元应记入银行存款账户的贷方；由于持有至到期投资账户也属于资产类账户，持有至到期投资增加 3 万元后，应在持有至到期投资账户的借方登记 3 万元。记录结果如下所示：

借方 银行存款	贷方
	(3) 30 000

借方 持有至到期投资	贷方
(3) 30 000	

业务四：该交易发生后，涉及主营业务收入、银行存款和应收账款三个账户。一方面使主营业务收入增加 41 500 元，另一方面使银行存款增加 21 500 元，应收账款增加 20 000 元。由于主营业务收入账户属于损益类中的收入类账户，收入增加 41 500 元后，应记入主营业务收入账户的贷方；由于银行存款账户和应收账款账户都属于资产类账户，在银行存款增加 21 500 元、应收账款增加 20 000 元后，都应该将增加的金额记入其账户的借方。记录结果如下所示：

借方 主营业务收入	贷方
	(4) 41 500

借方 银行存款	贷方
(4) 21 500	

借方 应收账款	贷方
(4) 20 000	

业务五：该事项发生后涉及制造费用和其他应付款两个账户。一方面使制造费用增加1 300元，另一方面使其他应付款增加1 300元。由于制造费用账户属于成本类账户，制造费用增加的1 300元应记入制造费用账户的借方；由于其他应付款账户属于负债类账户，其他应付款增加1 300元后，应在其他应付款账户的贷方登记1 300元。记录结果如下所示：

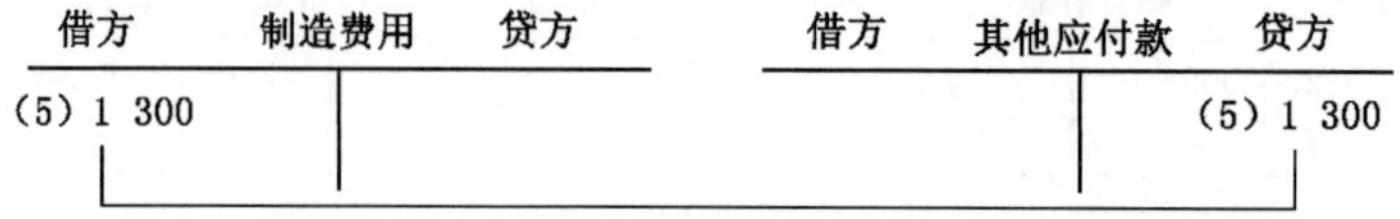

上述例子表明，采用借贷记账法把每项交易或事项记入有关的账户是有规律的：

第一，每一交易或事项发生后，必须同时记入两个或两个以上相互联系的账户。

第二，所记入的账户可能属于同一个类别，也可能属于不同类别，这取决于交易或事项的内容。但不管怎样，每一交易或事项都以借贷相反的方向，在两个或两个以上的相互联系的账户中进行登记。即在一个账户中记借方，同时在另一个或几个账户中记贷方；或在一个账户中记贷方，同时在另一个或几个账户中记借方。

第三，记入借方的金额(或金额合计)等于贷方的金额(或金额合计)。

因此，可将借贷记账法的记账规律概括起来，形成借贷记账法的记账规则："有借必有贷，借贷必相等"。

(四) 借贷记账法下的账户对应关系及会计分录

借贷记账法下，每一项交易或事项都需在两个或两个以上的账户当中进行登记，这就使得有关账户之间存在着相互依存的应借应贷关系。账户之间的这种相互依存关系，称为账户的对应关系；存在对应关系的账户称为对应账户或对方账户。

为了保证账户之间对应关系的正确性，或清楚地反映账户之间的对应关系，在每一项交易或事项登记账户之前，必须先根据业务内容所涉及的账户名称、记账方向和登记金额，编制会计分录。在借贷记账法下，所谓的会计分录是指标明应借、应贷账户的名称、借贷方向及其登记金额的记录，简称分录。一笔会计分录主要包括三个要素：会计科目(或账户名称)、记账符号和记账金额。通常，按照先借后贷的顺序编制出会计分录。会计实务中，这一环节是通过填制记账凭证来完成的，填制记账凭证的过程就是确定会计分录的过程。而学习和研究当中使用的会计分录简化形式如下表示：

借　×××(账户名称)　　……(金额)

　贷　×××(账户名称)　　……(金额)

在做会计分录简化形式时，应当注意以下两点：

第一，除特定格式外(如在后面的章节中所要学习的记账凭证格式)，任何会计分录都应该是借方内容在上，贷方内容在下。

第二，为了便于识别，每一个会计分录中，贷方的记账符号、账户、金额，都要比借方的退后一至两格。

会计分录按照其反映经济业务的复杂程度，可分为简单会计分录和复杂会计分录两种。简单会计分录，是指仅反映两个对应账户的对应关系的分录，也就是一借一贷的会计分录；复杂会计分录，是指反映三个或三个以上对应账户的对应关系的分录，即一借多贷或一贷多借或多借多贷的会计分录。一笔复杂会计分录通常可以分解为多个一借一贷的会计分录。

尽管复杂会计分录可以简化会计核算，提高会计核算的效率，但会计实务中应尽量避免使用多借多贷的会计分录，更不能将多个反映不同性质业务的会计分录合并到一起，编制多借多贷的会计分录。将不同性质业务的会计分录合并在一起，虽然简化了会计核算，但使会计分录所反映的账户对应关系不清晰，容易产生歧义，在会计检查时也不容易判断业务的来龙去脉。

编制会计分录，通常可按照下列步骤进行：

首先，确认一项经济业务是否是会计事项或者是否是记账对象。如果该项经济业务发生之后，引起了有关会计要素项目价值量的增减变动，则这项经济业务是会计事项或者是记账对象；否则，就不是会计事项或者不是记账对象。如果一项经济业务不是会计事项，就不需编制会计分录，更不需要通过账户核算。例如，甲企业与乙公司签订购买价值额为430 000元钢材的购销合同，这一经济活动由于并没有引起会计要素项目价值量发生增减变动，因此不属于会计事项或不属于记账对象，不需要编制会计分录，不需要记账。

其次，判断会计事项引起会计要素具体项目在价值量上发生了怎样的增减变动。即判断会计事项影响的对应账户的名称，以及确定各个对应账户的金额发生怎样的增减变动。

再次，根据涉及的对应账户性质和账户的具体结构，确定账户的记账方向。即确定出将增减变动的金额记入各个对应账户的借方还是贷方。

最后，依据前几个步骤确定的会计分录三要素——会计科目（或账户名称）、借贷方向和记账金额，编制出会计分录，并根据"有借必有贷，借贷必相等"的记账规则，对所编制的会计分录的正确性进行检查。

【例 4-4】 对上述例 4-3 甲公司的经济业务编制会计分录。

分析：由于在例 4-3 中，我们对各项经济业务都做了分析，在此就不再按照编制会计分录的步骤重复分析了，而是直接将编制的会计分录结果列示出来。

（1）甲公司的投资者以 20 万元现款作为投资，转入该公司的开户行。编制会计分录如下：

借　银行存款　　200 000
　　贷　实收资本　　200 000

（2）从银行提取现金 1 万元。编制会计分录如下：

借　现金　　10 000
　　贷　银行存款　10 000

（3）用银行存款购买 3 万元四年后到期的国库券。编制会计分录如下：

借　持有至到期投资　　30 000
　　贷　银行存款　　30 000

（4）销售 A 产品，产品的销售价格为 41 500 元。其中，收到对方签发的一张转账支票，转入银行的款项为 21 500 元，其余款项对方一个月以后付款。本例暂不考虑增值税。编制会计分录如下：

借　银行存款　　21 500
　　应收账款　　20 000
　　贷　主营业务收入　　41 500

(5) 聘请外单位专家对车间设备进行故障修理,发生的修理费 1 300 元尚未支付。

借　制造费用　　1 300

贷　其他应付款　1 300

对经济业务按照借贷记账法的要求编制会计分录,仅仅是会计信息系统接受数据的第一步。会计信息系统对会计分录接受数据后,还需经过多个环节进行加工处理。登账和试算平衡就是其中的两个环节。

(五) 借贷记账法的登账

所谓登账,就是在账户中进行有关业务内容的登记。借贷记账法下的登账内容包括登记期初余额、登记属于会计事项的经济业务以及结计本期发生额和期末余额。下面分别对这些内容加以介绍。

1. 开设账户登记期初余额

在账户中进行登记之前,应先对需使用的账户进行开设,即确定出需使用的账户名称及其所在的账页。开设账户之后,对有余额的账户进行期初余额的登记。开设账户的过程是会计信息系统初始化的过程。

2. 根据会计分录对经济业务过账

过账,就是将会计分录中所记载的、分散的内容和数据,按照一定的程序转录到所涉及的对应账户中去的行为。过账必须依据会计分录进行。过账工作通常又称为登记分类账,目的是根据会计分录对经济业务的分类,将某一会计期间发生的各种经济业务系统地、连续地、完整地通过账户加以反映。

3. 计算结出本期发生额及期末余额

期末,对账户中所登记的借方金额进行合计,计算出本期借方发生额;对所登记的贷方金额进行合计,计算出本期贷方发生额;最后,根据相关公式计算出期末余额。

【例 4-5】 上述甲公司 20××年 2 月份的账户期初余额见表 4-4。2 月份发生的经济业务详见例 4-3。要求:将发生的经济业务登账。

表 4-4　　**甲公司账户期初余额表**

20××年 2 月 1 日　　单位:元

账户名称	金额	账户名称	金额
库存现金	30 000.00	短期借款	100 000.00
银行存款	200 000.00	应交税费	10 000.00
应收账款	61 500.00	其他应付款	1 500.00
原材料	120 000.00	实收资本	1 300 000.00
固定资产	1 000 000.00		
合计	1 411 500.00	合计	1 411 500.00

按照会计核算的要求,甲公司应根据如下步骤进行相关的会计核算工作:

(1) 开设账户,登记期初余额

在开设账户时,对表中没有列出而业务使用到的账户,必须新开设。新开设的账户如果是收入类、成本费用类账户,期初无余额,则无须登记;而其他类账户,其初无余额的,则需登记期初余额数为零,还要根据账户的性质和具体结构,标明是借方余额还是贷方余额。根据表 4-4 中 2 月初的余额数据以及发生的相关业务情况,开设了相关的 T 字形账户,并对需要登记期初余额的账户登记了期初余额。

(2) 根据会计分录对经济业务过账

由于我们在例 4-4 中已经将例 4-3 中的经济业务编制出会计分录,因此,这里我们直接根据上述会计分录在 T 字形账户中进行过账,记录相应的金额。

(3) 计算结出本期发生额及期末余额

我们对相关的每一个 T 字形账户,计算结出本期借方、本期贷方发生额及期末余额。

上述借贷记账法下的会计核算,详见下面这些 T 字形账户。

(六) 借贷记账法的试算平衡

在会计实务中,将发生的会计事项记入有关的账户过程中,可能会出现记账错误。为了检查和验证账户记录是否存在错误,通常在会计期末采用试算平衡的方法进行检验。所谓试算平衡,是利用试算平衡公式,通过编制试算平衡表以检验账户记录是否存在错误的一种专门方法。下面,我们介绍借贷记账法下的试算平衡公式和试算平衡表。

库存现金

借方	贷方
期初余额:30 000	
(2) 10 000	
本期借方发生额:10 000	本期贷方发生额:——
期末余额:40 000	

银行存款

借方	贷方
期初余额:200 000	
(1) 20 000	(2) 10 000
(4) 21 500	(3) 30 000
本期借方发生额:221 500	本期贷方发生额:40 000
期末余额:381 500	

应收账款

借方	贷方
期初余额:61 500	
(4) 20 000	
本期借方发生额:20 000	本期贷方发生额:——
期末余额:81 500	

原材料

借方	贷方
期初余额:120 000	
本期借方发生额:——	本期贷方发生额:——
期末余额:120 000	

固定资产

借方	贷方
期初余额:1 000 000	
本期借方发生额:——	本期贷方发生额:——
期末余额:1 000 000	

持有至到期投资

借方	贷方
期初余额:0	
(3) 120 000	
本期借方发生额:30 000	本期贷方发生额:——
期末余额:30 000	

制造费用

借方	贷方
(5) 1 300	
本期借方发生额:1 300	本期贷方发生额:——
期末余额:1 300	

实收资本

借方	贷方
	期初余额:1 300 000
	(1) 200 000
本期借方发生额:——	本期贷方发生额:200 000
	期末余额:1 500 000

借方	短期借款　　贷方
	期初余额:100 000
本期借方发生额:——	本期贷方发生额:——
	期末余额:100 000

借方	其他应付款　　贷方
	期初余额:1 500 (5) 1 300
本期借方发生额:——	本期贷方发生额:1 300
	期末余额:3 900

借方	主营业务收入　　贷方
	(4) 41 500
本期借方发生额:——	本期贷方发生额:41 500
	期末余额:41 500

借方	应交税费　　贷方
	期初余额:10 000
本期借方发生额:——	本期贷方发生额:——
	期末余额:10 000

在一定会计期间,将发生的所有会计事项都按照"有借必有贷,借贷必相等"的记账规则,在有关账户中进行了登记,因此,所有账户的本期借方发生额的合计数与所有账户本期贷方发生额的合计数必然相等。这样我们就得到了试算平衡的第一个公式:

所有账户借方发生额合计=所有账户贷方发生额合计

这一试算平衡公式的理论依据是借贷记账法的记账规则。

根据借贷记账法下各类账户的具体结构,我们已经知道,一般情况下,资产类账户的余额在借方,负债和所有者权益类账户的余额在贷方;收入类账户期末结转之前会出现暂时性的贷方余额,而结转之后无余额,费用类账户期末结转之前会出现暂时性的借方余额,而结转之后无余额,即使有的账户出现余额,它一定是借方余额,代表资产占用;等等。前面我们曾经分析过,所有经济业务的发生都不会影响"资产=负债+所有者权益"这一会计恒等式的恒等关系,因此,将会计事项在有关账户中进行登记后,所有账户的借方余额合计数一定与所有账户的贷方余额合计数相等。这样,我们就得到了第二个平衡公式:

所有账户的借方余额合计数=所有账户贷方余额合计数

这一试算平衡公式的理论依据是会计恒等式。

在会计期末,根据各个账户结计的本期发生额和期末余额,利用上述两个平衡公式,可以编制本期发生额试算平衡表和期末余额试算平衡表。实际工作中,往往将两个试算平衡表编制在一起,形成"总分类账户发生额和余额试算平衡表"。

【例 4-6】 2月末,上述甲公司编制总分类账发生额和余额试算平衡表。

分析:根据例 4-5 中各个账户的记录,甲公司期末编制的总分类账户发生额和余额试算平衡表,见表 4-5。

试算平衡表的作用主要表现在以下两个方面:

第一,当试算平衡表内的数据没有记录和计算错误,但平衡表的发生额合计出现不平衡或余额合计出现不平衡时,说明账户记录一定存在着一方登记金额正确、另一方漏记或重复登记或金额错记或对应账户的金额记录到同一借贷方向的错误,需要会计人员按照特定方法查找错账和更正错账。

表 4-5　　甲公司总分类账发生额和余额试算平衡表

20××年 2 月 28 日　　单位：元

账户名称	期初余额		本期发生额		期末余额	
	借方	贷方	借方	贷方	借方	贷方
库存现金	30 000.00		10 000.00	——	40 000.00	
银行存款	200 000.00		221 500.00	40 000.00	381 500.00	
应收账款	61 500.00		20 000.00	——	81 500.00	
原材料	120 000.00		——	——	120 000.00	
持有至到期投资	——		30 000.00	——	30 000.00	
固定资产	1 000 000.00		——	——	1 000 000.00	
制造费用			1 300.00		1 300.00	
短期借款		100 000.00	——	——		100 000.00
应交税费		10 000.00	——	——		10 000.00
其他应付款		1 500.00		1 300.00		2 800.00
实收资本		1 300 000.00	——	200 000.00		1 500 000.00
主营业务收入			——	41 500.00		41 500.00
合计	1 411 500.00	1 411 500.00	282 800.00	282 800.00	1 654 300.00	1 654 300.00

第二，可以根据试算平衡表的数据编制有关报表。因为资产负债表和利润表中的大部分项目与试算平衡表中的会计账户名称相同，因此可根据试算平衡表内有关账户的余额编制资产负债表，还可根据试算平衡表内有关账户的发生额分析填列利润表的项目。

但试算平衡表也有缺陷。当试算平衡表的借方发生额合计数等于贷方发生额合计数、期末借方余额合计数等于期末贷方余额合计数时，并不能说明各个账户的登记一定没有错误，因为有些不影响平衡关系的错误不能通过试算平衡得到发现。这些错误通常表现为：

(1) 会计科目用错，致使账户登记错误。

(2) 账户的借贷方向确定错误，致使对应账户双方的借方、贷方记录方向颠倒。

(3) 账户中对某会计事项重复登记或漏记。

(4) 账户中几笔错误记录的金额相互抵消。

因此，在采用试算平衡表检验账户记录是否存在错误的同时，还应该结合其他方法确定账户记录确实无误。

实际工作中，会计人员在编制的试算平衡表平衡之后，就暂且认为账户记录一般没有问题，并依据试算平衡表提供的有关资料开始编制报表。如果以后会计期间发现本会计期间账户记录中存在着上述不影响平衡关系的错误时，再按照规定的方法进行更正。

复习与练习

一、填空题

1. 会计科目的设置，应遵循合法性原则、__________和实用性原则。

2. 设置会计科目能使编制、整理__________和设置账簿、业务记录有所依据，它是组织会计核算的__________环节。同时，设置会计科目也是进行会计监督的重要手段。

3. 会计科目按其隶属关系，可分为__________会计科目和__________会计科目。

4. 会计账户，是根据会计科目开设的、具有一定结构或格式、按规定的方法记录经济业务内容的记账载体。它由__________和__________两部分组成。

5. 一般来说，一个会计账户正常的余额所在方向与账户中记录__________的方向一致。

6. 所谓会计记账法，是指会计人员利用__________记录各种交易或事项的专门方法。

7. 采用单式记账法记账时，其突出的特点是__________，而且以现金或金额为主要记账内容。

8. 借贷记账法以__________二字作为记账符号，指明交易或事项发生之后的资金运动应记入账户的方向。

9. 会计分录按照其反映经济业务的复杂程度，可分为__________和复杂会计分录两种。

10. "所有账户借方发生额合计＝所有账户贷方发生额合计"，这一试算平衡公式的理论依据是__________。

二、判断题

1. 设置会计科目，就是根据会计要素的不同特征，按照经营管理的特点和要求进行系统分类，据以确定分类反映的项目名称、编号和分类反映内容的一种会计核算方法。（　　）

2. 会计科目按隶属关系分类是最基本的一种分类方式，是了解会计科目性质的直接依据。（　　）

3. 明细分类科目对总分类科目起着补充说明和统驭控制的作用。（　　）

4. 本期发生额是一个动态指标，反映一定期间内某账户金额的增减变动情况。（　　）

5. 在我国的会计实务中，曾经使用过的复式记账法有增减记账法、收付记账法和借贷记账法。这些记账方法都是运用复式记账法的原理记账，只是使用的记账符号、记账规则和平衡原理不同。（　　）

6. 如果某一账户的期初余额为 20 000 元，本期增加发生额为 10 000 元，本期减少发生额为 4 000 元，则期末余额为 6 000 元。（　　）

7. 收入类账户的具体结构与所有者权益类账户结构相同，费用类账户的具体结构与所有者权益类账户结构相反。（　　）

8. 如果某项经济业务发生之后，引起了有关会计要素项目价值量的增减变动，则这项经济业务是会计事项或者是记账对象。（　　）

9. 由于复杂会计分录可以简化会计核算，提高会计核算的效率，因此，会计实务中应尽量将多个不同性质的业务合并到一起，编制多借多贷的会计分录。（　　）

10. 编制的试算平衡表达到平衡，说明账户记录没有问题，可依据试算平衡表提供的有关资料开始编制报表。（　　）

三、单选题

1. 营业外支出科目按照经济内容分类，属于（　　）类科目。

A. 资产　　　　B. 负债

C. 成本　　D. 损益

2. 下列会计科目中，属于所有者权益类科目的是(　　)。

A. 营业外收入　　B. 生产成本

C. 应收账款　　D. 利润分配

3. 下列项目中，与制造费用属于同一类科目的是(　　)。

A. 固定资产　　B. 其他业务成本

C. 生产成本　　D. 主营业务成本

4. 研发支出科目按经济内容分类，属于(　　)类科目。

A. 资产　　B. 负债

C. 所有者权益　　D. 成本

5. 下列关于会计科目设置的说法，错误的是(　　)。

A. 实用性　　B. 合法性

C. 谨慎性　　D. 相关性

6. 下列各项中，属于总分类会计科目的是(　　)。

A. 应交增值税　　B. 应付账款

C. 专利权　　D. 专用设备

7. 账户是根据(　　)设置的、具有一定格式和结构、用于分类反映会计要素增减变动情况及其结果的记账载体。

A. 会计对象　　B. 会计信息

C. 会计科目　　D. 会计要素

8. 账户的余额按照表示的时间不同，可以分为(　　)。

A. 期初余额和本期增加发生额　　B. 期初余额和本期减少发生额

C. 本期增加发生额和本期减少发生额　　D. 期初余额和期末余额

9. 某账户的期初余额为 500 元，期末余额为 5 000 元，本期减少发生额为 800 元，则本期增加发生额为(　　)元。

A. 3 500　　B. 300

C. 4 700　　D. 5 300

10. 复式记账法对每项经济业务都是以相等的金额在(　　)账户中进行登记。

A. 一个　　B. 两个或两个以上

C. 有关账户　　D. 三个或三个以上

11. 对损益类账户来说，期末(　　)。

A. 结转之前一定没有余额　　B. 余额只可能在贷方

C. 结转之后一定没有余额　　D. 结转之前一般为借方余额

12. 对于所有者权益类账户，下列说法中正确的是(　　)。

A. 借方登记增加数　　B. 余额在借方

C. 余额在贷方　　D. 贷方登记减少数

13. 下列不属于流动负债账户的是(　　)。

A. 短期借款　　B. 应付股利

C. 应付职工薪酬　　D. 长期应付款

14. 下列会计分录中，一般不宜编制的会计分录是(　　)。

A. 一借多贷　　B. 一贷多借

C. 一借一贷　　D. 多借多贷

15. “所有账户的借方余额合计＝所有账户的贷方余额合计”这一试算平衡公式的理论依据是(　　)。

A. 会计账户的分类　　B. 经济业务的内容

C. 借贷记账法的记账规则　　D. 会计恒等式

四、多选题

1. 以下有关明细分类科目的表述中，正确的有(　　)。

A. 明细分类科目也称一级会计科目

B. 明细分类科目是对总分类科目做进一步分类的科目

C. 明细分类科目是对会计要素具体内容进行总括分类的科目

D. 明细分类科目是能提供更加详细、更加具体会计信息的科目

2. 下列各项中，与“短期借款”属于同一类会计科目的有(　　)。

A. 长期借款　　B. 预收账款

C. 应付债券　　D. 应交税费

3. 下列各项中，属于成本类科目的有(　　)。

A. 生产成本　　B. 主营业务成本

C. 劳务成本　　D. 制造费用

4. 下列账户中，属于资产类账户的备抵账户的有(　　)。

A. 资产减值损失账户　　B. 累计折旧账户

C. 累计摊销账户　　D. 固定资产减值准备账户

5. 下列经济业务中涉及两个资产账户且会引起其中一个增加、另一个减少的有(　　)。

A. 以银行存款购入设备一台　　B. 从银行提取现金备用

C. 收到其他单位前欠货款存入银行　　D. 以银行存款归还前欠货款

6. 下列几种说法中，正确的是(　　)。

A. 会计科目的设置应该符合国家统一会计准则的规定

B. 会计科目是设置账户的依据

C. 企业不可以自行设置会计科目

D. 账户是会计科目的具体运用

7. 下列各项中，关于账户和会计科目说法正确的有(　　)。

A. 两者反映的具体经济内容是相同的

B. 两者的性质相同

C. 账户是会计科目的名称是设置账户的依据

D. 会计科目和账户一样都有一定的格式和结构

8. 下列属于成本类会计账户的主要有(　　)。

A. 资本公积账户　　B. 实收资本账户

C. 生产成本账户　　D. 制造费用账户

9. 下列属于资产类会计账户的有(　　)。

A. 原材料账户　　B. 存货跌价准备账户

C. 坏账准备账户　　D. 固定资产清理账户

10. 复式记账法的优点有(　　)。

A. 账户设置全面,形成了一个完整的账户体系

B. 可以清晰地反映经济业务的来龙去脉

C. 可以简化账簿的登记工作

D. 账户之间存在着数量上的勾稽关系,可以通过试算平衡检查账户记录是否正确

11. 在借贷记账法下,账户的贷方可以登记(　　)。

A. 所有者权益的增加　　B. 费用的结转

C. 收入的减少　　D. 资产的增加

12. 在借贷记账法下,账户的借方可以登记(　　)。

A. 资产的增加　　B. 收入的结转

C. 负债的减少　　D. 成本的结转

13. 如果某一账户的借方登记增加,贷方登记减少,期初余额在借方,而期末余额在贷方,则下列说法不正确的有(　　)。

A. 本期增加发生额低于本期减少发生额的差额小于期初余额

B. 本期增加发生额低于本期减少发生额的差额大于期初余额

C. 本期增加发生额超过本期减少发生额的差额大于期初余额

D. 本期增加发生额超过本期减少发生额的差额小于期初余额

14. 编制会计分录时,必须考虑(　　)。

A. 经济业务是否是会计事项

B. 会计要素项目的价值量是增加还是减少

C. 登记在什么账户的借方或者贷方

D. 账户的余额是在借方还是贷方

15. 下列错误中哪些能通过试算平衡发现?(　　)

A. 某项业务重复登记入账

B. 一方金额登记,另一方金额漏记或重复登记

C. 应借、应贷账户中都登记到同一借贷方向

D. 借贷双方有一方记录的金额正确,另一方登记的金额出现笔误

五、简答题

1. 什么是会计科目?会计科目有哪些分类?

2. 设置会计科目应遵循哪些原则?

3. 什么是会计账户?会计账户的基本结构中包括哪些内容?存在着怎样的数量关系?

4. 会计账户与会计科目之间有什么联系与区别?

5. 什么是借贷记账法?借贷记账法的记账规则是什么?

6. 什么是会计分录?借贷记账法下如何编制会计分录?

7. 借贷记账法的试算平衡有何作用?但也存在什么缺陷?

六、业务题

业务题一

某企业现在使用的部分会计科目如下：

固定资产	原材料	原料及主要材料
预收账款	房屋建筑物	短期借款
经营周转借款	商标权	在建工程
实收资本	预付账款	其他综合收益
生产成本	预收大兴公司购货款	实收资本
库存商品	甲产品	乙产品
本年利润	财务费用	其他业务成本
应交税费	主营业务收入	甲产品销售收入
所得税费用	管理费用	行政部门水电费
长期待摊费用	应付职工薪酬	税金及附加

要求：

(1) 对上述会计科目按照经济内容分类，指明其所属的会计科目类别。

(2) 对上述会计科目按照隶属关系进行分类，指明其是总分类科目还是明细科目。

业务题二

某企业 20××年 9 月 1 日的账户期初余额如下表所示：

账户名称	金额/元	账户名称	金额/元
库存现金	30 000.00	短期借款	300 000.00
银行存款	250 000.00	应付账款	171 500.00
应收账款	100 000.00	应交税费	31 200.00
原材料	71 200.00	实收资本	2 000 000.00
库存商品	321 500.00	盈余公积	170 000.00
长期股权投资	400 000.00		
固定资产	1 500 000.00		
合计	2 672 700.00	合计	2 672 700.00

该企业在 9 月份发生了下列经济业务：

1. 购买原材料，价款 34 000 元已经通过银行转账支付。本笔业务暂不考虑增值税。

2. 车间领用原材料 23 000 元，用于生产甲产品。

3. 收回应收账款 63 400 元，已经存入银行。

4. 用现金 1 000 元购买行政办公用品。

5. 签发了一张银行转账支票，偿还前欠的应付购料款 51 500 元。

6. 用银行存款偿还已到期的短期借款 1 000 000 元。

7. 销售甲产品，价款 122 600 元。其中，对方签发一张银行转账支票 61 300 元，其余款项一个月以后对方才支付。本笔业务暂不考虑增值税。

8. 已销售甲产品的生产成本为 81 000 元，月底结转为主营业务成本。

9. 用银行存款支付上月欠缴的税金 31 200 元。

10. 用银行存款 320 000 元购入一辆轿车。

要求：

(1) 对上述经济业务编制会计分录。

(2) 开设 T 字形账户，登记期初余额，根据会计分录过账后，结出本期发生额和期末余额。

(3) 编制总分类账发生额和余额试算平衡表。

第五章　制造业企业主要业务的会计处理

【本章重点和难点】

☆企业资金筹集业务的会计处理，其重点是对所有者权益筹资和负债筹资的核算。

☆生产准备的主要任务是为生产过程做好前期准备，包括对设备等固定资产进行购置和对材料物资的购买等。其核算的重点是因进行固定资产购置、物资采购而引起的与供货方的货款以及增值税结算、支付采购费用和计算购置或采购成本等。

☆生产过程是制造业企业经济活动中最复杂的一个过程，是企业生产经营的中心环节，它既是产品制造过程，也是劳动力、劳动对象和劳动资料的消耗过程。这一过程是经济业务核算的关键，是正确确定出各种产品生产过程中所发生的生产成本，以及验收入库各产品成本的结转。

☆企业销售产品，按照贷款的结算方式分，主要有现款销售、赊销、商业汇票结算销售和预收款销售等。销售过程的主要经济业务核算是对销售收入的实现、销售成本的结转、销售费用以及销售税金及附加的核算。

☆利润是指企业在一定会计期间所形成的最终经营成果。利润有营业利润、利润总额和净利润三个层次之分。企业的利润应按规定的顺序进行分配。对利润形成及利润分配的业务核算是重点和难点。

第一节　制造业企业主要经济业务概述

一、制造业企业的主要经营过程及主要经济业务

企业为了进行其生产经营活动，生产出适销对路的产品，就必须拥有一定数量的经营资金，而这些经营资金都是从一定的来源渠道取得的。经营资金在生产经营过程中被具体运用时表现为不同的占用形态，而且随着生产经营过程的不断进行，其资金形态不断转化，形成经营资金的循环与周转。制造业企业的经营过程，可以分为生产准备过程、生产过程和销售过程，资金依次经过货币资金、储备资金、生产资金、成品资金，又回到货币资金形态，形成制造业企业的资金循环与周转。制造业企业的主要经济业务从经过的环节来看，主要涉及资金筹集、生产准备、生产、销售和资金退出各个环节的经济业务。

二、制造业企业的主要经济业务内容

制造业企业的主要经济业务内容，与其经营过程及经营环节相对应，可以归纳为以下几个方面的业务：

(1) 资金筹集业务。

(2) 生产准备业务。在生产准备过程中，企业用货币资金购买机器设备等劳动资料形

成固定资产，购买原材料等劳动对象形成储备资金，为生产产品做好物资上的准备。所以，生产准备过程业务，主要涉及的是固定资产购建业务和原材料等物资的采购业务。

(3) 生产业务。

(4) 产品销售业务。

(5) 经营成果形成与分配业务。

(6) 资金退出企业业务。

本章将对企业经营过程中的上述经济业务分别介绍其相应的会计核算。

第二节　资金筹集主要业务的会计处理

一、资金筹集的经济业务特点

企业资金的筹集业务，按其资金来源通常分为两大部分：一是所有者权益筹资，即接受所有者(或投资者)投入的资本；二是负债筹资，即举债、向银行或其他金融机构借款或发行债券向社会集资等。

所有者投入的资本按照投资主体的不同，可以分为国家资本金、法人资本金、个人资本金和外商资本金等。所有者投入资本的形式可以是货币资金、实物资产、无形资产等投资者投入的货币资金，以实际收到的或存入企业开户银行的金额，作为企业的资产价值。以实物资产和无形资产投入的，还需经过资产评估机构进行评估，按评估确认价值作为资产的价值。

对于新成立的企业，投资者的各种资产形态的出资额，一般全部作为实收资本入账，投资者按出资比例享有权利并承担义务；对于企业重组或接受新的投资者加入企业时，为了维护原有投资者的权益，新加入的投资者的出资额通常要大于其投资份额价值，企业接受投资者出资过程中，需要按照协议约定的投资者的投资份额价值作为实收资本入账，而接受的出资资产价值与投资份额价值的差额部分，形成资本或股本溢价，作为企业的资本公积入账。

当企业开始经营活动而实收资本的资金可能满足不了需要时，可以向银行、投资公司等金融机构申请贷款，或向社会发行债券筹集资金。借入的款项包括偿还期在一年(或一个营业周期)以内的短期债务和偿还期超过一年的长期债务。借入的款项除了到期还本之外，还应按期支付利息。

二、资金筹集会计处理应设置的主要账户

对资金筹集业务做相应的会计处理时，需要设置相应的总分类账户和明细分类账户。通常需要设置的主要账户有实收资本、资本公积、库存现金、银行存款、固定资产、无形资产、长期借款、短期借款和财务费用等账户。其中，库存现金和银行存款账户是典型的资产类账户，借方反映增加，贷方反映减少，余额在借方，表示现有余额。除了这两个账户外，还应设置以下账户。

(一) 接受投资应设置的主要账户

1. 实收资本账户

实收资本账户是所有者权益类账户，用以反映企业接受投资者投入资本形成的实收资本的增减变动和余额情况。实收资本账户的贷方反映企业接受投资增加的资本数额以及其他情况增加的资本额，借方反映实收资本的减少数额；余额在贷方，表示现有的实收资本数。

实收资本账户应按照投资者的不同设置明细账户。

需要注意的是，股份制企业的实收资本在股本账户中核算。

2. 资本公积账户

资本公积账户，是所有者权益类账户，用以反映资本公积的增减变动和余额。资本公积账户的贷方反映企业因接受投资而发生的资(股)本溢价，以及其他情况形成的资本公积的增加数，借方反映资本公积因转增资本金的减少数；余额在贷方，表示资本公积的结余数额。

资本公积账户应按照资(股)本溢价和其他资本公积设置明细账户。

3. 固定资产账户

固定资产账户是资产类账户，用以反映固定资产原始价值的增减变动和余额。固定资产账户的借方反映因购建、接受投资等增加的原值数额，贷方反映因固定资产处置等注销的原值数额；余额在借方，表示现有固定资产的账面原值。

固定资产账户可按固定资产类别和项目进行明细核算。融资租入的固定资产，可在本账户下设融资租入固定资产明细账核算。

4. 无形资产账户

无形资产账户是资产类账户，用以反映企业持有的无形资产(包括专利权、非专利技术、商标权、著作权、土地使用权等)的成本价值增减变动和余额。无形资产账户的借方反映外购以及自行开发无形资产等的成本价值增加数额，贷方反映处置无形资产时所注销的账面数额；期末借方余额，反映企业无形资产的成本价值。

无形资产账户应按无形资产的种类设置明细账户。

(二) 借入款项应设置的主要账户

1. 短期借款账户

短期借款是企业向银行或其他金融机构等借入的期限在一年以下(含一年)的各种借款。短期借款账户是负债类账户，用以反映偿还期在一年以内的借款本金增减变动和余额。短期借款账户的贷方反映借入的短期借款本金增加数，借方反映偿还的短期借款本金数；余额在贷方，表示尚未偿还的短期借款本金数。

短期借款账户应按贷款币种、贷款单位或借款用途设置明细账户。

2. 长期借款账户

长期借款账户是负债类账户，用以反映企业向银行或其他金融机构借入的期限在一年以上(不含一年)的各项借款本金及其利息调整数额的增减变动和余额。长期借款账户的贷方反映借入长期借款的本金和期末计算的利息调整数额，借方反映取得长期借款时形成的利息调整数额以及偿还的长期借款本金；期末贷方余额，反映企业尚未偿还的长期借款。

长期借款账户可按贷款单位和贷款种类，分别以本金和利息调整等进行明细核算。

3. 财务费用账户

财务费用是企业为筹集和使用资金所付出的代价，包括利息支出(减利息收入)、汇兑损益以及相关的手续费、企业发生的现金折扣或收到的现金折扣等。按照企业会计制度的特别规定，企业存款的利息收入冲减财务费用，即利息收入不是作为一种收入加以确认，而是作为财务费用的减项加以处理。

财务费用账户是损益类中的费用类账户，用以反映财务费用的增减变动及其结转。该账户的借方反映企业发生的财务费用增加额，贷方反映发生的应冲减财务费用的利息收入、汇兑损益、现金折扣金额。期末，应将本账户的余额结转到本年利润账户中，结转之后本账户没有余额。

财务费用账户应按财务费用的具体项目设置明细账户。

4. 应付利息账户

应付利息账户是负债类账户，用以反映企业按照合同约定应支付的利息，包括按一定期间结算利息情况下的短期借款、分期付息到期还本的长期借款、企业债券等债务所应支付的利息增减变动和余额。应付利息账户的贷方反映期末按合同利率计算确定的应付未付利息数额，借方反映实际支付利息数额；期末贷方余额，反映企业应付未付的利息。

应付利息账户可按债权人进行明细核算。

三、资金筹集主要业务的核算

下面，我们通过华纳制造公司 20××年 12 月份的经济业务为例说明资金筹集主要业务的相关会计处理。

【例 5-1】 接受新世纪公司投入的银行存款 100 万元；投入的设备一套，资产评估机构的评估确认价值为 220 万元。投资协议中商定的新世纪公司的投资份额价值为 300 万元。

分析：华纳制造公司接受投入的货币资金，按照投入的实际金额 100 万元增加银行存款，记入银行存款账户的借方；按照接受的设备投资按评估价值 220 万元增加固定资产，记入固定资产账户的借方；由于投资协议中规定新世纪公司的投资份额价值为 300 万元，这样，就出现了接受投资的资产价值总额 320 万元大于接受投资的资本份额价值 300 万元，产生了资本溢价 20 万元。将接受的投资份额价值 300 万元，记入实收资本账户的贷方；资本溢价的 20 万元形成华纳制造公司的资本公积，使资本公积增加，记入资本公积账户的贷方。因此，该笔业务的账务处理如下：

借 银行存款 1 000 000
　固定资产——设备 2 200 000
　贷 实收资本——新世纪公司 3 000 000
　　资本公积——资本溢价 200 000

【例 5-2】 接受直通公司的一项技术专利投资，评估确认价值为 40 万元。

分析：接受的直通公司的一项技术专利投资，是接受无形资产投资，该项专利的评估价值 40 万元，作为无形资产价值的增加，记入无形资产账户的借方；由于没有特别说明直通公司的投资份额价值，通常认为是协议中规定按照评估价值作为投资份额价值，没有发生资本溢价。因此，华纳制造公司的实收资本也增加 40 万元，记入实收资本账户的贷方。因此，该笔业务的账务处理如下：

借 无形资产——专利技术 400 000
　贷 实收资本——直通公司 400 000

【例 5-3】 向某工商银行借入偿还期为两个月的经营周转借款 30 万元，款项已划到华纳制造公司的开户银行。

分析：由于借入款项为经营周转借款，偿还期限为一年以内，属于短期借款，因此，这项业务发生之后华纳制造公司一方面增加银行存款 3 万元，记入银行存款账户的借方；另一方面增加短期借款 3 万元，记入短期借款账户的贷方。因此，账务处理如下：

借 银行存款 300 000
　贷 短期借款——某工商银行 300 000

【例 5-4】 向某建设银行借入两年到期的更新改造借款 200 万元，款项已划到华纳制造公司的开户银行。

分析：由于借入款项的期限为两年，属于长期借款，因此，这项业务发生之后华纳制造公司一方面增加银行存款 20 万元，记入银行存款账户的借方；另一方面增加长期借款 20 万元，记入长期借款账户的贷方。因此，账务处理如下：

借　银行存款　　200 000

贷　长期借款——本金　　200 000

【例 5-5】 12 月末，计算全部短期借款的本月份应负担利息为 8 000 元。华纳公司的短期借款利息按照借款合同要求都是按季度结算。

分析：银行短期借款因借期时间较短，利息通常按照合同规定的方式结息，一般有按月或按季度等方式进行结息。在按月结算利息情况下，将计算出来的应负担的利息数额，一方面增加财务费用，记入财务费用账户的借方；另一方面以银行存款支付当期的应付短期借款利息数额，记入银行存款账户的贷方。在按季度结算利息情况下，按照权责发生制的要求，短期借款利息尚未支付之前，应将结息期内使用借款资金的各个月份应负担的利息费用按月计算入账。计算出来的应负担的利息数额，一方面增加财务费用，记入财务费用账户的借方；另一方面增加需以后按期支付的当期利息数额，记入应付利息账户的贷方。因此，该笔业务的账务处理如下：

借　财务费用　　8 000

贷　应付利息——应付短期借款利息　　8 000

【例 5-6】 12 月末，对企业全部长期借款计息。通过计算，企业应负担的长期借款利息总额为 170 655 元。

分析：尽管长期借款本息的偿还，按照现行规定可以采用每年付息到期还本、分期还本付息和到期一次还本付息三种处理方式，但由于年末结账核算的要求，对长期借款利息的处理，每年年末必须计息入账。计算出来的长期借款利息，一方面增加企业的财务费用，记入财务费用账户的借方；另一方面增加应付利息的账面数额，记入应付利息账户的贷方。因此，该笔业务的账务处理如下：

借　财务费用　　170 655

贷　应付利息——应付长期借款利息　170 655

第三节　生产准备过程主要业务的会计处理

一、生产准备过程的经济业务特点

生产准备的主要任务是为生产过程做好前期准备，包括对设备等固定资产进行购置和对材料物资的购买等。生产准备过程也称供应过程，是企业筹集资金的运用，是制造企业生产经营过程的第一个阶段，即生产的准备阶段。在这一过程中，企业用货币资金购买机器设备等劳动资料形成固定资产，购买原材料等劳动对象为生产产品做好物资上的准备。因此，生产准备业务的核算可以分为固定资产购置业务的核算和材料物资采购等相关业务的核算。

这一过程的主要经济业务是因进行财产、物资采购而引起的与供货方的货款结算业务、增值税业务、支付采购费用和计算购置或采购成本等。

对企业购进固定资产进行核算的关键是正确确定固定资产入账价值问题。按照企业会计制度规定，固定资产应按取得时的成本入账。取得时的成本是指为使固定资产达到预定可使用状态前发生的一切合理的、必要的支出，包括固定资产的买价、包装费、运输费、装卸费、途中的保险费和安装费等相关费用。

对企业采购材料物资等业务进行核算的关键是确定物资采购成本问题。物资的采购成本，包括采购物资的买价及采购物资需承担的运输费、装卸费、包装费、途中的保险费、入库前的挑选整理费等采购费用。对发生的共同性的运杂费，需要用一定的方法分配到各种采购物资的采购成本中；对大宗物资的市内运杂费，可以计入物资采购的成本；但市内零星运杂费、采购人员的差旅费和采购机构的经费以及企业供应部门和仓库的经费等，都不包括在物资采购成本中，而是计入有关的期间费用。

企业购进财产物资，按照货款的结算方式，主要有现款购进、欠款购进和预付款购进等。由于交易结算方式的不同，会减少企业的银行存款，或使企业应付账款、应付票据、预付账款等增加。

在购进财产物资过程中，还会涉及有关的税金，需按照规定进行相应的计量与核算。

二、生产准备过程会计处理应设置的主要账户

根据生产准备过程的经济业务特点，在对其主要经济活动进行会计处理时，需设置的主要账户有固定资产、在建工程、在途物资、原材料、应付账款、应付票据、预付账款、应交税费等账户。

（一）需要设置的资产类账户

1. 固定资产账户

对该账户，我们在本章的第二节中已经做了介绍，在此不再赘述。

需要注意的是，在对固定资产账户核算时，要严格把握固定资产的特征，以免与其他资产相混淆。固定资产应同时具有以下特征：① 属于一种有形资产；② 为生产商品、提供劳务、出租或者经营管理而持有，而不是为了出售；③ 使用寿命超过一个会计年度，这一特征区别于周转材料中的低值易耗品。低值易耗品是指单项价值在规定限额以下或使用期限不满一年，能多次使用而基本保持其实物形态不变的劳动资料。低值易耗品与固定资产都是企业中的劳动资料，它跟固定资产有相似之处，在生产过程中可以多次使用而不改变其实物形态，在使用时可能也需维修，报废时可能也有残值。实务中，一般是将单位价值在10元以上、2 000元以下，或者使用年限在一年以内的劳动资料，作为低值易耗品，并在“周转材料”账户的明细账户中进行核算。

2. 在建工程账户

在建工程账户是资产类账户，用以核算企业设备安装工程、新建工程、改扩建工程等所发生的支出增减变动及其余额。该账户的借方登记企业某项工程所发生的实际成本；贷方登记企业工程完工并交付使用的固定资产的实际成本。期末借方余额，反映企业尚未完工工程的实际成本。

在建工程账户可按工程项目设置明细账户。

3. 在途物资账户

在途物资账户是资产类账户，用以反映材料、商品等物资实际采购成本的形成和验收入

库时实际采购成本的结转。在途物资账户的借方反映采购成本，包括买价和各种采购费用，贷方反映验收入库物资的实际采购成本的结转，结转之后该账户没有余额；如果期末该账户有借方余额，反映的是在途材料、商品等物资的实际采购成本。

在途物资账户可按供应单位和采购物资的品种设置明细账户。

4. 原材料账户

原材料账户是资产类账户，用以反映库存材料的增减变动和结存余额。原材料账户的借方反映验收入库的原材料增加数额，贷方反映发出库存原材料的减少数额；期末余额在借方，反映企业现有库存原材料的结余数额。

原材料账户应按照材料类别设置明细账户。

需要说明的是，当有的企业采用计划成本对企业物资进行核算时，则需要同时使用材料采购账户和材料成本差异账户，而此时的原材料账户需采用计划成本计价。期末，按会计准则和会计制度的要求，按照规定方法将原材料计划成本调整为实际成本，在资产负债表中的存货项目中计算列报。这部分内容，在中级财务会计课程中会有详细介绍。

（二）需要设置的结算类账户

1. 应付账款账户

应付账款账户是负债类账户，用以反映因购买材料、商品、接受劳务等经营活动形成的应付款的增减变动和余额。应付账款账户的贷方反映应支付的价款、对方代垫的运杂费和应付的有关税金等款项，借方反映应付款的偿付、开出商业汇票抵付应付账款的款项和冲销的无法支付的应付账款；余额在贷方，表示尚未偿付的应付账款数。

应付账款账户应按照结算单位设置明细账户。

2. 应付票据账户

应付票据账户是负债类账户，用以反映因购买材料、商品、接受劳务等经营活动采用商业汇票方式结算形成的应付票据款的增减变动和余额。应付票据账户的贷方反映应付票据款的增加数，借方反映已经支付的票据款和各种原因减少的应付票据款；余额在贷方，表示尚未支付的票据款的结余数。

应付票据账户应按照结算单位设置明细账户。

3. 应交税费账户

应交税费账户是负债类账户，用以反映应交各种税费（如增值税、消费税、所得税、城市维护建设税、教育附加费等）的增减变动和余额。应交税费账户的贷方反映各种应交税费的增加数额，借方反映已经交纳的税费数额或预交的税金数额；余额在贷方，表示尚未交纳的税费数额。如果因预交税金而使借方的发生额大于贷方的发生额，则余额在借方，表示多交的税金数。

应交税费账户应按照税费种类设置明细账户。

4. 应交税费——应交增值税账户

（1）增值税的基本内容

增值税是以商品（含应税劳务、服务）在流转过程中产生的增值额作为计税依据而征收的一种流转税。从计税原理上说，增值税是对商品生产、流通、劳务、服务中多个环节的新增价值征收的一种流转税。凡在中华人民共和国境内销售货物、无形资产、不动产或者提供劳务、服务以及进口货物等的单位和个人，为增值税纳税义务人。

增值税纳税义务人，分为一般纳税人和小规模纳税人。小规模纳税人是指年销售额在规定标准以下(如从事货物生产的纳税人年应税销售额少于500万元)，并且会计核算不健全，不能按规定报送有关税务资料的增值税纳税义务人；现行规定，年应税销售额虽在规定标准以下及新开业的纳税人，但若有固定的经营场所，会计核算健全，能准确提供销项税额、进项税额的，可认定为一般纳税人。除小规模纳税人以外的其他增值税纳税义务人，为一般纳税人。

① 对于小规模纳税人，采用简易征收增值税办法。小规模纳税人可使用、开具普通发票。小规模纳税人的增值税适用税率称为征收率，一般情况下为3%，但小规模纳税人销售不动产、提供不动产租赁业务的征收率为5%。

小规模纳税人，应交给税务部门的增值税额计算公式是：

应纳税额＝销售额×征收率

销售额＝含税销售额÷(1＋征收率)

② 对于一般纳税人，可以使用、开具增值税专用发票，采用税款抵扣办法计算应交给税务部门的增值税额。计算公式是：

应纳税额＝销项税额－进项税额

公式中的“销项税额”是纳税义务人销售货物等或者提供应税劳务或者提供应税服务，按照规定税率计算并向购买方收取的增值税额。销项税额的计算公式是：

销项税额＝销售额×增值税的适用税率

销售额是销售单价与销售数量的乘积，一般纳税人增值税的适用税率有16%、10%和6%。销售货物等或者提供加工、修理修配劳务、提供有形动产租赁服务以及进口货物，其适用16%税率；转让土地使用权，销售不动产、各种水、气、农产品、农机农药、图书报纸杂志、音像制品、电子出版物等，提供交通运输业服务、安装修缮服务、不动产租赁服务等，其适用10%税率；销售无形资产、提供研发和技术服务、信息技术服务、物流辅助服务、文体卫教娱乐以及其他居民生活服务等，其适用6%税率。

增值税是一种价外税。在销货单位出具的增值税专用发票中，将货物的价款与增值税的销项税额分开列示，销货单位根据增值税发票向购货单位收取价税合计款项。

公式中的“进项税额”是纳税人购进货物或接受应税劳务或接受应税服务所支付或所负担的增值税额。进项税额实际上是购货单位支付给销货单位的增值税额，对购货单位来说是进项税额，而对销货方来说，则是在价外收取的销项税额。

需要说明的是，对于小规模纳税人，目前的相关政策有所变化，小规模纳税人可向税务部门申请，由税务部门代开增值税专用发票，增值税率为3%。

每一个制造业企业在经营过程中，既具有购货方的身份，又具有销货方的身份。企业在销货时会形成销项税额，在购货时产生进项税额。如果销项税额减去进项税额的差额大于零，差额就是应上缴税务部门的增值税额；如果差额小于零，该差额就是尚未抵扣完的进项税额，留待以后会计期间继续抵扣销项税额。

(2) 应交税费——应交增值税账户的核算内容

对增值税的核算，需要在应交税费总分类账户下设置明细账户核算，设置核算方法不同于其他税种的明细账户，即在应交税费——应交增值税二级明细账户下，还需要设置进项税额、销项税额、已交税金、进项税额转出等多个专栏，反映企业一定会计期间的进项税额、销项税额、已交税金、进项税额转出等相关内容。

应交税费——应交增值税账户是负债类账户，该账户的借方反映进项税额和已交增值税额，贷方反映销项税额和进项税额转出；余额在贷方，表示应交纳的增值税额；如果其余额在借方，表示尚未抵扣完的进项税额或多交的增值税额。

5. 预付账款账户

预付账款账户是资产类账户，用以反映企业按照合同规定采用预付款方式结算形成的预付账款的增减变动和余额。预付账款账户的借方反映按供货合同的规定预付给供货单位的款项和补付的货款数额，贷方反映所购货物的结算金额和供货单位给退回的多预付款数额。余额在借方，反映企业已经预付的款项或表示因预付款大于结算款而应收回的多预付款项；余额在贷方，表示因所购物资结算款大于预付款而应补付的款项。

实际上，预付账款账户是一个双重性质的账户，需要根据其余额方向确定预付账款账户的性质。如果余额在借方，表示的是债权；如果余额在贷方，表示的是债务。当预付款业务完全结算完毕时，该账户没有余额。

预付账款账户应按照供货结算单位设置明细账户。

需要说明的是，发生预付账款业务不多的企业，可以不必设置预付账款账户，将预付的款项直接记入应付账款账户中反映。此时，应付账款账户除了反映正常的应付账款业务内容外，还反映与预付账款业务相关的内容。

三、生产准备过程主要业务的核算

（一）固定资产购置主要业务的核算

上述华纳制造公司12月份发生下列有关固定资产购置的经济业务。

【例5-7】 华纳公司购入一台不需要安装即可投入使用的设备，取得的增值税专用发票上注明的设备价款为300 000元，增值税额为48 000元，另支付包装费1 400元，运杂费13 000元，款项以银行存款支付。

分析：企业购入不需要安装的固定资产，应按买价、支付的包装费、运杂费等实际金额的加总数，作为固定资产的入账价值，借记固定资产账户；按照向出售方支付的增值税额，借记应交税费——应交增值税（进项税额）；按照结算方式将支付合计数额，贷记银行存款或应付账款或应付票据等账户。华纳公司本次购买的固定资产其入账价值为：300 000＋13 000＋1 400＝314 400（元），用银行存款支付的全部金额为362 400元，应编制购入固定资产的会计分录如下：

借 固定资产 314 400
　　应交税费——应交增值税（进项税额） 48 000
　贷 银行存款 362 400

【例5-8】 华纳公司用银行存款购入一台需要安装的设备，增值税专用发票上注明的设备买价为400 000元，增值税额为64 000元，支付运杂费为10 000元，支付安装费为30 000元。

分析：企业购入需要安装的固定资产时，应首先将购入时发生的买价、支付的包装费和运杂费等实际采购成本以及安装过程中发生的安装费、调试费等相关支出，先通过在建工程账户核算；待安装完毕，达到预定可使用状态时，再由在建工程账户转入固定资产账户。安装完毕，达到预计可使用状态时，按实际发生的工程总成本，借记固定资产账户，贷记在建工程账户。本业务华纳公司应做如下会计处理：

(1) 购入待安装设备时：

华纳公司按照购入的这台需安装设备的实际采购成本：400 000＋10 000＝410 000(元)，借记在建工程——在安装设备账户；按照向出售方支付的增值税额，借记应交税费——应交增值税(进项税额)；按照用银行存款支付的总金额 474 000 元，贷记银行存款账户。

借　在建工程　　410 000
　　应交税费——应交增值税(进项税额)　64 000
　贷　银行存款　　474 000

(2) 支付设备安装费时：

借　在建工程　　30 000
　贷　银行存款　　30 000

(3) 设备安装完毕交付时，确定的固定资产入账价值＝410 000＋30 000＝440 000(元)：

借　固定资产　　440 000
　贷　在建工程　　440 000

(二) 材料采购主要业务的核算

上述华纳制造公司 12 月份发生下列材料采购的有关经济业务。

【例 5-9】 向时代公司购进甲材料 10 吨，每吨单价 80 000 元，增值税率 16%，购货款以商业汇票结算，票据到期日为四个月。

分析：实际工作中，企业可以采用商业汇票结算方式进行商品交易的结算，通常这种票据结算的付款日期最长不能超过六个月。该项业务发生之后，增加了材料采购成本，记入在途物资账户的借方；交纳的增值税进项税，记入应交税费——应交增值税账户的借方；同时，该笔业务使应付票据款增加，应付票据的票面额为价税合计数，记入应付票据账户的贷方。因此，该笔业务的账务处理如下：

借　在途物资——甲材料　　800 000
　　应交税费——应交增值税(进项税额)　　128 000(800 000×16%)
　贷　应付票据——时代公司　　928 000

【例 5-10】 向康达公司购进乙材料和丙材料。乙材料 8 吨，每吨单价 92 000 元，总计 736 000 元；丙材料 7 吨，每吨单价 57 500 元，总计 402 500 元。购进材料的增值税额为 182 160 元。对方代垫的运杂费为 24 000 元(运杂费按重量比例进行分配)。购货款和运杂费一个月后支付。

分析：对于采购过程中同时购买两种以上的物资而发生的共同性运杂费，需要按照一定分配方法计算出各种物资应负担的运杂费。实际工作中，可以按照所购物资的价值比例进行分配，也可按照重量比例进行分配。本业务要求按重量比例进行分配，因此，应首先计算运杂费的分配率如下：

分配率＝运杂费总额/总重量＝24 000/(8＋7)＝1 600 (元/吨)

然后，根据计算出的分配率确定各种材料应负担的运杂费如下：

乙材料应负担的运杂费＝1 600×8＝12 800 (元)

丙材料应负担的运杂费＝24 000－12 800＝11 200 (元)

材料的买价与运杂费构成了材料的采购成本，记入在途物资账户的借方；购货款和运杂费一个月后支付，形成应付账款，记入应付账款账户的贷方。因此，该项业务的账务处理如下：

借　在途物资　1 162 500
——乙材料　(736 000＋12 800＝748 800)
——丙材料　(402 500＋11 200＝413 700)
应交税费——应交增值税(进项税额)　182 160
贷　应付账款——康达公司　1 344 660

【例 5-11】 向本市黄河工厂预付定制生产 A 产品所需的备件的预付款，预付款总额为 100 000 元。

分析：该项业务是一笔采用预付款方式进行材料采购的业务。按照会计制度的要求，采用预付款方式采购时，只有对方按规定日期发货之后购销活动才成立。显然，该项业务发生之后，购销活动并未成立，只是先预付定制。该笔业务发生之后，使华纳制造公司的银行存款减少 100 000 元，应记入银行存款账户的贷方；另一方面使预付账款增加了 100 000 元，应记入预付账款账户的借方。因此，账务处理如下：

借　预付账款——黄河工厂　100 000
贷　银行存款　100 000

【例 5-12】 黄河工厂按照合同要求制造出华纳制造公司定制的备件并发货，增值税发票注明的价款为 72 000 元，增值税额 11 520 元，剩余的预付款黄河工厂签发了一张转账支票退回华纳公司。

分析：该项业务是销售方已经按要求发货，购销活动成立。进行款项结算时，华纳制造公司的预付款可以抵付结算款，多余的预付款对方退回。该业务一方面增加材料的采购成本 72 000 元，记入在途物资账户的借方；增值税的进项税额 11 520 元记入应交税费——应交增值税账户的借方；另一方面，该业务的结算款金额和对方退回的预付款可冲销前面所形成的预付款 100 000 元，记入预付账款的贷方；而对方以签发转账支票方式退回的预付款增加了企业的银行存款 16 480 元(100 000－72 000－11 520)，记入银行存款账户的借方。因此，该笔业务的账务处理如下：

借　在途物资——备件　72 000
应交税费——应交增值税(进项税额)　11 520
银行存款　16 480
贷　预付账款——黄河工厂　100 000

【例 5-13】 上述采购的材料物资，月末全部验收入库。

分析：对验收入库的材料物资，需将其采购成本结转为原材料的成本。实际工作中，对验收入库材料物资的成本结转有两种处理方法。一种方法是逐次结转法，即对每批验收入库的材料物资随时结转其材料成本，这种方法适用于采购业务不多的企业。另一种方法是月末一次结转法，即对月份内验收入库的所有批次的材料都暂不做结转成本的账务处理，而是到月末时根据分类汇总数额，一次性结转其采购成本，这种方法一般适用于采购物资种类多且比较频繁的企业，可以简化总分类账的核算。显然，华纳制造公司采用的是月末一次结转法。

华纳制造公司在本月份采购甲材料一批，总成本为 800 000 元；采购乙材料一批，总成本为 748 800 元；采购丙材料一批，总成本为 413 700 元；采购备件一批，总成本为 72 000 元。月末，三种材料和备件都已验收入库，结转这些材料物资的采购成本，应记入在途物资账户的贷方；同时，入库的材料物资使库存原材料增加，应按验收入库材料的实际成本记入原材料账户的借方。因此，该笔业务的账务处理如下：

借　原材料　　2 034 500
　　——甲材料　　(800 000)
　　——乙材料　　(748 800)
　　——丙材料　　(413 700)
　　——备件　　(72 000)
贷　在途物资　　2 034 500
　　——甲材料　　(800 000)
　　——乙材料　　(748 800)
　　——丙材料　　(413 700)
　　——备件　　(72 000)

第四节　生产过程的会计处理

一、生产过程的经济业务特点

生产过程是制造业企业经济活动中最复杂的一个过程，是企业生产经营的中心环节，它既是产品制造过程，也是劳动力、劳动对象和劳动资料的消耗过程。在这个过程中，人、财、物的共同作用形成产成品。

企业在产品生产过程中会发生各项生产费用，这是企业为获得收入而预先垫支并需要得到补偿的资金耗费。生产费用是指与企业日常生产经营活动有关的费用，按其经济用途可分为直接材料、直接人工和制造费用等。直接材料是指构成产品实体的原材料以及有助于产品形成的主要材料和辅助材料；直接人工是指直接从事产品生产的工人的职工薪酬；制造费用是指企业为生产产品和提供劳务而发生的各项间接费用。这些费用最终都要归集、分配给特定的产品，形成产品的成本。

在生产产品时，首先应领用材料，形成产品的直接材料成本；直接生产工人的工资费用和福利费用等，形成产品的直接人工费用；生产产品时，有时还会有燃料、动力等的直接其他耗费；另外，机器设备的使用磨损、维修、为组织和管理产品生产而发生的车间办公费、水电费用等形成间接费用，这些间接费用按照一定方法分配之后，形成产品成本的一个组成部分。当产品生产完工，需要将完工产品验收入库，应将产品的总生产成本在完工产品和在产品之间进行分配，完工产品的生产成本结转为库存商品的生产成本。

这一过程经济业务核算的关键，是正确确定出各种产品生产过程中所发生的生产成本总额，以及验收入库各产品成本的结转。

二、生产过程会计处理应设置的主要账户

（一）应设置的成本类账户

1. 生产成本账户

生产成本账户是成本类账户，用以反映企业生产各种产品（产成品、自制半成品等）、自制材料、自制工具、自制设备等发生的各项生产成本的形成和结转。生产成本账户的借方反映成本构成项目中的直接材料费用、直接人工费用和其他直接支出，以及期末按照一定的方法转进分配的该产品应负担的车间费用，贷方反映验收入库完工产品生产成本的结转；余额在借方，表示的是未完工的产品（或在产品）的成本。通常，当产品全部完工时，该账户没有余额。

生产成本账户可按基本生产成本和辅助生产成本进行明细分类核算。基本生产成本应当分别按照基本生产车间和成本核算对象（如产品的品种、类别、订单、批别、生产阶段等）设置明细账（或成本计算单），并按照规定的成本项目设置专栏。

2. 制造费用账户

尽管制造费用是生产成本的一个成本构成项目，但由于制造费用的费用项目较多，而且往往因一个车间同时生产几种产品而发生共同性的制造费用，因此，实际工作中，专门设置了制造费用账户，将发生的制造费用项目先在制造费用账户中归集，然后再通过一定方法分配计入各种产品的生产成本账户。

制造费用账户，是成本类账户，用以反映生产过程中为组织和管理生产、提供劳务而发生的各项间接费用而形成的车间费用和结转。制造费用账户的借方反映归集发生的各项车间费用，贷方反映期末按照一定标准分配转入生产成本账户借方的应计入产品成本的制造费用，该账户期末结转之后，没有余额。

制造费用账户可按不同的生产车间、生产部门和费用项目进行明细核算。

（二）应设置的资产类账户

1. 累计折旧账户

固定资产折旧是指固定资产在使用过程中所磨损的那部分价值。固定资产在使用过程中保持其原有实物形态，其价值的耗损是分次转移到产品价值之中。为了正确地计算有关成本和费用，按照会计制度的要求，企业每个月都应按照一定的方法计算出固定资产的日常耗损价值。固定资产价值的日常减少或耗损，不是通过固定资产账户的贷方反映，而是通过专门设置的累计折旧账户进行核算。

累计折旧账户是资产类账户，用以反映固定资产折旧额的增减变化和累计折旧的余额。累计折旧账户是固定资产账户的抵减调整账户，与资产类账户具有相反的结构。该账户的贷方反映按期计算提取的折旧额，即反映折旧的增加数，借方反映因减少固定资产而对其累计折旧额的注销；余额在贷方，表示固定资产已经计提折旧的累计余额。

累计折旧账户可按固定资产的类别或项目进行明细核算。

固定资产账户的借方余额减去累计折旧的贷方余额，其差额是固定资产现在的实际价值，称为固定资产的净值。用公式表示为：

固定资产净值＝固定资产原值－累计折旧

2. 库存商品账户

库存商品账户，是资产类账户，用以反映各种库存商品（包括库存产成品、外购商品、发

出展览的产品等)的增减变动和结存余额。库存商品账户的借方反映验收入库的产品成本，贷方反映发出的库存产品成本;期末余额在借方，反映企业现有库存产品的成本。

库存商品账户可按库存商品的种类、品种和规格等进行明细核算。

(三) 应设置的其他类别账户

1. 应设置的负债类账户——应付职工薪酬账户

(1) 职工薪酬的基本内容

职工薪酬，是指企业为获得职工提供的服务或解除劳动关系而给予的各种形式的报酬或补偿。企业提供给职工配偶、子女、受赡养人、已故员工遗属及其他受益人等的福利，也属于职工薪酬。

职工薪酬主要包括短期薪酬、离职后福利、辞退福利和其他长期职工福利。

短期薪酬，是指企业预期在职工提供相关服务的年度报告期间结束后12个月内将全部予以支付的职工薪酬，因解除与职工的劳动关系给予的补偿除外。短期薪酬主要包括:职工工资、奖金、津贴和补贴等工资性薪酬，职工福利费，医疗保险费、工伤保险费和生育保险费等社会保险费，住房公积金，工会经费和职工教育经费，短期带薪缺勤、非货币性福利以及其他短期薪酬等。

离职后福利，是指企业为获得职工提供的服务而在职工退休或与企业解除劳动关系后，提供的各种形式的报酬和福利，属于短期薪酬和辞退福利的除外。离职后福利包括退休福利(如养老金和一次性的退休支付)及其他离职后福利(如离职后人寿保险和离职后医疗保障)。

辞退福利，是指企业在职工劳动合同到期之前解除与职工的劳动关系，或者为鼓励职工自愿接受裁减而给予职工的补偿。

其他长期职工福利，是指除短期薪酬、离职后福利、辞退福利之外所有的职工薪酬，如长期带薪缺勤等。

(2) 应付职工薪酬账户的核算内容

应付职工薪酬账户是负债类账户，反映应支付给企业职工的薪酬总额的增减变动和余额。应付职工薪酬账户的贷方反映计算出的应付的各种职工薪酬数额，借方反映实际支付的各种职工薪酬数额;期末贷方余额，反映企业应付未付的职工薪酬。

应付职工薪酬账户可按工资、职工福利、社会保险费、住房公积金、非货币性福利、辞退福利、离职后福利等薪酬项目进行明细核算。

2. 应设置的损益类账户——管理费用账户

管理费用账户实际上不是生产过程中的主要经济业务核算使用的账户，但是在生产过程中核算折旧费、材料费时，时常会与其他部门相关业务一起分类汇总核算，涉及管理费用账户的使用，故将该账户在此介绍。

管理费用是企业为组织和管理企业生产经营所发生的管理费用，包括企业在筹建期间内发生的开办费、董事会和行政管理部门在企业的经营管理中发生的或者应由企业统一负担的公司经费(包括行政管理部门职工工资及福利费、物料消耗、低值易耗品摊销、办公费和差旅费等)、工会经费、董事会费(包括董事会成员津贴、会议费和差旅费等)、聘请中介机构费、咨询费(含顾问费)、诉讼费、业务招待费、房产税、车船使用税、土地使用税、印花税、技术转让费、排污费、行政管理部门固定资产的折旧费、水电费、企业生产车间(部门)和行政管理部门等发生的固定资产修理费用等后续支出费用。

管理费用账户是损益类账户中的费用账户，其借方反映发生的各项行政费用的金额，贷方反映期末结转到本年利润账户的金额数；期末，结转之后本账户没有余额。

管理费用账户可按费用项目进行明细核算。

三、生产过程主要业务的核算

上述华纳制造公司 12 月份发生的与生产过程有关的主要经济业务如下：

（一）材料领用业务

【例 5-14】 华纳公司生产 A 产品领用原材料。其中，领用甲材料 9 吨，单位成本 80 000 元/吨；领用乙材料 5 吨，单位成本 93 600 元/吨；领用丙材料 4 吨，单位成本 59 100 元/吨；领用备件的总成本为 36 000 元。

分析：领用甲材料的总成本＝80 000×9＝720 000(元)；领用乙材料的总成本＝936 000×5＝468 000(元)；领用丙材料的总成本＝59 100×4＝236 400(元)；领用备件的总成本为 36 000 元。生产产品领用材料，一方面使库存材料减少，记入原材料账户的贷方；另一方面构成所制造产品的直接材料成本，使生产成本增加，记入生产成本账户的借方。本笔业务的账务处理如下：

借　生产成本——A 产品(直接材料)　　1 460 400
　贷　原材料　　1 460 400
　　——甲材料　　(720 000)
　　——乙材料　　(468 000)
　　——丙材料　　(236 400)
　　——备件　　(36 000)

【例 5-15】 华纳制造公司的行政管理部门领用甲材料 100 千克，单位成本 80 000 元/吨，总计 8 000 元；车间一般耗用领用乙材料 200 千克，单位成本 93 600 元/吨，总计 18 720 元。

分析：领用原材料使企业的原材料减少，记入原材料账户的贷方；行政管理部门领用的原材料形成管理费用，使管理费用增加，记入管理费用账户的借方；车间一般耗用材料，形成制造费用，使制造费用增加，记入制造费用账户的借方。本笔账务核算处理如下：

借　管理费用　　8 000
　　制造费用　　18 720
　贷　原材料　　26 720
　　——甲材料　　(8 000)
　　——乙材料　　(18 720)

（二）人工费用

【例 5-16】 根据工资计算单和工资费用分配单，华纳制造公司 12 月份应发工资总额为 500 000 元。其中，生产车间的 A 产品直接产生工人的工资 272 000 元，销售部门业务人员工资 138 000 元，行政管理人员的工资 70 000 元，车间管理人员的工资 20 000 元。该公司 12 月份应发工资已全部发放，划到了职工的银行工资卡中。

分析：一方面，工资计算单计算出的工资由于尚未发放，形成一笔应付职工工资的负债，使应付职工薪酬中的应付工资增加，记入应付职工薪酬——工资账户的贷方；另一方面，根据工资费用分配单，产品生产工人的工资形成产品的直接人工费用，使生产成本增加，记入生产成本账户的借方；销售部门业务人员的工资形成销售费用，使销售费用增加，记入销售费用账户的借方；行政部门的职工工资费用形成管理费用，使管理费用增加，记入管理费用账户的借方；车间管理人员的工资形成制造费用，使制造费用增加，记入制造费用账户的借方。因此，该笔业务的账务处理如下：

借　生产成本——A 产品（直接人工费用）　272 000
　　销售费用　138 000
　　管理费用　70 000
　　制造费用　20 000
　贷　应付职工薪酬——工资　　500 000

目前，企业工资发放形式有发放现金工资和向职工银行卡划转工资两种。采用向职工银行卡划转工资的企业，通常事先在选定的银行为职工开设了银行工资账户。在企业自己确定的工资发放日，将工资通过银行划转到职工的银行工资卡中。这种工资发放形式下，应按发放的工资额借记应付职工薪酬——工资，同时贷记银行存款账户。因此，华纳公司在向职工发放了工资后，其账务处理如下：

借　应付职工薪酬——工资　500 000
　贷　银行存款　500 000

【例 5-17】 根据华纳公司所在地政府规定，公司应当按照职工工资总额的 12%、10% 和 8% 分别计提并缴存基本养老保险费、医疗保险费和住房公积金；公司分别按照职工工资总额的 2% 和 1.5% 计提工会经费和职工教育经费。

分析：由于基本养老保险费、医疗保险费、住房公积金、工会经费和职工教育经费等遵循先计提后缴存或先计提后使用的原则，所以计提职工薪酬相关项目的时间先于缴存或使用时间。计提职工薪酬相关项目时，就形成一笔企业应支付金额的负债，使应付职工薪酬增加，记入应付职工薪酬的贷方；另一方面，根据生产产品工人的工资总额按比例计提的职工薪酬的相关项目的数额，形成产品的直接人工费用，使生产成本增加，记入生产成本账户的借方；根据销售部门业务人员的工资总额按比例计提的职工薪酬的相关项目的数额，形成销售费用，使销售费用增加，记入销售费用账户的借方；根据行政部门人员工资总额按比例计提的职工薪酬的相关项目的数额，形成管理费用，使管理费用增加，记入管理费用账户的借方；根据车间管理人员的工资总额按比例计提的职工薪酬的相关项目的数额，形成制造费用，使制造费用增加，记入制造费用账户的借方。

华纳公司按工资总额一定比例计算其 12 月份的职工薪酬相关项目金额如下：

应计入生产成本的职工薪酬金额 $=272\ 000\times(12\%+10\%+8\%+2\%+1.5\%)=91\ 120$（元）

应计入销售费用的职工薪酬金额 $=138\ 000\times(12\%+10\%+8\%+2\%+1.5\%)=46\ 230$（元）

应计入管理费用的职工薪酬金额 $=70\ 000\times(12\%+10\%+8\%+2\%+1.5\%)=23\ 450$（元）

应计入制造费用的职工薪酬金额 $=20\ 000\times(12\%+10\%+8\%+2\%+1.5\%)=6\ 700$（元）

因此，本笔业务的有关账务处理如下：

借 生产成本——A产品(直接人工费用) 91 120
销售费用 46 230
管理费用 23 450
制造费用 6 700
贷 应付职工薪酬 167 500
——基本养老保险费 (500 000×12%=60 000)
——医疗保险费 (500 000×10%=50 000)
——住房公积金 (500 000×8%=40 000)
——工会经费 (500 000×2%=10 000)
——职工教育经费 (500 000×1.5%=7 500)

(三) 其他有关业务

【例 5-18】 华纳公司12月份的用电用水情况为：生产A产品直接用电13 060元，车间办公及照明用电630元、水费370元，行政管理部门用电790元、水费640元，销售部门用电220元、水费110元。华纳制造公司使用本市电厂和水厂的供电供水，水电费及其增值税一并签发支票支付。

分析：耗用动力费，需要根据使用部门及其用途确定费用入账。生产产品的直接耗电，形成产品成本中的其他直接耗费，使生产成本增加，记入生产成本账户的借方；车间办公和照明用电用水，形成制造费用，使制造费用增加，记入制造费用账户的借方；行政部门的用电用水，形成管理费用，使管理费用增加，记入管理费用账户的借方；销售部门的用电用水，形成销售费用，使销售费用增加，记入销售费用账户的借方。由于是使用电厂水厂的供电供水，相当于购买业务，因此，在支付水电费的同时，还需支付增值税。由于现行规定销售电的增值税率为16%、销售水的增值税率为10%，这样，形成的增值税进项税额为：

(13 060+630+790+220)×16%+(370+640+110)×10%=2 352+112=2 464 (元)

记入应交税费——应交增值税账户的借方；用支票支付的水电费及增值税的合计数，减少了企业的银行存款18 284元，记入银行存款账户的贷方。因此，账务处理如下：

借 生产成本——A产品(其他直接费用) 13 060
制造费用 630+370=1 000
管理费用 790+640=1 430
销售费用 220+110=330
应交税费——应交增值税(进项税额) 2 464
贷 银行存款 18 284

【例 5-19】 华纳公司12月份计提车间固定资产折旧52 830元，计提行政管理部门固定资产折旧13 400元，计提销售部门固定资产折旧为2 100。

分析：一方面，车间固定资产的折旧费形成制造费用，使制造费用增加，记入制造费用账户的借方；行政部门固定资产的折旧费形成管理费用，使管理费用增加，记入管理费用账户的借方；销售部门固定资产的折旧费形成销售费用，使销售费用增加，记入销售费用账户的借方。另一方面，固定资产计提折旧后，累计折旧增加，应记入累计折旧账户的贷方。因此，账务处理如下：

借　制造费用　　52 830
　　管理费用　　13 400
　　销售费用　　2 100
　贷　累计折旧　　68 330

（四）月末制造费用的分配结转

【例 5-20】 月末，将本月发生的制造费用总额结转到 A 产品的成本中。

分析：按照会计制度的规定，月末，需要将制造费用按照一定方法分配结转到各个产品成本中。通常采用的分配方法可以按照各种产品的生产台时比例分配，也可以按照生产产品的直接生产工人的工资比例进行分配。

分配率＝制造费用总额/生产总台时（或直接生产工人工资总额）

某种产品应负担的制造费用＝分配率×某种产品的台时数（或该产品生产工人的工资）

由于本企业只生产 A 产品一种产品，因此，全月发生的制造费用应由 A 产品全部负担。即将制造费用总额全部结转到 A 产品的生产成本账户。

12 月份制造费用总额＝18 720＋20 000＋6 700＋1 000＋52 830＝99 250（元）

结转给 A 产品的制造费用增加了 A 产品的生产成本 157 815 元，记入生产成本账户的借方；同时，将 157 815 元的制造费用从制造费用账户结转到生产成本账户中，需记入制造费用账户的贷方。因此，账务处理如下：

借　生产成本——A 产品（制造费用）　　99 250
　贷　制造费用　　99 250

（五）完工产品入库

【例 5-21】 本月 120 件 A 产品全部加工完毕，完工产品已经验收入库；将完工产品的生产成本转入库存商品账户。

分析：按照会计制度的规定，每月末，应将当月发生的生产成本按照一定方法在完工产品和在产品之间进行分配。对已经完工的各种产品，应办理验收入库手续，并将其生产成本结转为各种完工产品的成本。

生产成本在完工产品和在产品之间的分配方法，由于企业生产特点、生产组织的不同，采取的方法有若干种，是成本会计学课程的学习内容，我们在此不做介绍。因为本公司的产品只有一种，而且当月没有在产品，因此，其生产成本总额应全部结转为完工产品的成本。

12 月产品生产成本总额＝1 460 400＋272 000＋91 120＋13 060＋99 250＝1 935 830（元）

完工 500 件 A 产品入库，增加了库存商品的成本 1 935 830 元，记入库存商品账户的借方；同时，将 1 935 830 元的生产成本从生产成本账户结转到库存商品账户中，需记入生产成本账户的贷方。因此，账务处理如下：

借　库存商品——A 产品　　1 935 830
　贷　生产成本——A 产品　　1 935 830

第五节　销售过程的会计处理

一、销售过程的经济业务特点

在产品生产完成之后，企业进入产品的销售过程。销售过程是产品进入流通阶段，也是企业的生产耗费通过市场取得补偿并实现利润的阶段。在这一过程中，发生的主要经济业务表现为：企业以一定方式将产品销售给购货单位，按照合同向购货方发货，并按销售价格确认收入的实现和计算应缴纳的相关税额；企业取得的产品销售收入是以付出产品为代价的，已销售产品的生产成本就是产品销售成本，所以，企业在确认收入的同时还应结转已售产品的成本；在销售过程中，企业为了更好地销售产品，还会发生与销售相关的各种费用支出，如发生广告费、宣传费、展览费、包装费、运输费、保险费、装卸费等销售费用，以及为销售本企业的产品而专设的销售机构的职工工资、福利费、业务费等经常性费用。另外，在销售过程中，企业还应按照国家的有关税法规定，需计算应缴纳的相关销售税金。由此可见，销售过程的主要经济业务是销售收入的实现、销售成本的结转，以及销售税金及附加的计算与交纳。

企业销售产品，按照货款的结算方式分，主要有现款销售、赊销、商业汇票结算销售和预收款销售等。

二、销售过程会计处理应设置的主要账户

（一）应设置的损益类账户

1. 主营业务收入账户

主营业务收入账户是损益类中的收入类账户，用以反映已经实现的销售商品、提供劳务等主营业务收入及其结转。主营业务收入账户的贷方反映已经实现的产品销售收入，借方反映因发生销售折让和退货而冲减的收入以及期末结转到本年利润账户的销售净收入额，期末结转后无余额。

主营业务收入账户可以按照主营业务的种类设置明细账户。

2. 主营业务成本账户

主营业务成本账户是损益类中的费用类账户，用以反映企业确认销售商品、提供劳务的主营业务收入时与之相匹配的成本及其结转。主营业务成本账户的借方反映主营业务发生的实际成本，贷方反映因发生销售退货而冲减的销售成本以及期末结转到本年利润账户的主营净成本额，期末结转后无余额。

主营业务成本账户可以按照主营业务的种类设置明细账户。

3. 税金及附加账户

税金及附加账户是损益类中的费用类账户，用以反映企业经营活动发生的消费税、城建税、资源税和教育附加费等相关税费的形成及其结转。税金及附加账户的借方反映计算出的应交消费税、城建税、资源税和教育附加费等的税费额，贷方反映期末结转到本年利润账户的数额，结转之后没有余额。

税金及附加账户可以按照相关税费种类设置明细账户。

需要强调的是，房产税、车船税、土地使用税、印花税等税种也通过该账户核算，另外，购买印花税票，不贷记应交税费账户，而贷记银行存款账户或现金账户。

4. 销售费用账户

销售费用账户是损益类中的费用类账户，反映各项销售费用的形成和结转。销售费用是为产品销售而发生的费用，包括销售产品的包装费、运杂费、保险费、广告费、产品宣传费、产品展览费、商品维修费、预计产品质量保证损失、专设销售机构（含销售网点、售后服务网点等）发生的一切经营费用等。销售费用账户的借方反映发生的各项费用的金额，贷方反映

期末结转到本年利润账户的数额，结转之后没有余额。

销售费用账户可按费用项目设置明细账户。

（二）应设置的结算类账户

1. 应收账款账户

应收账款账户是资产类账户，用以反映企业因销售商品、提供劳务等经营活动应收取款项的增减变动和余额。应收账款账户的借方反映应收的价款、代垫的包装费、运杂费和应收的有关税金，贷方反映应收账款的收回和各种原因减少的应收账款；余额在借方，表示尚未收回的应收账款数额。

应收账款账户应按照结算单位（即债务人）设置明细账户。

2. 应收票据账户

应收票据账户是资产类账户，反映企业因销售商品、提供劳务等采用商业汇票方式结算形成的商业汇票的增减变动和余额。

商业汇票是出票人签发的，委托付款人在指定日期无条件支付确定的金额给收款人或者持票人的票据。商业汇票分为商业承兑汇票和银行承兑汇票。商业承兑汇票由银行以外的付款人承兑，银行承兑汇票由银行承兑，商业汇票的付款人为承兑人。商业汇票的付款期限，最长不得超过 6 个月。

应收票据账户的借方反映因销售商品、提供劳务等而收到的商业汇票的票面金额，贷方反映到期已经收回的票据款和未到期但因贴现、背书转让等各种原因减少的商业汇票的票面金额；期末借方余额，反映企业持有的商业汇票的票面金额。

企业应当设置“应收票据备查簿”，逐笔登记商业汇票的种类、号数和出票日、票面金额、交易合同号和付款人、承兑人、背书人的姓名或单位名称、到期日、背书转让日、贴现日、贴现率和贴现净额以及收款日和收回金额、退票情况等资料。商业汇票到期结清票款或退票后，在备查簿中应予注销。

应收票据账户可按开出、承兑商业汇票的单位进行明细核算。

3. 预收账款账户

预收账款账户是负债类账户，反映企业按照合同规定预收的款项增减变动和余额。预收账款账户的贷方反映向购货单位预收的款项和对方的补付款数，借方反映所销售产品的结算金额和退回给对方的多预付款数。该账户若期末余额在贷方，反映尚未发货但已经预收的款项或表示因预收款大于结算款而应退回的对方多预付的款项；若期末余额在借方，反映因结算款大于预收款而应向对方补收的款项。当预收账款业务完全结算完毕时，该账户没有余额。

实际上，预收账款账户是一个双重性质的账户，需要根据其期末余额方向确定预收账款账户的性质。如果余额在借方，表示的是债权，如果余额在贷方，表示的是债务。

预收账款账户按照结算单位（即购货单位）设置明细账。

需要补充说明的是，发生预收账款情况不多的，可以不必设置预收账款账户，将预收的款项直接记入应收账款账户中反映。此时，应收账款账户除了反映正常的应收账款业务内容外，还反映与预收账款业务相关的内容。

三、销售过程主要业务的核算

上述华纳制造公司 12 月份发生的销售业务如下：

【例 5-22】 销售给利达公司 A 产品 240 件，销售价格为 7 500 元/件，增值税率为 16%，价税款项已经收回一半。

分析：销售产品实现了销售收入，销售收入增加 7 500×240=1 800 000(元)，记入主营业务收入账户的贷方；同时形成增值税的销项税 1 800 000×16%=288 000(元)，记入应交税费——应交增值税账户的贷方；该公司价税款项收回的一半(1 800 000+288 000)×50%=2 088 000×50%=1 044 000(元)，增加了企业的银行存款，记入银行存款账户的借方；没有收回的一半价税款 1 044 000 元，形成企业的应收账款，记入应收账款账户的借方。因此，账务处理如下：

借　银行存款　　1 044 000
　　应收账款——利达公司　　1 044 000
　贷　主营业务收入——A 产品　　1 800 000
　　　应交税费——应交增值税(销项税)　　288 000

【例 5-23】 销售给华能公司 A 产品 230 件，销售价格为 7 500 元/件，增值税率为 16%，对方签发一张三个月到期的商业汇票。销售产品时，还发生包装及运输装卸费等 7 000元，以支票支付。

分析：本业务使销售收入增加 7 500×230=1 725 000(元)，记入主营业务收入账户的贷方，增值税销项税额增加 1 725 000×16%=276 000(元)，记入应交税费——应交增值税账户的贷方；同时，因销售产品的价税款项尚未收回，采用商业汇票结算方式，使应收票据增加，记入应收票据账户的借方。另外，因销售产品而发生以支票支付的运杂费，一方面使营业费用增加，记入销售费用账户的借方；另一方面支票支付运杂费使银行存款减少，记入银行存款账户的贷方。因此，该业务应做的两笔账务处理如下：

(1)　借　应收票据——华能公司　　2 001 000
　　　贷　主营业务收入　　1 725 000
　　　　　应交税费——应交增值税(销项税)　　276 000

(2)　借　销售费用　　7 000
　　　贷　银行存款　　7 000

【例 5-24】 预收四维公司购买 A 产品的货款 620 000 元已存入银行，尚未发货。

分析：根据会计制度的规定，采用预收款方式销售的产品，只有货已发出时，才能确认为销售收入实现。该业务由于尚未发货，不能作为销售收入的实现，这只是一笔预收货款的业务。一方面增加了企业的银行存款，记入银行存款账户的借方；另一方面增加了预收账款，记入预收账款账户的贷方。因此，账务处理如下：

借　银行存款　　620 000
　贷　预收账款——四维公司　　620 000

【例 5-25】 结转本月已经销售 A 产品的成本。A 产品单位成本为 3 872 元。

分析：根据上述销售业务，企业销售发出产品，必然导致企业库存商品的减少，已销产品的成本增加。为了主营收入和其成本的正确配比，应在月末根据销售产品出库单，将已经销售的产品成本加以确认结转。12 月份华纳公司已经实现销售的产品数量为：240+230=470(件)，应将这 470 件已销售 A 产品的成本结转为主营业务成本。

该业务因为销售发出产品，使库存 A 产品减少 470 件，已销售的 470 件 A 产品的成本为 3 872×470＝1 819 840(元)，应记入库存商品账户的贷方；另一方面，将已经销售的 A 产品的成本 1 819 840 作为已售产品成本，应结转记入主营业务成本账户的借方。因此，该笔业务的账务处理如下：

借　主营业务成本——A 产品　　1 819 840
　贷　库存商品——A 产品　　1 819 840

【例 5-26】 计算出 12 月份应交的消费税为 176 250 元，应交的城建税为 22 030 元，应交的教育附加费为 9 441.5 元。

分析：根据税法的规定，凡是销售应税消费品(如香烟、酒类、化妆品、小汽车、橡胶、轮胎等)，都应按照适用的消费税率乘上销售额，计算出应交的消费税额；期末，应按照应交流转税总额(即应交的增值税、消费税等流转税的加总和)的 7％计算应交城市维护建设税和 3％计算应交的教育附加费。

该业务计算出的应交上述税费，一方面增加了企业的税金及附加费用，记入税金及附加账户的借方；另一方面计算出的应交消费税、应交城建税、应交教育附加费，形成了应交税费负债，记入应交税费账户的贷方。因此，本笔业务的账务处理如下：

借　税金及附加　　207 721.5
　贷　应交税费　　207 721.5
　　——应交消费税　　(176 250)
　　——应交城建税　　(22 030)
　　——应交教育附加费　　(9 441.5)

【例 5-27】 本月份以银行存款支付产品宣传费和产品展览费 60 000 元。

分析：产品宣传费和产品展览费都是销售费用，因此，该笔业务发生后，一方面使销售费用增加，记入销售费用账户的借方；另一方面使企业的银行存款减少，记入银行存款账户的贷方。因此，该笔业务的账务处理如下：

借　销售费用　　60 000
　贷　银行存款　　60 000

第六节　利润及其分配的会计处理

一、利润的形成

利润是指企业在一定会计期间所形成的最终经营成果。从数量上看，利润等于收入减去费用的净额加减直接计入当期损益的利得和损失，其结果大于零时为盈利，其结果小于零时为亏损。有盈利的企业，按照国家税法的规定，必须交纳企业所得税。

利润有营业利润、利润总额和净利润之分，三个层次的利润之间存在着一定的因果关系。

1. 营业利润

营业利润，是企业通过经营取得的利润。用公式表示为：

营业利润＝营业收入－营业成本－税金及附加－销售费用－管理费用－财务费用－资产减值损失＋公允价值变动净损益＋投资净损益＋资产处置净损益＋其他收益

其中，营业收入是指企业经营业务所确认的收入总额，包括主营业务收入和其他业务收入。用公式表示为：

营业收入＝主营业务收入＋其他业务收入

营业成本，是指企业经营业务所发生的实际成本总额，包括主营业务成本和其他业务成本。用公式表示为：

营业成本＝主营业务成本＋其他业务成本

资产减值损失，是指因资产的账面价值高于其可收回金额而造成的损失。

公允价值变动净损益，是指企业交易性金融资产、交易性金融负债等公允价值变动形成的应计入当期损益的利得或损失。用公式表示为：

公允价值变动净损益＝公允价值变动利得－公允价值变动损失

公允价值变动损益的净额，若大于零，则为公允价值变动净收益；反之，则为公允价值变动净损失。

投资净损益，是指企业以各种方式对外投资所取得的净收益或发生的投资净损失。用公式表示为：

投资净损益＝投资收益－投资损失

投资损益的净额，若大于零，则为投资净收益；反之，则为投资净损失。

资产处置净损益，是指企业处置某些特定资产所发生的净收益或净损益。包括出售划分为持有待售的非流动资产（金融工具、长期股权投资和投资性房地产除外）时确认的处置利得或损失，处置未划分为持有待售的固定资产、在建工程、生产性生物资产及无形资产而产生的处置利得或损失，债务重组中因处置非流动资产产生的利得或损失，以及非货币性资产交换产生的利得或损失。用公式表示为：

资产处置净损益＝资产处置收益－资产处置损失

资产处置损益的净额，若大于零，则为资产处置净收益；反之，则为资产处置净损失。

其他收益，是指与企业日常活动相关，但不宜确认收入或直接冲减成本费用的政府补助。如购置环保设备的补助、税费返还（增值税即征即退、先征后返、教育附加费返还等，但增值税出口退税不属于政府补助）等。

2. 利润总额

利润总额，又称为税前利润，是营业利润加上营业外收入减去营业外支出后的金额。用公式表示为：

利润总额＝营业利润＋营业外收入－营业外支出

其中，营业外收入是指企业发生的与其日常活动无直接关系的各项收入；营业外支出是指企业发生的与其日常活动无直接关系的各项支出。

3. 净利润

净利润，又称为税后利润，是企业利润总额扣除所得税费用后的净额。用公式表示为：

净利润＝利润总额－所得税费用

其中，根据会计准则的规定，所得税费用是指计入当期损益的当期所得税费用与递延所得税费用的和。即：

所得税费用＝当期所得税＋（或－）当期递延所得税

（1）当期所得税

当期所得税，即为当期应交所得税。应交所得税是指企业按照税法规定计算确定的针对当期发生的交易和事项，应交纳给税务部门的所得税金额，应以适用的税收法规为基础计算确定。应交所得税的计算公式如下：

应交所得税=应纳税所得额×适用所得税率

这个公式中的"适用所得税率"，一般企业为25%，符合条件的小型微利企业，减按20%的税率征收企业所得税；国家需要重点扶持的高新技术企业，减按15%的税率征收企业所得税。企业交纳所得税，按年计算，分月或分季预交。年终汇算清缴，多退少补。

应交所得税计算公式中的"应纳税所得额"，是指按照税法的有关规定对企业税前会计利润（即利润总额）进行调增调减有关项目之后，所确定出的作为纳税直接依据的金额。企业在确定当期所得税时，对于当期发生的交易或事项，会计处理与税法处理不同的，应在会计利润的基础上，按照适用税法的规定进行纳税调整，计算出当期应纳税所得额，按照应纳税所得额与适用所得税税率计算确定当期应缴所得税。一般情况下，应纳税所得额可在会计利润的基础上，考虑会计与税收之间的差异，按照以下公式计算确定：

应纳税所得额=税前会计利润+纳税调整增加额-纳税调整减少额

纳税调整增加额指由于纳税人会计处理与税法规定不一致，需要进行纳税调整增加的项目金额。主要包括税法规定不允许扣除但企业已经计入当期损失的项目金额（如税收滞纳金、罚没支出等）、企业已计入当期费用但超过税法规定扣除标准的项目金额（如超过税法规定标准的公益性捐赠支出、业务招待费、广告费、提取的折旧费等）等。

纳税调整减少额是指由于纳税人会计处理与税法规定不一致，需要进行纳税调整减少的项目金额。主要包括按税法规定准予免税的收入项目金额（如免税的国债利息收入金额）、按税法规定允许弥补的亏损（如5年内未弥补完的亏损）等。

（2）当期递延所得税

递延所得税，具体细分为递延所得税资产和递延所得税负债。现行企业会计准则的所得税准则，要求企业采用资产负债表法核算所得税。即在确认当期应交所得税的同时，还要求通过比较资产负债表上列示的资产、负债按照会计准则规定确定的账面价值与按照税法规定确定的计税基础，确认相关的递延所得税负债与递延所得税资产，以便确定出当期递延所得税。

递延所得税资产，是指因资产账面价值小于计税基础或负债账面价值大于计税基础所产生的可抵扣暂时性差异，按适用所得税率计算出来的可抵减未来期间应交所得税的金额。期末，按如下公式计算递延所得税资产：

期末递延所得税资产=可抵扣税暂时性差异×适用所得税税率

递延所得税负债，是指因资产账面价值大于计税基础或负债账面价值小于计税基础所产生的应纳税暂时性差异，按适用所得税率计算出来的未来期间应付所得税的金额。期末，按如下公式计算递延所得税负债：

期末递延所得税负债=应纳税暂时性差异×适用所得税税率

当期递延所得税，是指按照所得税准则规定，应予确认的递延所得税资产和递延所得税负债，在期末应有的金额相对于原已确认金额（即期初余额）之间的差额。即递延所得税资产及递延所得税负债当期发生额的综合结果。用公式表示为：

当期递延所得税=当期递延所得税负债-当期递延所得税资产

=（递延所得税负债的期末余额-递延所得税负债的期初余额）-（递

延所得税资产的期末余额－递延所得税资产的期初余额）

例如，企业于2017年年末建成一生产用房，原价750万元，企业按使用年限10年、净残值0、平均年限法计提折旧；税法按折旧年限20年、净残值0、平均年限法计提折旧。

比较该资产账面价值与计税基础的差异：账面价值＝750－(750/10)＝675(万元)，计税基础＝750－(750/20)＝712.5(万元)，资产账面价值小于计税基础，可抵扣暂时性差异为37.5万元。故该项目产生递延所得税资产为：37.5×25％＝9.375(万元)。

又如，企业2017年因销售产品承诺提供三年保修服务，根据经验当年确认了500万元的预计销售费用。年度内实际未发生任何保修费用。税法规定，与产品保修有关的费用在实际发生时税前扣除。

比较该负债账面价值与计税基础的差异：账面价值为预计负债500万元，计税基础为0元(因不确认负债)。负债账面价值大于计税基础，可抵扣暂时性差异为500万元。故该项目产生递延所得税资产为：500×25％＝75(万元)。

二、利润分配的顺序

利润分配是指企业根据国家有关规定和企业章程、投资者协议等，对企业当年可供分配的利润指定其特定用途和分配给投资者的行为。公司进行利润分配，应按一定的顺序进行。按照《公司法》的有关规定，利润分配应按下列顺序进行：

1. 计算可供分配的利润

企业在利润分配之前，应根据本年净利润(或亏损)、年初未分配利润(或亏损)以及其他转入的金额(如用盈余公积弥补的亏损)，计算可供分配的利润。即：

可供分配的利润＝净利润(或亏损)＋年初未分配利润(或减去年初未弥补的亏损)＋其他转入的金额

如果可供分配的利润为负数(即累计亏损)，则不能进行后续分配；如果可供分配的利润为正数(即累计盈利)，则可进行后续分配。

2. 提取法定盈余公积

按照《公司法》的有关规定，公司应当按照当年净利润(抵减年初累计亏损后)的10％提取法定盈余公积，提取的法定盈余公积累计额超过注册资本50％以上的，可以不再提取。

思考问题

【5-1】 如果某公司不存在年初累计盈余，也不存在年初累计亏损，当年实现净利润100万元。问：可供分配利润为多少？提取盈余公积的基数为多少？

【5-2】 如果某公司年初累计盈余10万元，当年实现净利润100万元。问：可供分配利润为多少？提取盈余公积的基数为多少？

【5-3】 如果某公司年初累计亏损10万元，当年实现净利润100万元。问：可供分配利润为多少？提取盈余公积的基数为多少

【5-4】 如果某公司年初累计亏损150万元，当年实现净利润100万元。问：可供分配利润为多少？提取盈余公积基数为多少？

提示：提取盈余公积的基数，不一定是可供分配的利润，也不一定是本年的净利润。只有在不存在年初累计亏损情况下，提取法定盈余公积的基数为当年实现的净利润；若存在年初累计亏损，提取法定盈余公积的基数应为弥补亏损后的正数可供分配的利润；若是负数可供分配利润，则提取法定盈余公积的基数为零(不能进行后续分配)。所以，上述4个思考问题的答案分别为：100万元，100万元；110万元，100万元；90万元，90万元；－50万元，0。

3. 提取任意盈余公积

公司提取法定盈余公积后，经股东会或者股东大会决议，还可以从净利润中提取任意盈余公积。

4. 向投资者分配利润(或股利)

企业可供分配的利润扣除提取的盈余公积后，形成可供投资者分配的利润，即：

可供投资者分配的利润＝可供分配的利润－提取的盈余公积

可供投资者分配的利润，企业可自行制订利润分配的具体方案，确定出向投资者分配的股利(或利润)总额，采用现金股利、股票股利和财产股利等方式向投资者分配股利(或利润)。可供投资者分配的利润扣除向投资者分配的利润的余额，形成企业的未分配利润。它是所有者权益的重要组成部分，是企业留待以后年度进行分配的利润。

三、利润及其分配会计处理应设置的主要账户

(一) 利润形成应设置的主要账户

利润形成的主要业务及其会计核算应设置的账户，如主营业务收入账户、主营业务成本账户、税金及附加账户、销售费用账户等，在前面的销售过程经济业务核算中已经介绍。除了这些与利润形成有关的主营业务核算账户外，与利润形成有关的其他业务核算，还需要设置下面一些相关的主要账户。

1. 其他业务收入账户

其他业务收入账户是损益类中收入类账户，用以反映企业确认的除主营业务活动以外的其他经营活动实现的收入的发生和结转。制造业的其他业务包括出租固定资产、出租无形资产、出租包装物、销售材料等附营业务。其他业务收入账户的贷方反映发生的各项附营业务所取得的收入，借方反映期末结转到本年利润账户中的数额，结转后该账户没有余额。

其他业务收入账户可以按照业务种类设置明细账户。

2. 其他业务成本账户

其他业务成本账户是损益类中的费用类账户，用以反映企业确认的除主营业务活动以外的其他经营活动所发生的支出和结转。制造业的其他业务成本包括出租固定资产的折旧额、出租无形资产的摊销额、出租包装物的成本或摊销额、销售材料的成本等。其他业务成本账户的借方反映发生的各项附营业务为取得收入而相应发生的支出，贷方反映期末结转到本年利润账户中的数额，结转后没有余额。

其他业务成本账户可以按照业务种类设置明细账户。

3. 营业外收入账户

营业外收入账户是损益类中的收入类账户，用以反映企业发生的营业利润以外的收益及其结转。营业外收入主要包括债务重组利得(但不包括债务重组中因处置非流动资产产生的利得)、罚没利得、捐赠利得、与企业日常活动无关的政府补助(如获得的创新奖励、研发资助等政府补助)、确实无法支付而按规定程序经批准后转作营业外收入的应付款项等。

营业外收入账户的贷方反映营业外收入的增加数额，借方反映期末结转到本年利润账户中的数额，结转后该账户没有余额。

营业外收入账户可以按照营业外收入项目设置明细账户。

4. 营业外支出账户

营业外支出账户是损益类中的费用类账户，用以反映企业发生的营业利润以外的支出及其结转，主要包括债务重组损失(但不包括债务重组中因处置非流动资产产生的损失)、公益性捐赠支出、非常损失、盘亏损失、非流动资产毁损报废损失等。营业外支出账户的借方反映营业外支出项目的增加数额，贷方反映期末结转到本年利润账户中的数额，结转后该账户没有余额。

营业外支出账户可以按照支出项目设置明细账户。

5. 投资收益账户

该账户是损益类中的收益类账户，反映对外投资取得的收益或亏损及其结转。“投资收益”账户的贷方反映因购买股票、债券及对外合营联营投资等取得投资收益及对投资净损失的结转，借方反映因购买股票、债券及对外合营联营投资等发生的投资损失及对投资净收益的结转，结转之后没有余额。

投资收益账户可以按照投资种类设置明细账户。

6. 所得税费用账户

所得税费用账户是损益类中的费用类账户，反映企业确认的应从当期利润总额中扣除的所得税费用及其结转。所得税费用账户的借方反映计算出的所得税费用数额，贷方反映期末结转到本年利润账户中的数额，结转之后该账户没有余额。

所得税费用账户可按当期所得税费用、递延所得税费用进行明细核算。

7. 本年利润账户

本年利润账户是所有者权益类账户，用以反映企业当期实现的净利润(或发生的净亏损)及其结转。本年利润账户的贷方反映期末从主营业务收入、其他业务收入、公允价值变动损益、投资收益、资产处置收益、其他收益、营业外收入、账户中结转记入的各项收入、净收益和利得，借方反映从主营业务成本、其他业务成本、税金及附加、销售费用、管理费用、财务费用、公允价值变动损益(净损失)、投资收益(净损失)、资产减值损失、资产处置损益(净损失)、营业外支出账户中结转进的各项成本、费用和净损失。本年利润账户年内有借方余额时，表示亏损数，年内有贷方余额时，表示实现的净利润。年度终了，应将本年实现的净利润，转入利润分配科目，借记本年利润账户，贷记利润分配——未分配利润账户，如为净亏损则做相反的会计分录。结转后本年利润账户无余额。

本年利润账户是一个过渡性账户。该账户一般不设置明细账户，极个别企业根据需要，设置主营业务利润和附营业务利润两个明细账户，以加强对营业利润的核算。

(二) 利润分配应设置的主要账户

1. 利润分配账户

利润分配账户是所有者权益类账户，用以反映企业利润的分配(或亏损的弥补)和历年分配(或弥补)后的余额。利润分配账户的贷方反映用盈余公积弥补亏损额等其他转入数额以及从本年利润账户中结转记入的净利润，借方反映从本年利润账户中结转入的亏损以及提取的盈余公积和分配给投资者的利润数。年末，该账户如果有贷方余额，表示累积的未分配利润；如果有借方余额，表示累积的未弥补亏损。

利润分配账户下应当分别对提取法定盈余公积、提取任意盈余公积、应付现金股利或利润、转作股本的股利、盈余公积补亏和未分配利润等进行明细核算。年末，应将利润分配账户下的其他明细账户的余额转入未分配利润明细账户，结转后，除了未分配利润明细账户可能有余额外，其他几个明细账户均无余额。未分配利润明细账户如果有贷方余额，表示累积的未分配利润；如果有借方余额，表示累积的未弥补亏损。

2. 盈余公积账户

盈余公积账户是所有者权益类账户，用以反映企业从净利润中提取的盈余公积的增减变动及其余额。盈余公积账户的贷方反映按比例计算出的提取盈余公积数额，借方反映盈余公积因各种使用的减少；余额在贷方，表示企业盈余公积的结余额。

盈余公积账户应当分别对“法定盈余公积”和“任意盈余公积”进行明细核算。

3. 应付股利账户

应付股利账户是负债类账户，用以反映企业应分配给投资者的现金股利或利润的增减变动及其余额。应付股利账户的贷方反映计算出的应分配给投资者的利润数额，借方反映实际支付给投资者的股利或利润数额。一般情况下，该账户没有余额；如果有余额在贷方，表示应支付而尚未支付的现金股利或利润。

应付利润账户可按照投资者设置明细账户。

四、利润及其分配主要业务的核算

上述华纳制造公司 12 月份有关利润及其分配的业务如下：

【例 5-28】 销售积压材料，售价 60 000 元，材料成本 40 000 元，增值税率为 16%，款项已经收存银行。

分析：该项业务是其他业务中的销售材料业务，对实现的收入应确认为其他业务收入，其材料销售出去之后应将材料成本确认为其他业务成本。由于这项业务是材料销售业务，必须对增值税的销项税额进行反映。

该项业务中，材料售价 60 000 元，增加了其他业务收入，记入其他业务收入账户的贷方；所形成的应交增值税销项税额 60 000×16%＝9 600（元），记入应交税费——应交增值税账户的贷方；价税合计款 60 000＋9 600＝69 600（元）已经收到，记入银行存款账户的借方。另外，销售材料使材料减少，减少的材料成本 40 000 元记入原材料账户的贷方；在材料的实物发生转移的同时，应将材料成本结转到其他业务成本账户中，记入其他业务成本账户的借方。因此，该笔业务需做两笔账务，处理如下：

（1）　　借　银行存款　　69 600

　　　　　贷　其他业务收入　　60 000

　　　　　　　应交税费——应交增值税（销项税额）　　9 600

（2）　　借　其他业务成本　　40 000

　　　　　贷　原材料　　40 000

【例 5-29】 年末，投资的通达物流公司分来利润 680 000 元，已经存入开户行。

分析：该项业务是对外投资取得投资利润的业务，一方面使银行存款增加，记入银行存款账户的借方；另一方面使投资收益增加，记入投资收益账户的贷方。因此，账务处理如下：

借　银行存款　　680 000

贷　投资收益　　680 000

【例 5-30】 公司收到对某职工因违反劳动纪律罚款 1 000 元的现金。

分析：收到的罚款收入是营业外收入，记入营业外收入账户的贷方；同时，将收到的现金，记入现金账户的借方。因此，账务处理如下：

借　现金　　1 000

贷　营业外收入　　1 000

【例 5-31】 公司签发银行支票向红十字会捐赠 200 000 元。

分析：企业进行公益性质的捐赠支出为营业外支出，记入营业外支出账户的借方；同时，签发银行支票使企业的银行存款减少，记入银行存款账户的贷方。因此，账务处理如下：

借　营业外支出　　200 000

贷　银行存款　　200 000

【例 5-32】 根据华纳制造公司 12 月份全部经济业务的核算资料，结转损益类账户，并计算出本月税前利润总额。

分析：在结转损益类账户之前，应先确定出各损益类账户的发生额合计。

(1) 主营业务收入＝1 800 000＋1 725 000＝3 525 000(元)；其他业务收入＝60 000 元；投资收益＝680 000 元；营业外收入＝1 000 元。

(2) 主营业务成本＝1 819 840 元；税金及附加＝207 721.5 元；其他业务成本＝40 000 元；销售费用＝138 000＋46 230＋330＋2100＋7000＋60 000＝253 660(元)；管理费用 8 000＋70 000＋23 450＋1 430＋13 400＝116 280(元)；财务费用＝8 000＋170 655＝178 655(元)；营业外支出＝200 000 元。

结转损益类账户到本年利润账户中时，应将各种收入收益结转记入到本年利润账户的贷方，而涉及的各收入账户收益账户将结转金额记入其自身账户的借方。同时，应将损益类中的各成本费用支出账户的金额结转记入到本年利润账户的借方，而各成本费用支出账户将结转金额记入其自身账户的贷方。

根据上面各损益账户发生额合计数，做两笔结转的账务处理，具体如下：

(1)　借　主营业务收入　　3525 000

其他业务收入　　60 000

投资收益　　680 000

营业外收入　　1 000

贷　本年利润　　4 266 000

(2)　借　本年利润　　2 816 156.5

贷　主营业务成本　　1 819 840

税金及附加　　207 721.5

其他业务成本　　40 000

销售费用　　253 660

管理费用　　116 280

财务费用　　178 655

营业外支出　　200 000

因此，12 月份税前利润总额＝4 266 000－2 816 156.5＝1 449 843.5(元)。

【例 5-33】 华纳公司递延所得税资产和递延所得税负债期初余额为零。12 月份，该公司存在一项纳税调整事项：业务招待费超出税法允许的可列支上限数额，超出金额为 4 000 元。该公司的所得税率为 25%，计算并结转本月所得税费用。

分析：根据企业会计准则的规定，所得税费用是指当期所得税和当期递延所得税之和。即：所得税费用＝当期所得税＋当期递延所得税。

本笔业务中，华纳公司 12 月份存在一笔因超过税法规定列支标准的业务招待费，所以，华纳公司首先应计算出 12 月份应纳税所得额：1 449 843.5＋4 000＝1 453 843.5(元)，计算该公司 12 月份应交所得税额：1 453 843.5×25%＝363 460.88(元)，形成当期所得税费用，记入所得税费用——当期所得税费用账户的借方，贷记应交税费——应交所得税；同时，由于业务招待费超过标准，属于资产账面价值小于计税基础的事项，应核算可抵扣暂时性差异产生的递延所得税资产，递延所得税资产额＝4 000×25%＝1 000(元)，需要做的账务处理为：借记递延所得税资产，贷记所得税费用——递延所得税费用。该公司计算所得税费用的账务处理如下：

(1)　借　所得税费用——当期所得税费用　363 460.88
　　贷　应交税费——应交所得税　363 460.88

(2)　借　递延所得税资产　1 000
　　贷　所得税费用——递延所得税费用　1 000

另外，根据会计核算的要求，期末应将所得税费用结转记入本年利润账户的借方中。该笔业务应做账务处理，具体如下：

(3)　借　本年利润　362 460.88
　　　所得税费用——递延所得税费用　1 000
　　贷　所得税费用——当期所得税费用　363 460.88

【例 5-34】 当月按 10% 的比例提取法定盈余公积金，按 5% 的比例提取任意盈余公积金。

分析：由于华纳公司递延所得税资产和递延所得税负债期初余额为零，所以，当期递延所得税额＝0－1 000＝－1 000(元)。

华纳公司 12 月份的所得税费用＝当期应交所得税＋当期递延所得税
＝363 460.88－1 000＝362 460.88 (元)

该公司的净利润＝税前会计利润－所得税费用
＝144 9843.5－362 460.88＝1 087 382.62 (元)

应提取的法定盈余公积＝1 087 382.62×10%＝108 738.26 (元)

应提取的任意盈余公积金＝1 087 382.62×5%＝54 369.13 (元)

提取盈余公积金是利润分配活动，一方面借记利润分配账户，另一方面贷记盈余公积账户，使盈余公积增加。账务处理如下：

借　利润分配　163 107.39
　——提取法定盈余公积　(108 738.26)
　——提取任意盈余公积　(54 369.13)
贷　盈余公积　163 107.39
　——法定盈余公积　(108 738.26)

——任意盈余公积　　(54 369.13)

【例 5-35】 华纳公司全年的净利润为 17 430 000 元，将全年的净利润结转到利润分配账户。

分析：华纳公司全年有净利润 17 430 000 元，年终，应将本年利润账户贷方余额 17 430 000元结转记入利润分配账户的贷方，而本年利润账户自身将结转金额 17 430 000 元记入借方。账务处理如下：

借　本年利润　　17 430 000
　贷　利润分配——未分配利润　　17 430 000

【例 5-36】 年终，华纳公司利润分配——提取法定盈余公积账户的借方余额为 1 743 000 元，利润分配——提取任意盈余公积账户的借方余额为 871 500 元。将全年提取的盈余公积进行年终结转。

分析：年终，需将利润分配账户提取法定盈余公积、提取任意盈余公积明细账的余额结转记入未分配利润明细账户的借方，而提取法定盈余公积、提取任意盈余公积明细账户自身将结转金额记入贷方。因此，账务处理如下：

借　利润分配——未分配利润　　2 614 500
　贷　利润分配　　2 614 500
　　——提取法定盈余公积　　(1 743 000)
　　——提取任意盈余公积　　(871 500)

【例 5-37】 华纳公司年初有未分配利润 294 632 元。公司决定的分配方案是：按本年度可供分配利润的 60％进行现金股利分配。

分析：

本年度可供投资者分配的利润＝294 632＋17 430 000－2 614 500＝15 110 132 (元)

本年度应分配给投资者的利润总额＝15 110 132×60％＝9 066 079.2 (元)

计算出的应分配给投资者的利润，一方面记入利润分配账户的借方，另一方面形成了企业的应付股利负债，记入应付股利账户的贷方。因此，账务处理如下：

借　利润分配——应付现金股利　　9 066 079.20
　贷　应付股利　　9 066 079.2

【例 5-38】 将利润分配——应付现金股利进行年终结转。

分析：年终，应将利润分配账户的应付现金股利明细账户的余额 9 066 079.20 元结转记入未分配利润明细账户的借方，而应付现金股利明细账户自身将结转金额 9 066 079.20 元记入贷方。因此，该笔业务账务处理如下：

借　利润分配——未分配利润　　9 066 079.20
　贷　利润分配——应付现金股利　　9 0660 79.20

年终，经过利润分配之后：

华纳公司还有累积的未分配利润为＝15 110 132－9 066 079.20＝6 044 052.8 (元)

华纳公司这些累积的未分配利润可供以后年度分配。

第七节　资金退出企业主要业务的会计处理

资金退出企业的业务主要包括上交各项税费、偿还各项债务、向所有者支付股利或利润等。上述业务的发生，使资金退出本企业的资金循环与周转，不会为该企业再带来任何经济资源的流入。

一、上交税费的核算

【例 5-39】 年终，华纳公司以银行存款汇算清缴了本年度如下税费：增值税金 194 565 元，消费税金 176 250 元，城建税 30 780 元，教育附加费 13 200 元，所得税 363 460.88 元。

分析：上交各种税金及附加费使银行存款减少，记入银行存款账户的贷方；同时，上交各种税费也使应交税费减少，记入应交税费的借方。因此，该笔业务的核算如下：

借　应交税费　　847 140.88
　　——应交增值税　　(179 300)
　　——应交消费税　　(260 400)
　　——应交城建税　　(30 780)
　　——教育费附加　　(13 200)
　　——应交所得税　　(363 460.88)
贷　银行存款　　847 140.88

二、偿还借款的核算

【例 5-40】 年终，华纳公司以银行存款偿还以前年度借入、现已到期的长期借款1 000 000 元，支付该笔借款的当年利息 60 000 元。

分析：偿还长期借款的本金和利息使银行存款减少，记入银行存款账户的贷方；同时，偿还长期借款本金使长期借款减少，记入长期借款账户的借方，支付利息使应付利息减少，记入应付利息借方。因此，该笔业务的账务处理如下：

借　长期借款　　1 000 000
　　应付利息　　60 000
贷　银行存款　　1 060 000

三、支付利润的核算

【例 5-41】 次年年初，华纳公司以银行存款向投资者支付利润 9 066 079.20 元。

分析：向投资者支付利润使银行存款减少，记入银行存款账户的贷方；同时，向投资者支付利润使应付股利减少，记入应付股利账户的借方。因此，该笔业务的账务处理如下：

借　应付股利　　9 066 079.20
贷　银行存款　　9 066 079.20

四、固定资产退出企业的会计处理

尽管固定资产实物形态退出企业，不完全属于资金退出企业，但考虑到相关知识的学习，本节中要对固定资产退出企业的会计处理加以介绍。

固定资产退出企业，是指由于报废、毁损、出售、对外捐赠等原因，固定资产的实物形态退出使用或退出企业。固定资产退出时，应将固定资产转入固定资产清理程序，需使用固定资产清理账户。

固定资产清理账户，是资产类账户，反映转入固定资产清理程序的固定资产的净值及其在清理过程中发生的清理费用和清理收入。该账户的借方反映转入清理程序的固定资产的净值和清理过程中发生的各项费用及有关税金，贷方反映被清理的固定资产的变价收入、出售收入等；余额在借方，表示固定资产的清理净损失，如果余额在贷方，表示固定资产的清理净收益。固定资产清理工作完毕，应将清理的净额转入资产处置损益或营业外支出或营业外收入账户，结转之后，固定资产清理账户没有余额。

固定资产清理账户按固定资产名称或类别设置明细账户。

【例 5-42】 次年年初，华纳公司报废一台使用年限到期的设备，设备原值 140 000 元，已提折旧 138 000 元。以现金支付报废设备的拆卸费用 300 元，支付设备拆卸人员的工资 1 000 元。清理完毕，结转清理损益。

分析：

(1) 固定资产使用年限到期的设备，按规定报废，一方面将净值(原值－折旧)转入固定资产清理账户的借方，另一方面注销固定资产及其累计折旧，将固定资产原值记入固定资产账户的贷方，将已计提的累计折旧记入累计折旧账户的借方。因此，该笔业务的账务处理如下：

借　固定资产清理　　2 000
　　累计折旧　　138 000
　贷　固定资产　　140 000

(2) 在固定资产清理过程中发生的拆卸费、拆卸人员的工资等属于清理费用，清理费用增加，记入固定资产清理账户的借方；以现金支付的金额 300＋1 000＝1 300(元)记入现金账户的贷方。因此，该笔业务的账务处理如下：

借　固定资产清理　　1 300
　贷　现金　　1 300

(3) 报废设备清理完毕，固定资产清理账户期末借方余额为 3 300 元，应结转清理净损失到营业外支出账户。

因此，该笔业务的账务处理如下：

借　营业外支出——固定资产清理损失　3 300
　贷　固定资产清理　　3 300

【例 5-43】 次年年初，华纳公司出售一台不用的设备，设备的原值为 285 万元，已计提折旧 50 万元；支付清理费用 5 万元，已收存出售价格款 300 万元。该设备已处置完毕。

分析：该笔业务属于固定资产处置业务，需要进入固定资产清理程序进行相关核算。与其他情形处置固定资产不同，对于出售固定资产，现行会计准则要求，其处置损益应计入资产处置损益账户。

资产处置损益账户，属于损益类账户，核算出售固定资产、在建工程、生产性生物资产及无形资产而产生的处置利得或损失。借方反映资产处置的损失，贷方反映资产处置收益，期末账户的余额结转到本年利润账户的借方或贷方，结转之后，该账户没有余额。

(1) 出售设备转入固定资产清理程序，会计处理为：

借　固定资产清理　　2 350 000
　　累计折旧　　500 000

贷 固定资产 2 850 000

(2) 支付清理费用50 000元,会计处理为:

借 固定资产清理 50 000

贷 银行存款 50 000

(3) 公司在对已收存的出售价格款300万元的会计处理时,应考虑到会计准则对出售已使用过的固定资产的相关税收法规的规定。我国自2016年2月1日起,纳税人销售自己使用过的固定资产,可以按照简易办法依照3%征收率缴纳增值税,并可以开具增值税专用发票。

应交增值税=[含税销售额/(1+3%)]×3%=[3 000 000/(1+3%)]×3%=87 378.64(元)

借 银行存款 3 000 000

贷 固定资产清理 2 912 621.36

应交税费——应交增值税 87 378.64

(4) 设备出售处置完毕,结转处置损益。会计处理为:

出售设备的固定资产清理净收益=2 912 621.36-(2 350 000+50 000)

=512 621.36(元)

借 固定资产清理 512 621.36

贷 资产处置损益——处置非流动资产利得 512 621.36

复习与练习

一、判断题

1. 产品生产成本也就是产品的制造成本。 ( )

2. 制造业企业发生的工资费用不一定都是生产费用。 ( )

3. 企业购入原材料的采购成本中包括增值税进项税额。 ( )

4. 企业用支票支付购货款时,应通过应付票据账户进行核算。 ( )

5. 企业计算缴纳的所得税应以净利润为基础,加或减各项调整因素。 ( )

6. 企业出售原材料取得的收入应计入其他业务收入科目;出售原材料的成本计入其他业务成本科目。 ( )

7. 企业销售商品时结转的主营业务成本是指已售产品的制造成本。 ( )

8. 出租固定资产和周转材料取得的租金收入,属于工业企业的其他业务收入。 ( )

9. 某企业本期营业利润300万元,投资收益30万元,营业外支出5万元,所得税费用30万元。假定不考虑其他因素,该企业本期净利润为270万元。 ( )

10. 企业在提取盈余公积前不得向投资者分配利润。 ( )

二、单选题

1. 企业为维持正常生产经营所需资金而向银行临时借入的款项称为( )。

A. 长期借款　　B. 短期借款

C. 长期负债　　D. 流动负债

2. 企业计提长期借款的利息支出时应贷记的账户是( )。

A. 财务费用账户　　B. 应付利息账户

C. 长期借款账户　　D. 在建工程账户

3. 企业设置固定资产账户是用来反映固定资产的(　　)。

A. 磨损价值　　B. 累计折旧

C. 原始价值　　D. 净值

4. 企业的应付账款如果确实无法支付的,经批准后,应贷记(　　)。

A. 营业外收入账户　　B. 营业外支出账户

C. 管理费用账户　　D. 资本公积账户

5. 某制造业企业为增值税一般纳税人。本期外购材料一批,发票注明买价 20 000 元,增值税额为 3 200 元,入库前发生挑选整理费用为 1 000 元。则该批材料的入账价值为(　　)。

A. 20 000 元　　B. 23 200 元

C. 21 000 元　　D. 24 200 元

6. 企业预付账款账户的借方余额反映的是(　　)。

A. 应付给供货单位的款项　　B. 预收购货单位的款项

C. 预付给供货单位的款项　　D. 应收购货单位的款项

7. 下列内容中属于其他业务收入的是(　　)。

A. 存款利息收入　　B. 出售材料收入

C. 委托代销商品收入　　D. 出售产品收入

8. 下列内容不属于材料采购成本的构成项目的是(　　)。

A. 材料的买价　　B. 外地运杂费

C. 运输途中的合理损耗　　D. 采购机构经费

9. 下列各项中,属于制造费用项目的是(　　)。

A. 技术转让费用　　B. 直接工资费用

C. 车间折旧费用　　D. 直接材料费用

10. 下列内容不属于企业营业外支出的是(　　)。

A. 非正常损失　　B. 公益性捐赠

C. 出售非流动资产处置损失　　D. 非流动资产毁损报废损失

三、多选题

1. 制造业企业的经营过程,可以是(　　)。

A. 生产准备过程　　B. 对外投资过程

C. 产品生产过程　　D. 产品销售过程

2. 下列内容构成材料采购成本的有(　　)。

A. 材料的买价　　B. 采购费用

C. 增值税进项税额　　D. 采购人员的差旅费

3. 可以用来作为分配材料采购费用标准的有(　　)。

A. 材料的买价　　B. 材料的重量

C. 材料的种类　　D. 以上各项均可以

4. 产品制造成本的成本项目包括(　　)。

A. 直接动力费用　　B. 直接材料费

C. 直接工人薪酬　　D. 制造费用

5. 税金及附加账户借方登记的内容有(　　)。

A. 增值税　　B. 消费税

C. 城建税　　D. 所得税

6. 下列项目应在管理费用账户中核算的有(　　)。

A. 工会经费　　B. 车间设备维修费

C. 业务招待费　　D. 车间管理人员的工资

7. 下列各项中,影响企业营业利润的有(　　)。

A. 处置无形资产净收益　　B. 出租包装物取得的收入

C. 接受公益性捐赠利得　　D. 经营租出固定资产的折旧额

8. 企业实现的净利润应进行下列分配(　　)。

A. 计算缴纳所得税　　B. 支付银行借款利息

C. 提取法定盈余公积金　　D. 向投资人分配利润

9. 为了具体核算企业利润分配及未分配利润情况,利润分配账户应设置相应的明细账户,下列属于利润分配明细账户的有(　　)。

A. 未分配利润　　B. 提取资本公积金

C. 应付普通股现金股利　　D. 提取法定盈余公积

10. 某企业 2017 年 2 月主营业务收入为 106 万元,主营业务成本为 78.7 万元,管理费用为 5 万元,资产减值损失为 2 万元,公允价值变动损失为 1.5 万元,投资收益为 10 万元,资产处置损失为 0.8 万元,其他收益为 5 万元。假定不考虑其他因素,下列(　　)不是该企业当月的营业利润为。

A. 23 万元　　B. 25 万元

C. 28 万元　　D. 33 万元

四、简答题

1. 材料采购的核算为什么要同时开设在途物资账户和原材料账户?

2. 生产成本的构成项目包括哪些?

3. 为什么要设置主营业务成本账户?

4. 利润由哪几部分内容构成?在利润分配顺序方面有什么规定?

五、业务题

业务题一

资料:宏大厂 20××年 9 月份会计资料如下:

1. 购入甲材料 500 千克,单价 200 元;乙材料 300 千克,单价 400 元,增值税率为 16%,开出支票付讫。

2. 以存款支付上述材料采购费 24 000 元,按材料重量比例分摊,材料已验收入库。

3. 职工王林因公出差,暂借差旅费 1 600 元。

4. 从银行提取现金 30 000 元,以备零星使用。

5. 购入办公设备一套,价值 217 000 元,以银行存款付讫。

6. 王林出差归来,报销差旅费 1 620 元,退给王林现金 20 元。

7. 销售给大江百货公司 A 产品 1 000 件,单位售价 3 000 元,增值税率 16%,货款尚未收到。

8. 本月支付产品展览费用 5 000 元。

9. 计算出本月应付工资：生产工人工资 60 000 元（其中，生产 A 产品工人工资 40 000 元，生产 B 产品工人工资 20 000 元），车间管理人员工资 16 000 元，厂部管理人员工资 24 000 元。

10. 按工资总额 10%计提职工福利费、8%计提医疗保险费、1%计提生育保险费、12%计提住房公积金、2%计提工会经费和 1.5%计提职工教育经费。

11. 从银行提取现金 100 000 元，备发工资。

12. 用现金支付职工工资。

13. 支付车间办公费 1000 元，厂部办公费 1 500 元。

14. 预付下季度报刊订阅费 1 200 元。

15. 收到大光公司的前欠货款 46 800 元。

16. 本月购买行政办公打印纸费 400 元。

17. 本月领料情况如下：生产车间 250 000 元（其中，生产 A 产品耗用 120 000 元，B 产品耗用 130 000 元）。车间一般耗用 8 000 元，管理部门耗用 2 000 元。

18. 本月用银行存款支付短期借款利息 5 000 元。

19. 本月收到被投资单位分来的现金股利 250 000 元。

20. 本月向公益单位捐赠现金 150 000 元。

21. 本月收到违纪职工的罚款收入 1 000 元。

22. 计提本月固定资产折旧 64 000 元。其中，车间固定资产折旧为 38 600 元，厂部固定资产折旧为 25 400 元。

23. 本月的制造费用按 A、B 产品耗用工时比例 5∶3 分摊。

24. 本月 130 件 A 产品全部完工，结转完工产品成本；B 产品全部未完工。

25. 结转已售 A 产品的成本，其单位成本 1 500 元。

26. 本月从银行借入 800 000 元短期借款。

27. 接受外商投入的新设备一台，价值 2 000 000 元。

28. 根据本月应交增值税，按 7%计提城市维护建设税，按 3%计提教育费附加。

29. 结转有关损益类账户。

30. 计算本月利润总额。

要求：根据上述经济业务，编制会计分录。

业务题二

星光工厂 20××年 6 月份发生下列业务：

1. 向红星工厂购入材料 500 吨，每吨 1 200 元，增值税率 16%，红星工厂代垫运费 3 000 元。款项已由银行存款支付。

2. 上述材料已验收入库，结转上述材料的实际采购成本。

3. 制造甲产品领用材料 193 500 元，车间一般耗用材料 8 000 元，企业行政部门领用材料 1 000 元。

4. 本月工资分配如下：生产工人工资 102 000 元，车间人员工资 22 000 元，企业行政管理人员工资 40 000 元。

5. 企业通过银行向职工的银行工资卡发放工资。

6. 按工资总额 10%计提职工福利费、8%计提医疗保险费、1%计提生育保险费、12%计提住房公积金、2%计提工会经费和 1.5%计提职工教育经费。

7. 计提固定资产折旧 35 000 元。其中，生产车间部门 26 000 元，企业行政部门 9 000 元。

8. 应由本月负担的电费 6 500 元、水费 2 100 元。其中，生产产品耗电 3 500 元，车间一般耗用电费 500 元、水费 450 元，厂部电费 2 500 元、水费 1 650 元。电费及 16%增值税款，水费及 10%的增值税已通过银行支付给电厂、水厂。

9. 计提应由本月负担银行长期借款利息 3 000 元。

10. 以现金购买车间办公用品 320 元。

11. 结转本期制造费用。

12. 本月生产的甲产品 75 吨全部完工，结转完工产品的实际成本。

13. 出售甲产品 60 吨，每吨售价 11 500 元，增值税率 16%。款项已收存银行。

14. 以银行存款支付本月销售运费 10 000 元，广告费 5 000 元。

15. 结转本月销售甲产品的成本，每吨的单位成本 3 675 元。

16. 本月应交城市维护建设税 7 000 元，教育费附加 3 000 元。

17. 本月以现金支付绿化费用 3 500 元。

18. 将损益类账户金额转至本年利润账户。

19. 企业无纳税调整事项，适用所得税率为 25%。计算应交纳的所得税，并结转至本年利润账户。

20. 按税后利润的 10%计提法定盈余公积金和 7%的比例计提任意盈余公积金。

要求：根据本月发生的经济业务编制会计分录。

第六章　会计账证及会计核算程序

【本章重点和难点】

☆会计凭证包括原始凭证和记账凭证。记账凭证为载有会计信息雏形的一种载体。

☆账簿是由具有一定格式、根据记账凭证进行登记、用以记录经济业务增减变化的账页所组成的簿籍。各种账簿成为反映经济业务的有效信息载体。

☆填制、审核会计凭证以及登记账簿是会计核算重要的专门方法。

第一节　会 计 凭 证

所谓会计凭证,是指用来记录经济业务,明确责任,作为记账依据的书面证明。为了保证会计信息的客观真实性和可稽核性,在发生经济业务时,经办人员都必须取得或填制会计凭证,以书面形式记录或证明经济业务的性质、内容、数量和金额等,并在凭证上签名或盖章,从而对经济业务的合法性和凭证的真实性、完整性负责。任何会计凭证都需经过有关人员严格审核并确认无误后,才能作为复式簿记系统会计信息处理的依据。会计凭证按其填制的程序和用途分为原始凭证和记账凭证两大类。

一、原始凭证

（一）原始凭证的种类和基本内容

原始凭证,是在经济业务发生或完成时取得或填制的、用以记录经济业务内容的、具有法律效力的一种书面证明。经济业务发生时,一般会产生含有会计信息的数据,这些数据首先应当用原始凭证把它记录下来,既可作为经济业务完成情况的书面证明,又可作为会计通过确认、编制记账凭证进行加工处理的依据。

原始凭证按照不同的标准可分为不同的种类。

(1) 原始凭证按照来源的不同,分为外来的原始凭证和自制的原始凭证。

外来的原始凭证,是指在经济业务发生或完成时,从其他单位或个人直接取得的原始凭证,如增值税专用发票(格式见表 6-1)等。

增值税专用发票是一般纳税人销售货物时开具的销货发票,由基本联次或者基本联次附加其他联次构成。增值税专用发票有三联增值税专用发票和六联增值税专用发票两种。基本联次为三联:发票联、抵扣联和记账联。发票联,作为购买方核算采购成本和增值税进项税额的记账凭证;抵扣联,作为购买方报送主管税务机关认证和留存备查的凭证;记账联,作为销售方核算销售收入和增值税销项税额的记账凭证。六联增值税专用发票,除了三个基本联次外,还有三个附加其他联次,其用途由一般纳税人自行确定。

表 6-1　　　　北京增值税专用发票　　　　№00542189

1100147132　　　　（发　票　联）

开票日期：20××年 12 月 4 日

购货方	名　称：北京盛达贸易有限责任公司 纳税人识别号：110108797561285 地址、电话：北京市海淀区知春路 120 号 010－84532888 开户银行及账号：招商银行北京知春路支行 6214830112114005		密码区	49 * <<5 * 9059+75/951+－526/+5 * 64 >866695291－+4006/434 * 381>055－52 >>>0－381><6 * 6>>7++－526/+5 * 64>866695>7－>6<5>9529			
货物或应税劳务、服务名称	规格、型号	单位	数量	单价	金　额	税率	税　额
甲材料		千克	1 000	120.00	120 000.00	16%	19 200.00
乙材料		千克	2 000	89.00	178 000.00	16%	28 480.00
合计					￥298 000.00		￥47 680.00
价税合计（大写）	人民币叁拾肆万伍仟陆佰捌拾元整				（小写）￥345 680.00		
销货方	名　称：北京明华贸易有限责任公司 纳税人识别号：110108726548792 地址、电话：北京市海淀区天坛路 186 号 010－82256651 开户银行及账号：中国农业银行北京天坛路支行 6228480010934763669		备注	校验码 8362 3873 4639 0764 6339			

收款人：××　　复核：××　　开票人：××　　销售方：（章）

第三联：发票联购货方记账凭证账

自制的原始凭证，是指由本单位的经办人员在经济业务发生或完成时填制的、仅供本单位内部使用的原始凭证，如领料单（格式见表 6-2）等。为了便于对领料单的汇总，一般限“一料一单”，是一次凭证，通常一式三联，一联仓库留存、一联财会部门据以记账、一联供应部门保存。

表 6-2　　　　领　料　单

领料部门：一车间　　　　凭证编号：011

用途：A 产品　　20××年 10 月 8 日　　发料仓库：1 号　　单位：元

材料类别	材料编号	材料名称及规格	计量单位	数　量		金　额		备注
				请领	实领	单价	合计	
型钢	110110	ϕ30 mm 圆钢	千克	1 500	1 500	20.00	30 000.00	
备注								

仓库保管员：××　　发料人：××　　领料主管：××　　领料人：××

无论是自制的原始凭证还是外来的原始凭证，都必须是能够证明经济业务已经发生或完成的，那些不能证明经济业务已经实际发生或执行的业务，如车间派工单、经济合同、材料申购单等，只是反映预期的经济业务，这些凭证都不是原始凭证，其有关资料和数据不能作为独立的记账依据进入会计信息处理系统。

(2) 原始凭证按其填制手续和方法的不同，分为一次凭证、累计凭证和汇总原始凭证。

一次凭证，是一次记录一项经济业务或一次记录多项同时发生的同类性质的经济业务的原始凭证，如增值税发票、收料单等，这些原始凭证的填制手续都是一次完成的。

累计凭证，是指在一定时期内可以多次填制、记录不断发生的同类经济业务的原始凭证，如限额领料单(格式见表 6-3)。

表 6-3　　**限额领料单**

领料部门：一车间　　凭证编号：05

用途：A 产品　　20××年 5 月　　发料仓库：1 号　　单位：元

材料类别	材料编号	材料名称及规格	计量单位	领用限额	实际领用	单位成本	金额	备注
型钢	110110	ϕ30 mm 圆钢	千克	1 500	1 400	20.00	28 000.00	
供应部门负责人：××				生产计划部门负责人：××				
日期	领用数量				退料			限额结余
	请领	实发	领料人	发料人	数量	退料人	收料人	
2	400	400	××	××				1100
12	400	400	××	××				700
20	400	400	××	××				300
25	300	300	××	××				—0—
31					100	××	××	100

仓库负责人：××

限额领料单是制造业常用的一种原始凭证。通常，需要生产部门会同供应部门、技术部门根据有关计划共同确定一定时期的领料限额。退料时，办理假退料手续即可。限额领料单不仅是原始凭证，也是企业加强材料管理、控制材料成本的一种管理工具。

汇总原始凭证，是指将一定时期内若干记录同类性质经济业务的原始凭证经过整理汇总编制而成的一种汇总表，如发出材料汇总表(格式见表 6-4)。

发料凭证汇总表是一种自制的原始凭证，可起到简化会计核算工作的作用。一般的发料凭证汇总表没有“会计科目”一栏，本表列出“会计科目”一栏的这种格式的汇总表也可作为记账凭证使用，因此，被称为联合记账凭证。

原始凭证无论其种类有多少，凭证必须具有的基本要素或凭证必须包含的基本内容是相同的。一般来说，原始凭证包括的基本内容有：原始凭证的名称、日期、接受原始凭证的单位或个人名称、经济业务的内容摘要、经济业务涉及的数量、单价和金额、填制单位的名称、有关人员的签字或盖章。上述基本内容不得出现缺项，否则，该凭证就是无效的原始凭证。

表 6-4　　**发料凭证汇总表**

20××年 4 月 30 日　　单位：元

会计科目	领料部门	原材料	燃　料	……	合　计
基本生产成本	一车间	130 000.00	500.00	……	140 600.00
	二车间	120 000.00	400.00	……	131 000.00
	小计	250 000.00	900.00	……	271 600.00
辅助生产成本	供电车间	2 000.00			2 000.00
	供水车间	3 000.00			3 000.00
	小计	5 000.00			5 000.00
制造费用			1 000.00		1 000.00
管理费用		600.00			600.00
合　计		255 600.00	1 900.00	……	257 500.00

会计主管：××　　复核：××　　制表：××

（二）原始凭证的填制要求

原始凭证的填制是一项重要的工作，填制时必须满足下列基本要求：

（1）原始凭证反映的经济信息必须真实、客观。

（2）原始凭证的基本内容填制要完整，不得出现遗漏。

（3）原始凭证的取得或填制应及时，不得任意拖延。

（4）原始凭证的文字和大小写金额书写要规范。

（5）发现原始凭证有错误，不得任意刮擦、涂改和挖补，应按规定方法更正。对各种结算凭证，如支票等，如果填写错误，应加盖“作废”戳记，连同存根一同保存，不得撕毁，并重新填写新的正确凭证。

除了上述基本要求外，还应注意以下具体的填制要求：

（1）从外单位取得的原始凭证，必须盖有填制单位的公章；从个人取得的原始凭证，必须有填制人员的签名或者盖章。自制原始凭证必须有经办单位领导人或者其指定的人员签名或者盖章。对外开出的原始凭证，必须加盖本单位公章。

（2）购买实物的原始凭证，必须有验收证明。支付款项的原始凭证，必须有收款单位和收款人的收款证明。发生销货退回的，除填制退货发票外，还必须有退货验收证明；退款时，必须取得对方的收款收据或者汇款银行的凭证，不得以退货发票代替收据。

（3）一式几联的原始凭证，应当注明各联的用途，只能以一联作为报销凭证。一式几联的发票和收据，必须用双面复写纸（发票和收据本身具备复写纸功能的除外）套写，并连续编号。

（4）职工因公出差借款凭据，必须附在记账凭证之后。收回借款时，应当另开收据或者退还借据副本，不得退还原借款收据。

（5）经上级有关部门批准的经济业务，应当将批准文件作为原始凭证附件；如果批准文件需要单独归档的，应当在凭证上注明批准机关名称、日期和文件字号。

（6）填制的原始凭证，字迹必须清晰、工整，并符合下列要求：

① 阿拉伯数字应当一个一个地写，不得连笔。阿拉伯数字金额前面应当冠以货币币种

符号，币种符号与阿拉伯数字金额之间不得留有空白。凡阿拉伯数字前冠有币种符号的，数字后面不再写货币单位。

② 所有以元为单位的阿拉伯数字，一律填写到角分；无角分的，角位和分位可写“00”，或者符号“—”；有角无分的，分位应当写“0”，不得用符号“—”代替。

③ 汉字大写数字金额，如零、壹、贰、叁、肆、伍、陆、柒、捌、玖、拾、佰、仟、万、亿等，一律用正楷或者行书体书写，不得用0、一、二、三、四、五、六、七、八、九、十等简化字代替，不得任意自造简化字。大写金额数字到元或者角为止的，在“元”或者“角”字之后写“整”字断尾；大写金额数字到分的，“分”字后面无须写“整”字。

④ 大写金额数字前未印有货币名称的，应当加填货币名称，货币名称与金额数字之间不得留有空白。

⑤ 凡是填有大写金额和小写金额的原始凭证，大写金额与小写金额必须相符。

二、记账凭证

（一）记账凭证的基本内容和种类

记账凭证是指会计人员根据审核无误的原始凭证填制的、用以确定会计分录并作为登记账簿直接依据的会计凭证。

尽管原始凭证把各种已经发生的经济业务以特定的形式加以反映，但其提供的相关信息是零散的，不具有系统性。那些经过会计部门审核并接受了的原始凭证，只是说明会计信息系统把可以进入会计信息系统进行处理的经济数据先收集了起来，但还未通过复式簿记系统实际进行处理。为了保证复式簿记系统会计记录的准确性和系统性，必须将可以输入会计系统的初始信息以编制会计分录的形式提炼出来，并形成了合乎会计信息系统最终输出信息的雏形。因此，记账凭证是载有会计分录的一种信息载体，它通过会计分录将一般的经济业务数据转化为有待于进一步加工处理的信息，实现了从数据到信息的一次具有决定意义的转变。

根据记账凭证这种会计信息载体的内容，登记有关账簿，使输入会计信息系统的数据就被分类汇总到正处于加工的会计信息群体之中。

无论载有什么种类经济业务信息的记账凭证，都需要具备以下基本内容：

（1）凭证名称和填制日期；

（2）经济业务摘要；

（3）会计分录；

（4）记账凭证的编号；

（5）附原始凭证的张数，即附件张数；

（6）有关人员的签字或盖章。

通常，记账凭证按其用途可分为专用记账凭证、通用记账凭证和汇总记账凭证。

专用记账凭证是指专门反映某方面经济内容而使用的记账凭证，专用记账凭证又称为分类记账凭证。根据经济业务是否与款项收付有关，把专用记账凭证分为收款凭证、付款凭证和转账凭证三类。收款凭证是专门记录与现金或银行存款收款有关业务的记账凭证；付款凭证是专门记录与现金或银行存款付款有关业务的记账凭证；转账凭证是专门记录与现金或银行存款没有收付关系的转账业务的记账凭证。

通用记账凭证是可以记载所有类型经济业务的记账凭证。

汇总记账凭证是为了简化会计核算而根据通用记账凭证或专用记账凭证进行汇总形成的记账凭证。根据汇总方式的不同，分为分类汇总的记账凭证和综合汇总的记账凭证，如汇总收款凭证、汇总付款凭证、汇总转账凭证、会计科目（或记账凭证）汇总表等。

这些记账凭证的格式，我们可参见后面内容涉及的表 6-5～表 6-12。至于日常会计信息处理究竟采用专用凭证还是采用通用凭证，采用会计科目汇总表还是采用汇总记账凭证，企业完全可以根据本企业的业务特点和会计信息处理系统的需要而定。

（二）记账凭证的填制要求

记账凭证的填制，无论是在手工会计信息处理形式还是电子计算机会计信息处理形式下，都是非常重要的一种专门会计核算方法。因此，会计信息处理系统对记账凭证的填制有着比较严格的要求。记账凭证的基本要求是：

(1) 记账凭证的基本内容必须填制完整，会计分录要正确。以自制的原始凭证汇总表代替记账凭证的，也必须具备记账凭证应有的基本内容项目。

(2) 记账凭证必须进行连续编号，以便查考，避免凭证散失。在进行编号时，一般以一个结账期为号码的起讫期，如果企业每月结账一次，则每个月份都应分别从 1 号编起。企业采用通用格式的记账凭证时，按凭证编制的先后顺序连续编号即可；企业采用收、付、转三种专用记账凭证时，应按"收字第×号""付字第×号""转字第×号"三类编号法分别按相应业务的先后顺序各自独立连续编号。发生现金、银行存款收付业务比较多的企业，还可采用"现收字第×号""银收字第×号""现付字第×号""银付字第×号""转字第×号"五类编号法分别按相应业务的先后顺序各自独立连续编号。如果一笔经济业务需要填制两张以上记账凭证的，可以采用分数编号法编号，如"转字 $11\frac{1}{2}$""转字 $11\frac{2}{2}$"等。凭证编了号，便于装订保管，也便于登记账簿。

(3) 记账凭证可以根据每一张原始凭证填制，或者根据若干张同类原始凭证汇总填制，也可以根据原始凭证汇总表填制。但不得将不同内容和类别的原始凭证汇总填制在一张记账凭证上。

(4) 附件一定要注明张数。记账凭证后所附原始凭证是填制记账凭证的依据，除结账和更正错误的记账凭证可以不附原始凭证外，其他记账凭证必须附有原始凭证。如果一张原始凭证涉及几张记账凭证，可以把原始凭证附在一张主要的记账凭证后面，并在其他记账凭证上注明附有该原始凭证的记账凭证的编号或者附原始凭证复印件。一张原始凭证所列支出需要几个单位共同负担的，应当将其他单位负担的部分开给对方"原始凭证分割单"进行结算。原始凭证分割单必须具备原始凭证的基本内容：凭证名称、填制凭证日期、填制凭证单位名称或者填制人姓名、经办人的签名或者盖章、接受凭证单位名称及经济业务内容、数量、单价、金额和费用分摊情况等。

(5) 记账凭证填制完经济业务事项后，如有空行，应当自金额栏最后一笔金额数字下的空行处至合计数上的空行处划线注销。

(6) 如果在填制记账凭证时发生错误，应当按照规定的方法重新填制。

（三）记账凭证的填制方法

1. 专用记账凭证的填制

(1) 收款凭证的填制

收款凭证是根据与现金和银行存款收款有关的原始凭证填制的。收款凭证左上角的“借方科目”称为收款凭证的主体科目,根据原始凭证的内容确定填入“现金”或“银行存款”字样。

【例 6-1】 6 月 6 日,华纳公司收回东方公司的前欠货款 175 500 元,支票已存入银行。

填制的收款凭证见表 6-5。记账凭证中的“过账备注”栏,可以注明根据该凭证记入账簿中的页码或以“√”表示已经过账;“附件张数”就是填制该记账凭证所依据的原始凭证张数。

表 6-5 收 款 凭 证

借方科目:银行存款　　20××年 6 月 6 日　　银收字第 04 号

摘要	贷方科目		金额										过账备注
	总账科目	明细科目	千	百	十	万	千	百	十	元	角	分	
收回货款	应收账款	东方公司		¥	1	7	5	5	0	0	0	0	√
合计				¥	1	7	5	5	0	0	0	0	√

附件 1 张

会计主管:××　　记账:××　　出纳:××　　稽核:××　　制单:××

(2) 付款凭证的填制

付款凭证是根据与现金和银行存款收款有关的原始凭证填制的。付款凭证左上角的“贷方科目”称为付款凭证的主体科目,根据原始凭证的内容确定填入“现金”或“银行存款”字样。

【例 6-2】 6 月 10 日,华纳公司从银行提取现金 5 000 元备用。

填制的付款凭证见表 6-6。

表 6-6 付 款 凭 证

贷方科目:银行存款　　20××年 6 月 10 日　　银付字第 03 号

摘要	借方科目		金额										过账备注
	总账科目	明细科目	千	百	十	万	千	百	十	元	角	分	
从银行提现金	现金					¥	5	0	0	0	0	0	√
合计						¥	5	0	0	0	0	0	√

附件 1 张

会计主管:××　　记账:××　　出纳:××　　稽核:××　　制单:××

在这里需要特别注意的是,对于现金与银行划转业务,如从银行提取现金或将现金送存银行,通常只编制一张付款凭证,不编制收款凭证,以避免重复记账。

另外,出纳员根据收、付款记账凭证收付款后,出纳员除了签名或盖章之外,还应在收款凭证上加盖“收讫”戳记,在付款凭证上加盖“付讫”戳记,以免重收或重复。

(3) 转账凭证的填制

转账凭证是根据转账业务的原始凭证填制的。在转账凭证的"会计科目"栏中,一般是按照"先借方科目、后贷方科目"的顺序,将会计分录中的会计科目列示出来,通过借方金额和贷方金额的填写,表示出会计科目的应借、应贷方向。

【例 6-3】 6 月 13 日,华纳公司的张伟出差回来报销差旅费 1 800 元。

填制的转账凭证见表 6-7。

表 6-7　　转　账　凭　证

20××年 6 月 13 日　　转字第 06 号

摘要	会计科目		金额		过账备注	
	总账科目	明细科目	借　方	贷　方		
张伟出差报账	管理费用	差旅费	¥1 800.00		√	附
	其他应收款	张伟		¥1 800.00	√	件
						3
						张
合计			¥1 800.00	¥1 800.00		

会计主管:××　记账:××　出纳:(无须签字)　稽核:××　制单:××

2. 通用记账凭证的填制

通用记账凭证是根据所有经济业务的原始凭证填制的。在通用记账凭证的"会计科目"栏中,一般是按照"先借方科目、后贷方科目"的顺序,将会计分录中的会计科目列示出来,通过借方金额和贷方金额的填写,表示出会计科目的应借、应贷方向。

【例 6-4】 6 月 14 日,华纳公司的李娜出差回来报销差旅费 1 900 元,出差的余款 200 元退回财会部门。

填制的通用记账凭证见表 6-8。

表 6-8　　记　账　凭　证

20××年 6 月 14 日　　第 12 号

摘要	会计科目		金额		过账备注	
	总账科目	明细科目	借　方	贷　方		
李娜出差报账	现金		¥200.00		√	附
	管理费用	差旅费	¥1 900.00		√	件
	其他应收款	李娜		¥2 100.00	√	3
						张
合计			¥2 100.00	¥2 100.00		

会计主管:××　记账:××　出纳:××　稽核:××　制单:××

3. 分类汇总记账凭证的编制

(1) 汇总收款凭证的编制

汇总收款凭证是根据汇总期内的收款凭证汇总填制的一种汇总凭证。

汇总收款凭证编制时，是按照现金或银行存款科目的借方分别设置汇总收款凭证，并按照一定时间的现金或银行存款的收款凭证，分别按现金或银行存款科目所对应的贷方科目加以归类汇总，一般五天或十天汇总填列一次，每月编制一张，月终结算出汇总收款凭证的合计数，据以登记总分类账。华纳公司10月份编制的现金汇总收款凭证列示见表6-9。

表 6-9 付款凭证

借方科目：现金　　20××年10月　　汇收第×号

贷方科目	上旬	中旬	下旬	合计	记账	
银行存款	110 000.00			110 000.00		√
其他应收款	700.00			700.00		√
其他业务收入		200.00		200.00		√
合计	110 700.00	200.00	—0—	110 900.00	√	
附件（张）	3张	1张	无		借方	贷方

财务主管：××　　记账：××　　审核：××　　制单：××

(2) 汇总付款凭证的编制

汇总付款凭证是根据汇总期内的付款凭证汇总填制的一种汇总凭证。

汇总付款凭证编制时，是按照现金或银行存款科目的贷方分别设置汇总付款凭证，并按照一定时间的现金或银行存款的付款凭证，分别按现金或银行存款科目所对应的借方科目加以归类汇总，一般五天或十天汇总填列一次，每月编制一张，月终结算出汇总付款凭证的合计数，据以登记总分类账。

华纳公司10月份编制的银行存款汇总付款凭证列示见表6-10。

表 6-10 汇总付款凭证

贷方科目：银行存款　　20××年10月　　汇付第×号

借方科目	上旬	中旬	下旬	合计	记账	
现金	110 000.00			110 000.00	√	
原材料	130 000.00			130 000.00	√	
固定资产	50 000.00			50 000.00	√	
应交税费	22 100.00			22 100.00	√	
短期借款		500 000.00		500 000.00	√	
生产成本		7 000.00		7 000.00	√	
制造费用		2 000.00		2 000.00	√	
销售费用	1 000.00	5 000.00	2 000.00	8 000.00	√	

续表 6-10

借方科目	上　旬	中　旬	下　旬	合　计	记　账	
管理费用	1 000.00	1 000.00	1 000.00	3 000.00	√	
合　　计	314 100.00	515 000.00	3 000.00	832 100.00		√
附件(张)	10 张	8 张	3 张		借方	贷方

财务主管:××　　　　记账:××　　　　审核:××　　　　制单:××

(3) 汇总转账凭证的编制

汇总转账凭证是根据汇总期内的转账凭证汇总填制的一种汇总凭证。

汇总转账凭证编制时,是按照一定时间内的全部转账凭证,按每一个贷方科目分别设置,将与该贷方科目所对应的借方科目加以归类汇总,一般五天或十天汇总填列一次,每月编制一张,月终结算出汇总转账凭证的合计数,据以登记有关总分类账的借方和贷方。

华纳公司 10 月份编制的原材料汇总转账凭证列示见表 6-11。

表 6-11　　　　　　　　**汇总转账凭证**

贷方科目:原材料　　　　20××年 10 月　　　　汇转第×号

借方科目	上　旬	中　旬	下　旬	合　计	记　账	
生产成本	110 000.00	170 000.00		280 000.00	√	
制造费用		2 000.00		2 000.00	√	
销售费用	1 000.00	5 000.00	2 000.00	8 000.00	√	
管理费用	1 000.00	1 000.00	1 000.00	3 000.00	√	
合　　计	112 000.00	178 000.00	3 000.00	293 000.00		√
附件(张)	7 张	9 张	3 张		借方	贷方

财务主管:××　　　　记账:××　　　　审核:××　　　　制单:××

由于汇总转账凭证是以一个贷方科目与一个或几个借方科目相对应编制的,因此,编制汇总转账凭证的情况下,要求填制转账凭证时应注意所有转账凭证中的科目对应关系,只能按一个贷方科目与一个借方科目相对应,即只能填制一借一贷转账凭证,否则,就不能形成以贷方科目为主进行转账凭证的汇总。

另外,如果企业的转账业务不是很多,可以直接根据转账凭证登记总账,不必编制汇总转账凭证,因为编制汇总转账凭证反而会增加会计核算工作量。此时,企业可以只编制汇总收款凭证和汇总付款凭证即可。上述记账凭证的填制是在手工会计核算形式下,更多的企业采用收、付、转三种记账凭证,以区分不同的会计事项并便于准确汇总,因此,编制汇总记账凭证时,通常编制汇总收款凭证、汇总付款凭证和汇总转账凭证;而在会计电算化的会计信息处理方式下,由于计算机的运算速度快,结果准确,企业使用一种通用的记账凭证并编制会计科目(或记账凭证)汇总表就可以了。会计电算化下,常见的统一的记账凭证格式见表 6-12。

4. 会计科目(或记账凭证)汇总表的编制

会计科目汇总表是根据非汇总性的记账凭证(通用、专用的记账凭证)定期整理、汇总各账户的借方发生额、贷方发生额,并据以登记总账的一种汇总性记账凭证。

表 6-12　　会计电算化下记账凭证的格式

日常账务系统

记　账　凭　证

附件　1　张　　20××年2月25日　　编号：12　1/1

摘要：张三提现				
总账科目	二级科目	三级科目	借方金额	贷方金额
现金　1001			100 000.00	
银行存款　1002	中行888--88			100 000.00
合　　计			100 000.00	100 000.00

主管：××　复核：××　制单：××　出纳：××　记账：××

编制会计科目汇总表的具体做法一般有三个步骤：

第一，将汇总期内各项经济业务所涉及的会计科目填在会计科目表的会计科目名称栏内。通常，为了节省这一栏的填制时间，可将使用的全部总分类会计科目事先印制在会计科目汇总表上，其排列顺序与总分类账簿中的账户排列顺序一致，以便登记。

第二，汇总计算每一个会计科目的借方本期发生额和贷方本期发生额。

第三，将其汇总金额填入会计科目汇总表相应科目的借方和贷方栏内。按会计科目汇总后，应加计借方、贷方发生额合计数，进行发生额的试算平衡。

表 6-13 列示了华纳公司 5 月 1 日至 10 日的会计科目汇总情况。

需要特别说明的是：(1) 为了便于汇总，通用记账凭证或专用记账凭证只能编制简单会计分录；(2) 会计科目汇总表的汇总间隔时间可根据实际确定，但一般不应超过 10 天。

三、凭证的审核与保管

(一) 会计凭证的审核

凭证审核是会计核算工作极为重要的一环，这一点无论是手工会计信息处理方式下还是电算化会计信息处理方式下，都是一样的。所谓会计凭证的审核，是会计人员按照会计制度、会计记账规则等对有关凭证的审查复核工作。具体包括以下两个方面：

1. 原始凭证的审核

前面我们讲过，原始凭证载有的信息还只是含有会计信息的原始数据，必须经过确认，才能进入会计信息系统进行加工处理，因此，必须对原始凭证载有的数据从形式上和实质上进行审查和确认，才能据以编制记账凭证。

原始凭证形式上的审核，主要审核原始凭证的填制是否符合填制的要求，尤其是对经济业务是否真实、数据是否准确和签字手续是否履行等方面进行重点审查；原始凭证实质上的审核，主要是审查经济业务是否符合法律、法规和本企业的财务制度、预算和计划等。会计信息系统所具有的监督或控制作用，主要体现在原始凭证的审查上。通过原始凭证的审查，确保进入会计信息系统的有关资料和数据的合法、合规和合理，从而为提供高质量的会计信息打下基础。

表 6-13

会计科目汇总表

20××年 5 月 1 日～10 日

会计科目名称	记账	本期发生额		记张凭证起讫号数
		借　方	贷　方	
现金	√	110 700.00	80 000.00	(1) 现金收款凭证第×号到第×号
银行存款	√	1 950 000.00	312 100.00	(2) 现金付款凭证第×号到第×号
应收账款	√	450 000.00	450 000.00	(3) 银行存款收款凭证第×号到第×号
其他应收款	√	——	1 300.00	(4) 银行存款付款凭证第×号到第×号
原材料	√	130 000.00	——	(5) 转账凭证第×号到第×号
固定资产	√	50 000.00	——	
短期借款	√	——	500 000.00	
应付账款	√	——	130 000.00	
应交税费	√	22 100.00	65 384.62	
应付职工薪酬	√	80 000.00	80 000.00	
应付利息	√	——	60 000.00	
实收资本	√	——	1 100 000.00	
生产成本	√	60 000.00	——	
制造费用	√	60 000.00	——	
主营业务成本	√	230 000.00	——	
销售费用	√	10 000.00	——	
管理费用	√	10 600.00	——	
主营业务收入	√	——	384 615.38	
合　　计		3 163 400.00	3 163 400.00	

财务主管：××　　记账：××　　审核：××　　制单：××

2. 记账凭证的审核

记账凭证是登记账簿的直接依据，只有经过审核无误的记账凭证才能据以记入账簿系统，因此，对记账凭证的审核主要体现在两个方面：一是凭证中的会计分录是否正确；二是记账凭证格式中有关项目的填列是否完备并和原始凭证相符。

需要注意的是，实行会计电算化的单位，对于机制记账凭证，要采用清单校对法或屏幕校对法进行认真审核，并且要求制单人员和审核人员一定不能是同一人担任，确保做到会计科目使用正确，数字准确无误。对打印出的机制记账凭证，一定要加盖制单人员、审核人员、记账人员及会计机构负责人、会计主管人员印章或者签字。

(二) 会计凭证的传递

会计凭证的传递，是指会计凭证从取得或填制到归档保管的整个过程中，在本单位内部各有关部门和各有关人员之间的传递程序和传递时间。会计凭证传递程序是指凭证传递的环节、凭证的份数和传递的次序。各单位会计凭证的传递程序应当科学、合理，具体办法由各单位根据会计业务需要自行规定。一般来说，经济业务过程简单，凭证的传递程序也简单，经济业务过程复杂，凭证的传递程序也复杂。例如，从外单位购入材料的业务，其需要的会计凭证传递程序要比车间领用材料业务的会计凭证传递程序显然要复杂。会计凭证传递时间是指会计凭证在各个环节的停留时间。会计凭证应当及时传递，不得积压。

(三) 会计凭证的保管

会计凭证是重要的会计档案，会计机构、会计人员应妥善保管会计凭证。在对会计凭证进行保管时，应注意以下具体问题：

(1) 会计凭证登记完毕后，应当按照分类和编号顺序保管，不得散乱丢失。

(2) 记账凭证应当连同所附的原始凭证或者原始凭证汇总表，按照编号顺序，折叠整齐，按期装订成册，并加具封面，注明单位名称、年度、月份和起讫日期、凭证种类、起讫号码，由装订人在装订线封签外签名或者盖章。对于数量过多的原始凭证，可以单独装订保管，在封面上注明记账凭证日期、编号、种类，同时在记账凭证上注明“附件另订”和原始凭证名称及编号。各种经济合同、存出保证金收据以及涉外文件等重要原始凭证，应当另编目录，单独登记保管，并在有关的记账凭证和原始凭证上相互注明日期和编号。

(3) 原始凭证不得外借，其他单位如因特殊原因需要使用原始凭证时，经本单位会计机构负责人、会计主管人员批准，可以复制。向外单位提供的原始凭证复制件，应当在专设的登记簿上登记，并由提供人员和收取人员共同签名或者盖章。

(4) 从外单位取得的原始凭证如有遗失，应当取得原开出单位盖有公章的证明，并注明原来凭证的号码、金额和内容等，由经办单位会计机构负责人、会计主管人员和单位领导人批准后，才能代作原始凭证。如果确实无法取得证明的，如火车、轮船、飞机票等凭证，由当事人写明详细情况，由经办单位会计机构负责人、会计主管人员和单位领导人批准后，代作原始凭证。

(5) 会计电算化下，对打印出的机制记账凭证与磁介质中备份的凭证文件一起，也要存档保管。

(6) 各种会计凭证的保管期限最低为30年。

第二节　会计账簿

一、账簿及其种类

(一) 账簿的含义

账簿是由具有一定格式、根据记账凭证进行登记、用以记录经济业务增减变化的账页所组成的簿籍。

会计凭证、账簿和会计报告都是会计信息的载体，会计信息通过会计凭证和会计账簿的记录而生成，同时，又通过会计报告而输出。在日常的会计信息处理过程中，已经形成了载有会计信息的大量记账凭证，但是，这些记账凭证所反映的会计信息是分散的，不能分门别类地提供企业一定时期全部经济业务的全貌，因此，在形成了记账凭证上的初步会计信息之后，还需对之进行归类记录到账簿中，使之能形成比较全面的会计信息。

另外，企业通过会计账簿的记录，能够加强财产物资的管理，可以及时反映财产物资的增减变化情况，以便管理层做出比较客观的管理决策；而且，会计报告当中的报出项目和内容大部分与会计账簿的直接记录有关，因此，账簿记录也成为编制会计报告的主要依据。

（二）账簿的种类

实际工作中使用的账簿，按照不同标准划分为不同种类。

1. 按照账簿的用途分为序时账簿、分类账簿和辅助账簿（或备查账簿）

序时账簿是按照经济业务发生的前后顺序逐日逐笔地进行记录的账簿。序时账簿按照反映经济业务的多少又分为普通日记账和特种日记账。普通日记账是将所有经济业务都进行序时登记，在这种日记账中编制会计分录，然后据以登记总账，因此，这种普通日记账又称为分录簿，西方国家较常使用，我国一般不用。特种日记账是仅仅对某一特定种类经济业务进行序时登记，以便详细了解其业务的增减变化情况。当前，所有企业对库存现金和银行存款都设置特种日记账，专门反映库存现金的增减变化和银行存款的增减变化。也有的企业根据业务需要还设置销货日记账、购货日记账等。

分类账簿是按照经济业务的类别进行记录的账簿。分类账簿按照反映经济业务的详细程度又分为总分类账和明细分类账。总分类账综括记录某类经济业务的增减变化，而明细分类账进行详细地记录。

辅助账簿又称为备查账，是记录不能够在序时账和分类账进行反映的业务。企业常用的备查账一般有租入（或租出）固定资产备查账、商业汇票备查账等。

2. 按照账簿的外表形式分为订本式账簿、活页式账簿和卡片式账簿

订本式账簿是将固定的账页在使用之前已经装订成册的账簿。订本式账簿便于账页的保管，账页不容易被抽换；但不便于根据经济业务的需要随时添减账页，不便于分工记账。订本式账簿一般用于比较重要的业务登记。现金日记账和银行存款日记账必须采用订本式账簿，不得用银行对账单或者其他方法代替日记账。

活页式账簿是由若干分散的账页组成的账簿。活页式账簿便于企业根据经济业务的需要随时添减账页，也便于分工记账；但账页容易散失和被抽换。因此，各种明细分类账一般采用活页式账簿形式。

卡片式账簿是由若干分散的硬纸卡片组成的账簿。卡片式账簿的优缺点与活页式账簿基本相同，但一般用于不需经常更换的资产的记录。目前，较多企业使用固定资产卡片账，用于固定资产的明细记录。

二、账簿的设置与登记

（一）日记账的设置与登记

由于我国一般不使用普通日记账，因此，我们只介绍库存现金和银行存款日记账的设置和登记。

库存现金和银行存款日记账可以设置三栏式和多栏式的格式。

库存现金日记账和银行存款日记账是由出纳员登记，并要求日清月结。即每日登记完毕后，应加计当日收入、付出合计数及余额；每月月末还应加计当月收入、付出合计数及余额。日清月结，可便于库存现金日记账及时与库存现金实有数额进行核对，银行存款日记账及时与银行送来的对账单进行核对。

三栏式日记账的格式及登记比较简单，根据现金或银行存款的收付款凭证，相应地在库存现金日记账或银行存款日记账中进行序时登记，并随时结出余额。三栏式日记账的格式及登记可参见表 6-14 和表 6-15。

表 6-14　　现金日记账(三栏式)　　单位:元

20××年		凭证		摘要	对方科目	收入	支出	余额
月	日	字	号					
6	1			期初余额				15 000.00
	1	银付	1	提现备用	银行存款	5 000.00		20 000.00
	1	现付	1	张伟借差旅费	其他应收款		2 000.00	18 000.00
				本日小计		5 000.00	2 000.00	18 000.00
	8	现付	2	付甲材料运杂费	物资采购		500.00	17 500.00
	18	银付	5	提现备发工资	银行存款	75 000.00		92 500.00
	21	现付	3	发放工资	应付工资		75 000.00	17 500.00
	23	现收	1	张伟报销退款	其他应收款	200.00		17 700.00
	29	现收	2	收固定资产租金	其他业务收入	16 000.00		33 700.00
	30			本月合计		96 200.00	77 500.00	33 700.00

表 6-15　　银行存款日记账(三栏式)　　单位:元

20××年		凭证		摘要	结算凭证		收入	支付	余额
月	日	字	号		种类	编号			
6	1			期初余额					250 000.00
	1	银付	1	提现备用				5 000.00	245 000.00
	6	银收	1	收回东方公司欠款	委托收款	022	175 500.00		420 500.00
	7	银付	2	交纳税金	转账支票	123		45 150.00	375 350.00
	7	银付	3	支付购甲材料款	转账支票	124		117 000.00	258 350.00
				本日小计			——	162 150.00	258 350.00
	9	银收	2	收到销货款	转账支票	034	87 750.00		346 100.00
	10	银付	4	支付产品宣传费	现金支票	015		30 000.00	316 100.00
	11	银付	5	提现备发工资				75 000.00	241 100.00
	16	银付	6	支付前欠货款				234 000.00	7 100.00
	23	银收	3	收到银行贷款			40 000.00		47 100.00
	25	现付	5	存入现金			3 000.00		50 100.00
	30	银付	7	支付本月电费	转账支票	125		4 680.00	45 420.00
	31	银收	4	收到债券利息			100 000.00		145 420.00
	30			本月合计			406 250.00	510 830.00	145 420.00

三栏式日记账的优点是格式及登记简单,便于理解,能清楚地反映现金、银行存款收付的来龙去脉,因此被广泛地使用。

多栏式日记账与三栏式日记账的不同点在于,多栏式日记账中的收入栏和支出栏,都分别按照常用的对应账户设置了专栏,详细地反映收入来源和支出去向。根据现金或银行存款的收付款凭证,相应地在库存现金日记账或银行存款日记账中进行序时登记;各项业务登记完毕后,均应计算出收入合计数和支出合计数,并结出库存现金或银行存款余额;期末,计算出各个专栏的本期发生额合计及本期库存现金或银行存款收入、支出合计数,结出库存现金、银行存款期末余额。期末，根据专栏中的对应账户的合计数分别过入相应的总分类账户中；但为了避免重复登记库存现金和银行存款总账，库存现金日记账中的银行存款栏目合计金额就不再过入银行存款总账，银行存款日记账中的现金栏目合计金额也不再过入库存现金总账。多栏式日记账的格式及登记可参见表6-16（以多栏式现金日记账为例）。

表6-16　　**现金日记账（多栏式）**　　单位：元

20××年		凭证		摘要	贷方科目		现金收入合计	借方科目			现金支出合计	余额
月	日	字	号		银行存款	其他业务收入		银行存款	应付职工薪酬	管理费用		
7	1			期初余额								10 000.00
	2	略	略	提现	30 000.00		30 000.00					40 000.00
	2			购买办公用品						500.00	500.00	39 500.00
	2			收到包装物租金		2 000.00	2 000.00					41 500.00
				本日小计	30 000.00	2 000.00	32 000.00			500.00	500.00	41 500.00
	4			现金存入银行				10 000.00			10 000.00	31 500.00
	31			本月合计	120 000.00	6 000.00	126 000.00	60 000.00	9 000.00	1 500.00	70 500.00	65 500.00
				过总账页码	——	第27页	第4页	——	第24页	第39页	第4页	第4页

单位：元

多栏式日记账的优点是既可以反映每笔库存现金或银行存款收入、支出业务的来龙去脉，又通过专栏的设置，反映出相同业务在一定时期内的全貌。另外，期末根据各个专栏发生额的合计数，一次性地过入各个相应账户的总账，减少了登记总账的工作量。但多栏式账页中设置的专栏较多时，会造成账页过长，不便于账页登记和保管。因此，多栏式日记账适用于现金或银行存款发生频繁且收入、支出项目比较固定的单位。

实行会计电算化的单位，通常使用三栏式的日记账，一般不使用多栏式日记账。对发生库存现金或银行存款收款和付款业务的，在输入收款凭证和付款凭证的当天，必须打印出库存现金日记账和银行存款日记账，并与库存现金实有数核对无误。

（二）总分类账的设置与登记

总分类账是按照各个总分类账户进行分户登记，提供资产、负债、所有者权益、收入、费用和利润的综括信息，因此，每一个单位都应设置总分类账。总分类账提供的仅仅是货币指标信息，账簿采用借、贷、余三栏式的订本账或活页账即可满足需要。在总分类账中，应按照会计科目的编码顺序分设账户，并为每个账户预留一定数量的账页。企业可以根据每张记账凭证逐笔进行登记，也可以根据汇总记账凭证或会计科目汇总表进行登记，这取决于企业采用的会计核算程序。在依据记账凭证登记总分类账的会计核算程序下，总分类账的格式及登记详见表6-17（以在途物资账户为例）。

表 6-17

总分类账

科目名称：在途物资　　　　单位：元

20××年		凭证号码	摘　要	借　方	贷　方	借或贷	余　额
月	日						
12	5	略	向中亚公司采购甲、乙材料并付运费	257 700.00		借	257 700.00
	7	略	向宏运公司采购甲材料	255 000.00		借	512 700.00
	7	略	向宏运公司支付运杂费	3 300.00		借	516 000.00
	12	略	向中达公司采购乙材料并支付运杂费	96 350.00		借	612 350.00
	31	略	材料入库结转成本		612 350.00	平	——

（三）各种明细账的设置与登记

明细分类账是对总分类账的必要补充，提供比较详细的会计信息。不同类型经济业务的明细分类账，可根据管理需要，依据记账凭证、原始凭证或汇总原始凭证逐日逐笔或定期汇总登记。固定资产、债权、债务等明细账应逐日逐笔登记；库存商品、原材料、产成品收发明细账以及收入、费用明细账可以逐笔登记，也可定期汇总登记。

明细分类账的登记，通常有三种方法：一是根据原始凭证直接登记明细账；二是根据汇总原始凭证登记明细分类账；三是根据记账凭证登记明细分类账。明细分类账一般应于会计期末结算出当期发生额及期末余额。

实际工作中，根据明细分类账反映的经济业务内容和特性，对明细账的设置一般采用三种格式：三栏式、数量金额式和多栏式。

1. 三栏式明细账

三栏式的明细账格式与三栏式总账的格式相同，即在账页中只设借方、贷方和余额三个主要金额栏，不设置数量栏。这种格式的明细账，主要适用于只需反映货币金额增减变动的账户，如债权、债务账户、资本账户等。三栏式明细账的格式及登记参见表 6-18（以应收账款账户为例）。

表 6-18

应收账款明细账

明细科目：中亚公司　　　　单位：元

20××年		凭　证		摘　要	借　方	贷　方	借或贷	余　额
月	日	字	号					
7	1			期初余额			借	55 000.00
	3	转账	1	销售 A 产品	50 000.00		借	105 000.00
	12	转账	3	销售 B 产品	24 000.00		借	129 000.00
	25	银收	4	收回欠款		100 000.00	借	29 000.00
	31			本月发生额及余额	74 000.00	100 000.00	借	29 000.00

2. 数量单价金额式明细账

数量单价金额式明细账，是在账页中的收入、发出、结存三大栏内又设置数量、单价和金额三小栏，以进行实物资产金额和数量的明细核算。这种格式的明细账，主要适用于既需反映货币金额指标，也需反映实物数量指标的账户，如原材料、周转材料、库存商品等账户。数量单价金额式明细账的格式及其登记可参见表 6-19(以原材料账户为例)。

表 6-19　　**原材料明细账**

明细科目：甲材料　　计量单位：元/千克

20××年		凭证		摘　要	收　入			发　出			结　余		
月	日	字	号		数量	单价	金额	数量	单价	金额	数量	单价	金　额
1	1			期初余额							10 000	26.00	260 000.00
	4	转	1	购进	5 000	26.00	130 000.00				15 000	26.00	390 000.00
	16	转	4	生产领用				8 000	26.00	208 000.00	7 000	26.00	182 000.00
	31			合　计	5 000	26.00	130 000.00	10 000	26.00	260 000.00	5 000	26.00	130 000.00

3. 多栏式明细账

多栏式明细账通常根据经济业务的需要，对属于同一个一级账户或二级账户下的明细账户分别反映的项目，集中在一张账页上设置专栏进行登记，以便集中提供同类一组的有关明细项目的详细资料。这种明细账主要适用于只记金额，不记数量，而且在管理上需要了解其构成内容的成本、费用、收入(益)、利润等账户的明细核算。

实际工作中，多栏式明细账的格式有两种：一种是适用于物资采购、生产成本等需要确定成本构成项目账户的多栏式明细账，其结构与登记参见表 6-20(以在途物资明细账为例)；另一种是适用于费用、收入、利润等账户的多栏合计式明细账，如本年利润、主营收入、其他业务收入、制造费用、管理费用、销售费用、财务费用等，其结构与登记参见表 6-21 和表 6-22(以主营业务收入明细账和财务费用明细账为例)。

表 6-20　　**明细账(多栏式)**

科目名称：在途物资　　单位：千元

20××年		凭证号码	摘　要	借　方			贷　方	余　额
月	日			买　价	采购费用	合　计		
12	5	付字 1 号	向中亚公司采购 150 吨	1 350.00		1 350.00		1 350.00
	5	付字 2 号	向中亚公司支付运杂费		15.00	15.00		1 365.00
	12	转字 1 号	向中达公司采购 100 吨	950.00		950.00		2 315.00
	31	转字 6 号	材料入库结转成本				2 315.00	—0—

表 6-21 **明细账(多栏合计式)**

科目名称：主营业务收入 单位：千元

20××年		凭证号码	摘 要	(贷)方金额分析				(借)方	余额
月	日			甲产品	乙产品	丙产品	合计		
12	5	收字 7 号	销售甲产品	80 000.00			80 000.00		80 000.00
	5	转字 3 号	销乙丙产品		74 000.00	12 000.00	86 000.00		166 000.00
	12	收字 10 号	销售甲产品	30 000.00			30 000.00		196 000.00
	31	转字 21 号	期末结转					196 000.00	—0—

表 6-22 **财务费用明细账(多栏合计式)**

单位：千元

20××年		凭 证		摘 要	手续费用	证券印刷费	证券发行费	利息费用	合 计
月	日	字	号						
4	2	付	04	支付贷款手续费	7 000.00				7 000.00
	4	收	06	收到上季度利息				2 000.00	5 000.00
	30			结转本年利润账户	7 000.00	2 000.00	8 000.00	2 000.00	15 000.00

说明：××代表红字金额。

表 6-20 这种多栏式明细账，可以只按借方发生额设置专栏，反映成本的构成项目，平时一般都是单方面登记，贷方发生额只是用于结转额的登记。

表 6-21 这种多栏式明细账，对于只设有贷方的多栏式明细分类账，平时在贷方登记主营业务收入、其他业务收入等收入类明细账户的发生额，借方登记月末将贷方发生额一次转出的数额，所以平时如果发生借方发生额，应该用红字在多栏式账页的贷方栏中登记表示冲减。

同样，对于只设有借方的多栏式明细分类账，平时在借方登记主营业务成本、其他业务成本等账户的发生额，贷方登记月末将借方发生额一次转出的数额，所以平时如果发生贷方发生额，应该用红字在多栏式账页的借方栏中登记表示冲减。

表 6-21 这种多栏式明细账格式，比较适用于发生费用项目较多的制造费用、管理费用、销售费用等明细账的核算，其特点是对账户核算的内容列示出进一步分类的项目，倘若遇有冲减费用或期末分配结转等情况时，可以在明细账中用红字金额进行登记。

（四）总账与明细账的平行登记

由于总分类账和明细分类账二者反映的经济内容相同，总分类账控制、统驭明细分类账；明细分类账对总分类账起补充作用。因此，实际工作中，对总分类账和明细分类账采用平行登记的方法。所谓平行登记，是指在经济业务发生后，一方面登记有关总分类账户，另一方面登记所属明细分类账户的会计处理方法。平行登记的要点为：

(1) 双方登记的时期相同。即在经济业务发生之后应在同一个会计期间对总账和明细账进行登记。

(2) 双方登记内容相同。即总账和明细账登记反映的是同一经济业务。

（3）双方登记方向相同。即总账登记反映增加，明细账也应登记反映增加；总账登记反映减少，明细账也登记反映减少。在这里，“登记方向相同”强调的是金额增减变动方向相同。

（4）双方登记金额相等。即登记到总账的金额与登记到其所属的明细账的金额合计数相等。

三、对账、结账和更正错账

（一）对账

对账，就是核对账目，一般是在会计期末，对会计账簿记录的有关数字与库存实物、货币资金、有价证券、往来单位或者个人等进行相互核对，以确定会计处理的正确性，确保会计信息的质量。对账工作每年至少进行一次。对账的内容一般包括以下几个方面：

（1）账证核对：核对会计账簿记录与原始凭证、记账凭证的时间、凭证字号、内容、金额是否一致，记账方向是否相符。

（2）账账核对：核对不同会计账簿之间的账簿记录是否相符，包括总账有关账户的余额核对、总账与明细账核对、总账与日记账核对、会计部门的财产物资明细账与财产物资保管和使用部门的有关明细账核对等。

（3）账实核对：核对会计账簿记录与财产等实有数额是否相符，包括现金日记账账面余额与现金实际库存数相核对，银行存款日记账账面余额定期与银行对账单相核对，各种财物明细账账面余额与财物实存数额相核对，各种应收、应付款明细账账面余额与有关债务、债权单位或者个人核对等。

（4）账表核对：核对会计账簿记录与会计报表的相关指标是否相符，保证会计报表项目反映的会计信息的正确性。

（二）结账

所谓结账，是指会计期间结束时对账簿记录的总结工作。结账是一个过程，包括以下工作程序：

（1）结账前，必须将本期内所发生的各项经济业务全部登记入账。

（2）结账时，应当结出每个账户的期末余额。不需要结出当月发生额的账户，最后一笔业务的余额即为月末余额；可在最后一笔业务下，划通栏单红线完成结账。划红线是为了表示本期业务记录结束，并将本期业务与下期业务的记录明显区分开来。需要结出当月发生额的账户，应当在最后一笔业务下，划通栏单红线，并在下一行的摘要栏内注明“本月合计”字样，结出本期发生额和期末余额，之后划通栏单红线完成结账。需要结出本年累计发生额的账户，应当在月末结账之后，在下一行的摘要栏内注明“本年累计”字样，结出截止到当月的本年累计发生额和期末余额，之后划通栏单红线完成结账；12月末结出的“本年累计”就是全年累计发生额和年末余额，全年累计行下面应当划通栏双红线。划双红线表示已完成账户的年终结账，通常用于封账。

（3）年度终了，要把各账户的余额结转到下一会计年度，并在摘要栏注明“结转下年”字样；在下一会计年度新建有关会计账簿的第一行余额栏内填写上年结转的余额，并在摘要栏注明“上年结转”字样。

（三）更正错账的方法

在对账、结账和试算平衡时，有可能出现数字金额核对不符或出现有关金额不平衡的情况，如果不存在核对、试算过程的错误，可以说明账簿记录存在错误。这时，会计人员可以采用顺查法、逆查法、余额复核法等方法检查账簿中具体的错误所在。

为了保证账簿记录的完整、整洁和防止作弊行为的发生，当发现或查找出账簿记录的错误时，不准随意涂改、挖补、刮擦或者用药水消除字迹，必须按照下列方法进行更正：

(1) 划线更正法。登记账簿时发生笔误，应当将错误的文字或者数字划红线注销，但必须使原有字迹仍可辨认；然后在划线上方填写正确的文字或者数字，并由记账人员在更正处盖章。对于错误的数字，应当全部划红线更正，不得只更正其中的错误数字。对于文字错误，可只划去错误的部分。这种方法适用于记账凭证没有错误，只是过账笔误的情况。

(2) 由于记账凭证错误而使账簿记录发生错误，应当按更正的记账凭证重新登记账簿。这里可以使用的方法有红字金额更正法和补充登记法。

① 红字金额更正法

由于记账凭证会计分录的错误，如会计科目用错、借贷方向确定错误或金额错误，而使账簿记录出现错误，无论是在结账以前还是在结账之后发现，都应采用红字金额更正法进行更正。

首先，应编制一张冲销原错误凭证记录的记账凭证。这张凭证的会计分录与原错误凭证完全相同，只是金额采用红字填写，在摘要栏内注明“冲销×年×月×日第×号错误凭证”。根据这张冲销记账凭证登记有关账户，即可把原来账户的错误记录加以冲销。

其次，填制一张正确会计分录的记账凭证，在摘要栏内注明“更正×年×月×日第×号错误凭证”，然后根据这张更正凭证登记有关账簿。这时，账簿记录就是正确的记录。

【例 6-5】 车间领用价值 20 000 元的原材料用于一般消耗。原记账凭证的会计分录为：

借 管理费用　　20 000
　贷 原材料　　20 000

会计人员根据该记账凭证已经登记账簿。

分析：显然，这是由于记账凭证的错误导致账簿记录的错误。制证人员将借方会计科目用错，车间一般耗用材料应记入制造费用账户的借方而不是管理费用账户的借方。

更正时，用红字金额编制的冲销记账凭证如下：(说明：[××]代表红字金额)

借 管理费用　　[20 000]
　贷 原材料　　[20 000]

编制的更正凭证如下：

借 制造费用　　20 000
　贷 原材料　　20 000

根据冲销凭证和更正凭证登记账簿并更正错账的情况列示如图 6-1 所示。

另外，如果会计分录的错误只是登记金额大于实际金额的情况，则用红字金额更正法更正时，只填制一张与原记账凭证中会计科目、借贷方向都相同而用红字金额表示多记金额的记账凭证，然后据以登账即可。

【例 6-6】 以现金支付某采购员出差预借款 1 200 元。原记账凭证的记录为：

借 其他应收款——某采购员　　2 100
　贷 现金　　2 100

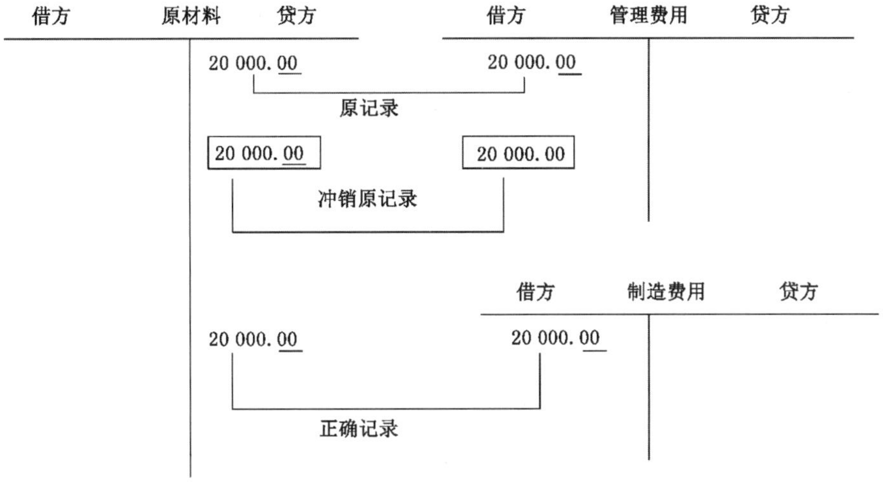

图 6-1

会计人员已经据以登账。

分析：显然，这是会计分录中多记金额而使账簿记录不正确的错误。

更正时，只编制一张冲销多记金额的记账凭证，并据以登账即可。

由于多记金额为 900 元(2 100－1 200)，所以，编制的红字金额冲销凭证如下：(说明：××代表红字金额)

借　其他应收款——某采购员　900

贷　现金　900

根据这张记账凭证登记账簿，就可以将原错误记录得以更正。更正情况如图 6-2 所示。

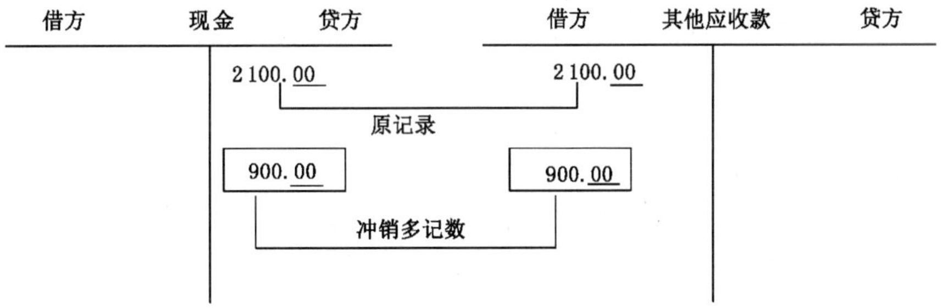

图 6-2

② 补充登记法

如果会计分录中会计科目和借贷方向确定都没有错误，只是登记金额少于实际金额，致使账簿记录错误的情况，可采用补充登记法。

这种更正方法下，只填制一张与原记账凭证中会计科目、借贷方向都相同而用少记的金额作为分录金额的记账凭证，然后据以登账即可。

【例 6-7】　以现金支付某采购员出差预借款 2 100 元。原记账凭证的记录为：

借　其他应收款——某采购员　　1 200

贷　现金　　1 200

会计人员已经据以登账。

分析：显然，这是会计分录中少记金额而使账簿记录不正确的错误。

更正时，只编制一张补记少记的金额的记账凭证，并据以登账即可。

由于少记金额为 900 元(2 100－1 200)，所以，编制的补记凭证如下：

借　其他应收款——某采购员　　900

贷　现金　　900

根据这张记账凭证登记账簿，就可以将原错误记录得以更正。更正情况如图 6-3 所示。

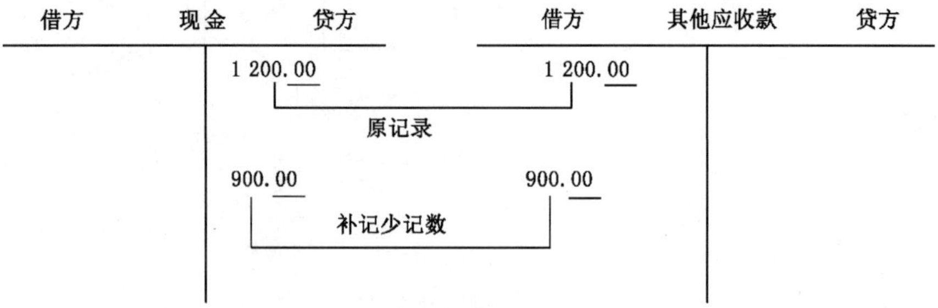

图 6-3

四、账簿的启用和登记规则

（一）账簿的启用规则

启用会计账簿时，应当在账簿封面上写明单位名称和账簿名称。在账簿扉页上应当附启用表，内容包括启用日期、账簿页数、记账人员和会计机构负责人、会计主管人员姓名，并加盖名章和单位公章。记账人员或者会计机构负责人、会计主管人员调动工作时，应当注明交接日期、接办人员或者监交人员姓名，并由交接双方人员签名或者盖章。

启用订本式账簿，应当从第一页到最后一页顺序编定页数，不得跳页、缺号。使用活页式账页，应当按账户顺序编号，并须定期装订成册。装订后再按实际使用的账页顺序编定页码。另加目录，记明每个账户的名称和页次。

（二）账簿的登记规则

会计人员应当根据审核无误的会计凭证登记会计账簿。登记账簿的基本要求是：

(1) 准确完整。登记会计账簿时，应当将会计凭证日期、编号、业务内容摘要、金额和其他有关资料逐项记入账内；做到数字准确、摘要清楚、登记及时、字迹工整。

(2) 注明过账符号。登记完毕后，要在记账凭证上签名或者盖章，并注明已经登账的符号，如打“√”表示已经记账。

(3) 书写留空。账簿中书写的文字和数字上面要留有适当空格，不要写满格；一般应占格距的二分之一，以便于以后更正。

(4) 正常登记用蓝黑墨水。登记账簿要用蓝黑墨水或者碳素墨水书写，不得使用圆珠笔(银行的复写账簿除外)或者铅笔书写。

(5) 特殊情况用红墨水。下列情况可以用红色墨水记账：按照红字冲账的记账凭证，冲销错误记录；在不设借贷等栏的多栏式账页中，登记减少数；在三栏式账户的余额栏前，如未印明余额方向的，在余额栏内登记负数余额；根据国家统一会计制度的规定可以用红字登记的其他会计记录。

(6) 顺序连续登记。各种账簿按页次顺序连续登记，不得跳行、隔页。如果发生跳行、隔页，应当将空行、空页划线注销，或者注明“此行空白”及“此页空白”等字样，并由记账人员签名或者盖章。

(7) 结计余额。凡需要结出余额的账户，结出余额后，应当在借或贷等栏内写明“借”或“贷”等字样。没有余额的账户，应当在借或贷等栏内写“平”字，并在余额栏内用“—0—”表示。现金日记账和银行存款日记账必须逐日结出余额。

(8) 履行过次页和承前页手续。每一账页登记完毕结转下页时，应当结出本页合计数及余额，写在本页最后一行和下页第一行有关栏内，并在摘要栏内注明“过次页”和“承前页”字样。

(9) 定期结账。对需要结计本月发生额的账户，结计“过次页”的本页合计数应当为自本月初起至本页末止的发生额合计数；对需要结计本年累计发生额的账户，结计“过次页”的本页合计数应当为自年初起至本页末止的累计数；对既不需要结计本月发生额也不需要结计本年累计发生额的账户，可以只将每页末的余额结转次页。

(10) 实行会计电算化的单位，总账和明细账应当定期打印。发生收款和付款业务的，在输入收款凭证和付款凭证的当天必须打印出现金日记账和银行存款日记账，并与库存现金核对无误。

五、账簿的更换与保管

(一) 账簿的更换

会计年度末，应将本年账簿更换为下年度账簿。具体更换规则为：总账、日记账和大部分明细账必须每年更换；固定资产卡片不必每年更换，但摘要栏内，要加盖“结转下年”戳记，以划分新旧年度之间的金额；备查账簿可以连续使用。账簿更换时，可以先编制出账户余额表，账户余额表的格式见表 6-23；然后根据账户余额表将旧账各余额登入新账各账页中，并在摘要栏内注明“上年结转”或“年初余额”字样。在新旧账户之间转记余额，不需填制凭证。

表 6-23 **账户余额表**

20××年×月×日 单位：元

账户名称	账户余额	账户余额页码	备 注
现金	140 000.00	第 3 页	
……	……	……	
原材料	1 210 000.00	第 43 页	
……	……	……	
……	……	……	

(二) 账簿的保管

账簿同会计凭证、会计报告一样，是重要的档案资料，必须妥善保管，不得任意销毁。年度终了，应将活页式和卡片式的会计账簿装订成册或扎封，加具封面后统一编号，并归档保管。账簿的保管有一定的保管年限，除了固定资产卡片账保管期限为固定资产报废清理后仍保管5年外，其余账簿的保管期限都为最低30年。保管期满可按规定程序予以销毁。

实行会计电算化的单位，总账和明细账应当定期打印。用计算机打印的会计账簿必须连续编号，经审核无误后装订成册，并由记账人员和会计机构负责人、会计主管人员签字或者盖章。

第三节　会计核算程序

会计核算程序，又称账务处理程序、会计核算形式，是指会计凭证、会计账簿、会计报表相结合的方式，包括账簿组织和记账程序。账簿组织，是指会计凭证和会计账簿的种类、格式，会计凭证与会计账簿之间的联系方法；记账程序，是指由填制、审核原始凭证到填制审核记账凭证，登记日记账、明细分类账和总分类账，编制财务报表的工作程序和方法等。采用合理的会计核算程序，能够提高会计工作效率、提高会计信息质量，并能迅速编制出会计报告。手工记账下会计核算程序主要有记账凭证会计核算程序、科目汇总表会计核算程序、汇总记账凭证会计核算程序和多栏式日记账会计核算程序。

目前，手工会计和电算化会计在我国处于并存的状态。尽管会计电算化正越来越成为企业在设计会计信息系统上的普遍选择，但也有相当一部分小微企业还在采用传统的手工会计核算。很多的电算化系统在进行系统设计时，也借鉴了许多手工会计核算的经验。因此，我们有必要先了解手工会计的四种主要会计核算程序，这些会计核算程序的不同特征决定了它们往往适用于不同状况的企业。

一、手工记账下会计核算程序

（一）记账凭证会计核算程序

记账凭证会计核算程序，是直接根据记账凭证登记总账的一种最基本的会计核算程序。它的主要特征就是直接根据记账凭证登记总账。要求凭证设置采用通用的或收款凭证、付款凭证和转账凭证的分类记账凭证，要求账簿设置采用总账、各种明细账和三栏式日记账。

记账凭证会计核算程序的基本步骤如下：

首先，根据载明经济业务发生或完成情况的原始凭证或原始凭证汇总表填制记账凭证。

其次，根据收款凭证、付款凭证登记现金、银行存款日记账。

再次，根据原始凭证和记账凭证登记各种明细分类账户，根据记账凭证逐笔登记总分类账。

最后，在期末，将日记账、明细分类账与相应的总分类账户的金额进行核对，并在核对账证相符的基础上，根据总分类账与明细分类账及其他资料编制财务报表。

记账凭证会计核算程序的基本步骤如图6-4所示。（说明：图中的虚线代表核对，以下同。）

这种会计核算程序的优点是简单明了，易于操作和掌握；其缺点是根据凭证逐项登记总账，工作量很大。因此，其使用范围为规模较小、业务简单、凭证不多的企业。

（二）会计科目汇总表会计核算程序

会计科目汇总表会计核算程序，是先定期根据记账凭证编制科目汇总表，然后再根据科目汇总表登记总分类账的账务处理程序。其特征是根据科目汇总表直接登记总账。凭证设置和账簿设置与记账凭证的会计核算程序相同，只是还应定期编制科目汇总表。

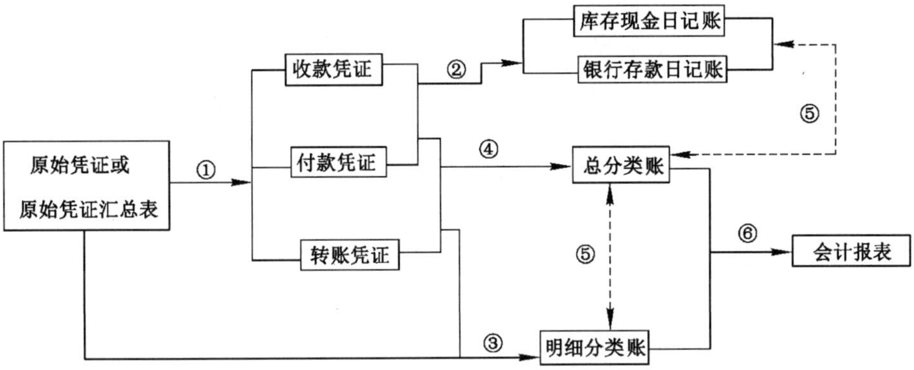

图 6-4

会计科目汇总表会计核算程序的基本步骤是：

首先，根据载明经济业务发生或完成情况的原始凭证或原始凭证汇总表填制记账凭证。

其次，根据收款凭证、付款凭证登记现金、银行存款日记账，根据原始凭证和记账凭证登记各种明细分类账户。

再次，根据记账凭证编制科目汇总表，再根据科目汇总表登记总分类账。

最后，在期末，将日记账、明细分类账与相应的总分类账户的金额进行核对，在核对账证相符的基础上，根据总分类账与明细分类账及其他资料编制财务报表。

上述会计核算程序的优点在于，总分类账是根据定期编制的科目汇总表登记的，大大减少了登记总账的工作量，通过对科目汇总表各科目借贷合计数的核对，可以提高总账登记的正确性；缺点是科目汇总表只能作为登记总账和试算平衡的依据，不便于分析和检查账目。因此，该程序主要适用于经济业务较频繁的企业。会计科目汇总表会计核算程序的基本步骤如图 6-5 所示。

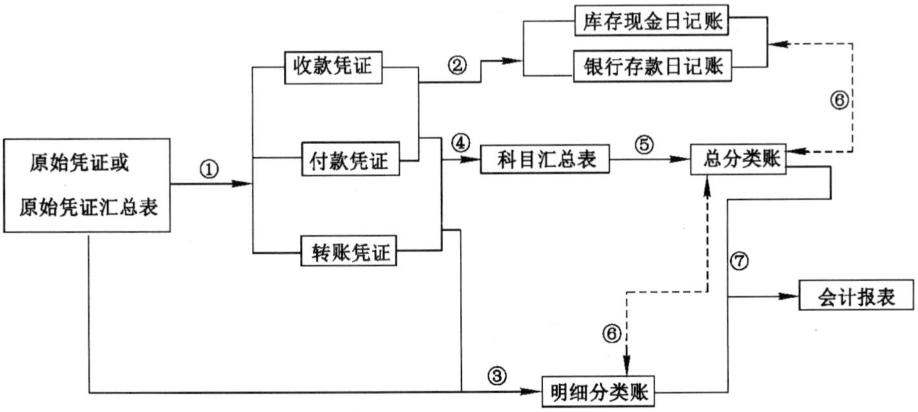

图 6-5

（三）汇总记账凭证会计核算程序

汇总记账凭证会计核算程序，是先定期根据记账凭证编制汇总记账凭证，然后再根据汇总记账凭证登记总分类账的账务处理程序。其特征是根据汇总记账凭证直接登记总账。要求必须设置分类记账凭证，即同时设置收款凭证、付款凭证和转账凭证，以便于编制汇总收款凭证、汇总付款凭证和汇总转账凭证；但填制转账凭证时，不能有一借多贷、一贷多借或多借多贷的分录出现，只能使用一借一贷的会计分录形式。账簿设置与会计科目汇总表会计核算程序的要求相同。

汇总记账凭证会计核算程序的基本步骤如下：

首先，根据载明经济业务发生或完成情况的原始凭证或原始凭证汇总表填制记账凭证。

其次，根据收款凭证、付款凭证登记现金、银行存款日记账，根据原始凭证和记账凭证登记各种明细分类账户。

再次，根据记账凭证编制汇总收款凭证、汇总付款凭证和汇总转账凭证。

然后，根据上述汇总记账凭证登记总分类账。

最后，在期末，将日记账、明细分类账与相应的总分类账户的金额进行核对，并在核对账证相符的基础上，根据总分类账与明细分类账及其他资料编制财务报表。

上述会计核算程序简化了登记总分类账的工作量，同时可以反映账户数据的来龙去脉，一般适用于规模较大、业务较多的企业。

汇总记账凭证会计核算程序的基本步骤如图 6-6 所示。

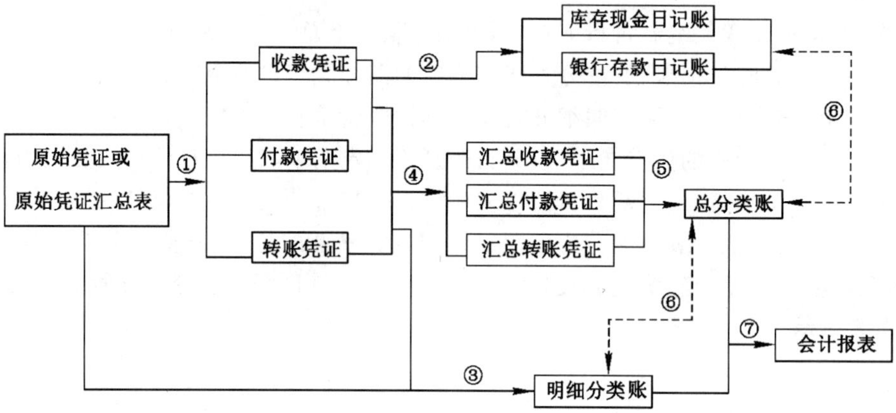

图 6-6

（四）多栏式日记账会计核算程序

多栏式日记账会计核算程序的主要特点是设置多栏式现金和银行存款日记账，根据多栏式现金和银行存款日记账登记总分类账；对于转账业务，既可根据转账凭证逐笔登记总分类账，也可将转账凭证汇总编制成会计科目汇总表，然后据以登记总分类账。

多栏式日记账会计核算程序的基本步骤是：

首先，根据载明经济业务发生或完成情况的原始凭证或原始凭证汇总表填制记账凭证。

其次，根据收款凭证、付款凭证登记多栏式现金、银行存款日记账，根据原始凭证和记账凭证登记各种明细分类账户。

再次，根据转账凭证编制转账凭证科目汇总表。

然后，根据上述多栏式现金、银行存款日记账、转账凭证或转账凭证科目汇总表登记总分类账。

最后，在期末，将明细分类账与相应的总分类账户的金额进行核对，并在核对账证相符的基础上，根据总分类账与明细分类账及其他资料编制财务报表。

多栏式日记账会计核算程序的基本步骤如图 6-7 所示。

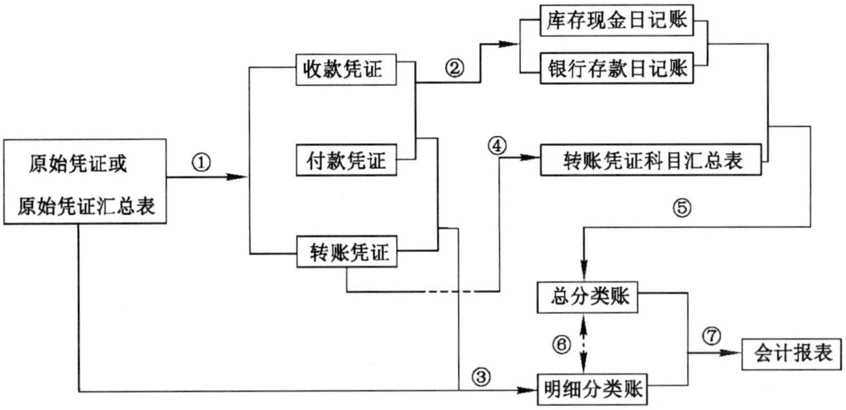

图 6-7

上述会计核算程序的优点在于，可以简化总分类账的登记工作，可以通过多栏式日记账清晰地反映所记经济业务的来龙去脉，便于按照多栏式日记账的设置进行会计核算的分工；缺点是在业务较复杂、会计科目设置较多的企业里，日记账的专栏设置过多、账页过长，不便于记账。因此，这种会计核算程序主要适用于收付款业务比较频繁且业务项目比较固定的大中型企业。

二、会计电算化下的会计核算程序

会计信息处理技术的进步正极大地改变着现行的会计信息系统。手工会计信息系统下的会计核算程序，并不是会计数据处理本身所要求的，而是手工处理的局限性决定的。计算机处理与手工相比，前者不仅在处理速度上比后者有成百上千倍的提高，而且不存在因工作时间过长等原因引起的计算错误和抄写错误，有些需要人工进行大量核算工作才能得到的信息，计算机会计系统可以自动进行操作生成信息。这样，就产生了更适合计算机处理、数据流程更加合理的会计核算形式，其中较为常见的是记账凭证文件会计核算程序。

记账凭证文件会计核算程序的特点是：在系统内主要建立记账凭证文件和科目余额文件，而不设现金日记账、银行存款日记账或其他明细分类账文件。平时根据已经输入的记账凭证按会计科目逐笔更新科目余额文件，需要输出现金日记账、银行存款日记账或其他明细分类账文件时，可临时从记账凭证文件中经过挑选整理而成。

会计电算化的数据流程是：

(1) 由录入人员通过键盘输入记账凭证。

(2) 输入的记账凭证经审核无误后，形成记账凭证文件。

(3) 随时用记账凭证文件更新会计科目文件，以便随机查询任意会计科目的当前借方发生额、贷方发生额及期末余额。

(4) 根据科目余额文件和记账凭证文件编辑输出现金日记账、银行存款日记账或其他明细分类账。

(5) 根据科目余额文件编辑出总账。

(6) 根据科目余额文件，生成会计报表数据文件。

（7）根据会计报表数据文件编制输出各种会计报表。

会计电算化会计核算程序及相应的会计数据处理过程如图 6-8 和图 6-9 所示。

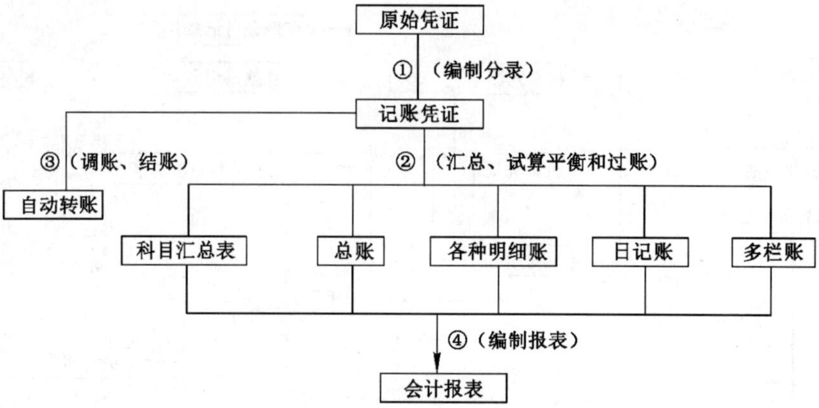

图 6-8

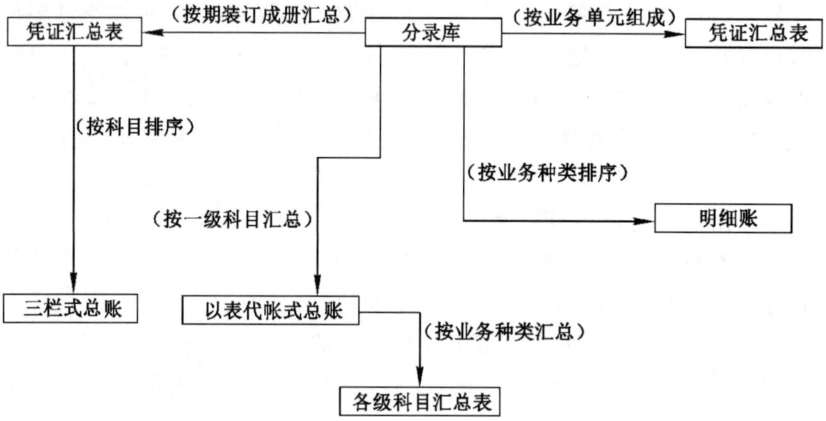

图 6-9

记账凭证文件核算程序的优点是：数据流程简单，数据无重复储存，它完全打破了手工会计信息系统下各种账簿的不同处理方式和核对方法，能够把一次输入的经济业务数据用于多种目的，能够自动进行汇总、分类、计算和分析，实现了数出一门（都从记账凭证上来）和数据共享（同时产生日记账、特种日记账、总分类账、明细分类账和各种报表等）。因此，在电算化会计信息系统中有数据处理一体化的倾向，这样，就废除了手工会计信息系统中不同的会计核算程序。

复习与练习

一、填空题

1. 原始凭证按照来源的不同，分为__________和__________。

2. __________是根据原始凭证填制的用以确定会计分录并作为登记账簿直接依据的

会计凭证。

3. __________是仅仅对某一特定种类业务进行序时登记，以便详细了解其业务的增减变化情况。

4. __________格式的明细账，主要适用于既需反映货币金额指标，也需反映实物数量指标的账户。

5. __________会计核算程序是直接根据记账凭证登记总账的一种最基本的会计核算形式。

二、判断题

1. 将同类经济业务汇总编制的原始凭证是累计凭证。（　　）

2. 职工因公出差借款凭据，必须附在记账凭证之后；收回借款时，应当将原借款收据退还给职工。（　　）

3. 根据经济业务是否与款项收付有关，把专用记账凭证分为收款凭证、付款凭证和转账凭证三类。（　　）

4. 记账凭证不准跳行或留有空行，填制完毕的记账凭证如有空行的，应当自金额栏最后一笔金额数字下的空行处至合计数上的空行处划线注销。（　　）

5. 平行登记的要点中“登记的方向相同”是指总账与明细账对同一笔业务的处理上，所记借方或贷方的方向是一致的。（　　）

6. 某企业生产领用原材料 8 000 元，会计人员填制的记账凭证为借记原材料 800 元，贷记生产成本 800 元，并已登记入账。当年发现记账错误，更正时应采用补充登记法。（　　）

7. 用计算机打印的会计账簿必须连续编号，经审核无误后装订成册，并由记账人员和会计主管人员签字或者盖章。（　　）

8. 会计电算化下，对打印出的机制记账凭证与磁介质中备份的凭证文件一起，也要存档保管。（　　）

9. 会计账簿与会计凭证、会计报表一样都是会计核算的重要档案资料，必须按照规定妥善保管，不得丢失和任意销毁。保管期满后，需要销毁的，自行销毁。（　　）

10. 科目汇总表账务处理程序的特点是直接根据记账凭证逐笔登记总分类账，是最基本的账务处理程序。（　　）

三、单选题

1.（　　）是记录交易或者事项发生完成情况的书面证明，也是登记账簿的依据。

A. 科目汇总表　　B. 原始凭证

C. 会计凭证　　D. 记账凭证

2. 下列各项中，不属于原始凭证的基本内容的是（　　）。

A. 接受凭证单位名称　　B. 交易或事项的内容、数量、单价和金额

C. 经办人员签名或盖章　　D. 应记会计科目名称和记账方向

3. 下列凭证中不能作为编制记账凭证依据的是（　　）。

A. 收货单　　B. 发票

C. 发货单　　D. 购销合同

4. 限额领料单属于（　　）。

A. 累计凭证　　B. 外来凭证

C. 汇总凭证　　D. 成本计算凭证

5. 固定资产明细账一般采用(　　)形式。

A. 订本式账簿　　B. 卡片式账簿

C. 活页式账簿　　D. 多栏式明细账

6. 一笔经济业务,如果涉及的是现金和银行存款相互划转的业务,应(　　)。

A. 编制收款凭证　　B. 编制付款凭证

C. 编制转账凭证　　D. 同时编制收款凭证和转账凭证

7. 对于借记应收账款科目,贷记主营业务收入等科目的业务,应编制的凭证是(　　)。

A. 收款凭证　　B. 付款凭证

C. 转账凭证　　D. 收款凭证或付款凭证

8. 总分类账与其所属的明细分类账之间的核对属于(　　)。

A. 账证核对　　B. 账账核对

C. 账实核对　　D. 余额核对

9. 年终结账时,要在总账摘要栏内注明"本年合计"字样,结出全年发生额和年末余额,并在合计数(　　)。

A. 上方通栏划单红线　　B. 下方通栏划单红线

C. 上方通栏划双红线　　D. 下方通栏划双红线

10. 各种会计核算程序之间的主要区别在于(　　)。

A. 总账的格式不同　　B. 登记总账的依据不同

C. 会计凭证的种类不同　　D. 编制会计报表的依据不同

四、多选题

1. 下列属于外来原始凭证的有(　　)。

A. 购货发票　　B. 发料单

C. 出差人员住宿发票　　D. 领料单

2. 下列记账凭证中可以不附原始凭证的有(　　)。

A. 收款凭证　　B. 更正错账的记账凭证

C. 调账凭证　　D. 结账的记账凭证

3. 下列经济业务中,应填制付款凭证的有(　　)。

A. 提现金备用　　B. 购买材料预付订金

C. 购买材料未付款　　D. 以银行存款支付前欠单位货款

4. 下列各项中,可以作为库存现金日记账借方登记依据的有(　　)。

A. 库存现金收款凭证　　B. 库存现金付款凭证

C. 银行存款收款凭证　　D. 银行存款付款凭证

5. 记账凭证审核的主要内容有(　　)。

A. 手续是否完备　　B. 项目是否齐全

C. 科目、金额、书写是否正确　　D. 填制是否及时

6. 企业从银行提取现金 5 000 元,此项经济业务通常应登记的账簿是(　　)。

A. 库存现金日记账　　B. 备查账

C. 银行存款日记账　　D. 明细账

7. 下列账户中，适用于多栏式明细账的有（　　）。

A. 管理费用明细账　　B. 主营业务收入明细账

C. 本年利润明细账　　D. 财务费用明细账

8. 对账的内容包括（　　）。

A. 账账核对　　B. 账证核对

C. 账实核对　　D. 账表核对

9. 根据有关规定，下列账簿应保管30年的有（　　）。

A. 总分类账　　B. 明细分类账

C. 辅助账　　D. 现金和银行存款日记账

10. 在汇总记账凭证会计核算程序下，为了编制汇总转账凭证，一般不宜编制（　　）的记账凭证。

A. 一借多贷　　B. 一借一贷

C. 多借多贷　　D. 一贷多借

五、简答题

1. 会计凭证有哪些种类？

2. 为什么要重视会计凭证的审核和保管工作？具体应该怎样做？

3. 什么账簿任何单位都必须设置？明细账的格式有哪几种？

4. 如何对账和结账？

5. 手工会计的核算形式有哪几种？会计电算化的会计核算形式有什么特征？

六、业务题

业务题一

世纪工厂20××年6月份发生的部分业务如下：

1. 收回东方公司的欠款23 400元。

2. 向银行借入三个月期的借款600 000元。

3. 用转账支票向税务部门交纳所得税12 800元、增值税24 000元。

4. 向康达公司购入丙材料700千克，单价130元；丁材料100千克，单价140元。两种材料的运杂费共计34 000元，运杂费按照所购材料的重量比例进行分配。以上款项都已经用银行存款支付。

5. 开出支票，支付上月欠款702 000元。

6. 职工王强出差，暂支现金8 000元。

7. 行政部门以现金购买办公用品800元。

8. 用现金支付车间办公费1 000元。

9. 本月销售甲产品8 000件，单价90元；销售乙产品6 000件，单价150元。增值税率16%，款已经收存银行。

10. 本月领用材料：生产甲产品消耗丙材料300千克，丁材料40千克；生产乙产品消耗丙材料400千克，丁材料20千克；车间一般消耗丁材料20千克，管理部门消耗丁材料10千克。

要求：填制记账凭证，并指明记账凭证的附件名称。

业务题二

某加工企业将账簿记录与记账凭证进行核对时,发现下列错账:

1. 开出现金支票 1 800 元,支付企业行政管理部门的日常零星开支。记账凭证所列会计分录为:

借　管理费用　　1 800
　贷　库存现金　　1 800

且已过账。

2. 结转本月已完工产品的制造成本共计 65 000 元。记账凭证所列会计分录为:

借　库存商品　　56 000
　贷　生产成本　　56 000

且已过账。

3. 用银行存款支付所欠供应单位贷款 36 000 元。记账凭证所列会计分录为:

借　应付账款　　63 000
　贷　银行存款　　63 000

且已过账。

4. 用银行存款支付本月发生的车间水电费 3 800 元。此项经济业务编制的记账凭证为:

借　制造费用　　3 800
　贷　银行存款　　3 800

会计人员在登账时,记入制造费用账户的金额误记为 8 300 元。

要求:指出错账的类型,并更正错账。

第七章　财产清查

【本章重点和难点】

☆财产清查，是通过实地盘点、核对账目来确定各项财产物资、货币资金和债权债务的实存数，将实存数与账面结存数进行核对，借以查明账实是否相符的一种专门的会计核算方法。

☆财产清查按照不同的标准划分为全面清查和局部清查，定期清查和不定期清查，内部清查和外部清查。

☆我国现行的财产物资的盘存制度有两种：一种是永续盘存制，另一种是实地盘存制。

☆财产清查的具体方法一般有盘点法、银行对账单核对法、查询核实法等。在财产清查时，应根据不同的清查对象采用不同的清查方法。

☆财产清查工作结束后，财会部门应根据清查的有关表册的记录，进行调整账面记录的会计处理和对清查损益确认的会计处理。

第一节　财产清查概述

一、财产清查的含义及意义

（一）财产清查的含义

财产清查，又称为财产检查，是通过实地盘点、核对账目来确定各项财产物资、货币资金和债权债务的实存数，将实存数与账面结存数进行核对，借以查明账实是否相符的一种专门的内部控制方法和会计核算方法。

尽管在整个会计核算过程中，按照会计原则和相应的核算程序对账簿进行记录，但是，账簿记录的正确性并不能完全反映账簿记录的客观真实性。实际工作中有下面一些原因会导致各项财产物资的账面数额与实存数额的不一致：收发物资时的计量差错、过账笔误、财产物资的自然升溢、结算过程中的未达账项等。除了这些正常原因造成账实不符之外，还有一些非正常原因也会导致账实不符，如管理不善、工作失职、贪污盗窃、营私舞弊、非正常损失等。为了健全财产物资的内部控制管理制度、保证会计信息的质量，企业必须对财产物资进行定期或不定期的财产清查，确保在账实相符的基础上编制财务会计报告。

（二）财产清查的意义

财产清查的意义主要有：

（1）通过财产清查，可以查明各项财产物资的实有数量，确定实有数量和账面数量之间的差异，查明原因和责任，以便采取有效措施，消除差异，改进工作，从而保证账实相符，提高会计资料的准确性。

（2）通过财产清查，可以查明各项财产物资的保管情况是否良好，有无因管理不善造成霉烂、变质、损失浪费，或者被非法挪用、贪污盗窃的情况，以便采取有效措施，改善管理，切实保障各项财产物资的安全完整。

（3）通过财产清查，可以查明各项财产物资的库存和使用情况，以便合理安排生产经营活动，充分利用各项财产物资，加速资金周转，提高资金使用效益。

二、财产清查的种类

财产清查按照不同的标准有不同的分类。

（一）按照清查范围可以分为全面清查和局部清查

全面清查是指对所有的财产物资、货币资金和各项债权债务进行全面盘点和核对。由于对现金、存货、固定资产等需要一一盘点，对往来款项需要与对方进行一一核对，因此，全面清查所花费的时间长、工作量比较大、投入的人力和物力较多。需要全面清查的主要有以下几种情况：

（1）年终决算之前。

（2）单位撤并或者改变其隶属关系时。

（3）中外合资、国内合资前。

（4）开展资产评估、清产核资等专项经济活动前。

（5）单位主要负责人调离工作时。

（6）企业股份制改造前。

局部清查只是对某些财产或债权债务进行的盘点或核对。例如，对现金进行清查、对某种材料进行清查等。局部清查与全面清查相比，花费时间短、工作量小、投入的人力和物力较少，通常是根据实际工作和管理的需要而进行的。一般情况下，企业对那些单位价值量大、在生产过程中发挥较大作用的材料物资需要经常盘点，确保它们的安全完整；对现金、银行存款等流动性较强的货币性资产也需要加强控制和管理，需要按照《现金管理条例》和《银行存款管理办法》的要求进行经常性的清查。具体说明如下：

（1）对于库存现金，每日终了应由出纳人员清点核对，以保持实存数和库存现金日记账结存数相符。

（2）对于银行存款，出纳人员至少每月要同银行核对一次。

（3）对于贵重物资，每月都应清查盘点一次。

（4）对于各种往来款项，每月至少同对方企业核对一至两次。

（5）通常情况下，对于流动性较大的材料物资，除年度清查外，年内还要轮流盘点或重点抽查。

（二）按照清查时间可以分为定期清查和不定期清查

定期清查是对财产物资的清查间隔时间事先做出规定，形成一种清查惯例。例如，对银行存款要求每个月都需与银行的对账单进行核对；年终，需要进行全面清查等。定期清查可以是全面清查，也可以是局部清查。

不定期清查是事先并无计划安排，而是根据实际需要进行的临时性清查。不定期清查可以是全面清查，也可以是局部清查。需要进行不定期清查的主要有以下几种情况：

（1）单位更换出纳或者财产物资保管人员时。

（2）单位发生意外损失时。

(3) 上级主管、财政、税务、审计和银行等部门对单位进行检查时。

(4) 进行临时性清产核资时。

(三) 按照清查的组织单位可以分为内部清查和外部清查

内部清查是由本单位的有关人员组成的清查小组而进行的清查。内部清查既可以是定期清查,也可以是不定期清查;既可以是全面清查,也可以是局部清查。大多数情况下的清查工作都是内部清查。

外部清查是由本单位以外的部门和人员组织的清查。通常是上级主管部门、财税机关、银行及会计师事务所等单位根据业务需要和有关规定而对有关企业进行的清查。外部清查时,一定要有单位内部人员在清查现场。外部清查一般是在资产重组、公司上市、并购、资产评估、清产核资等情况下进行。外部清查一般是全面清查,可以是定期清查,也可以是不定期清查。

三、财产清查的程序

财产清查的程序包括三个工作步骤:

(一) 进行财产清查的组织准备和业务准备

财产清查是一项复杂、细致的工作,在清查之前必须做好相应的准备工作。首先,是进行组织准备,即由保管部门、业务部门和财会部门抽调的专门人员组成清查小组,指定小组负责人,并对小组成员进行培训,使他们明确清查的目的、掌握清查的方法并制订出清查工作方案。其次,是进行业务准备,财会部门需要将应当入账的所有经济业务按照规定全部入账并结出账面余额;保管和使用等业务部门需要对财产物资进行归类整理,并加挂标签,标明品种、规格和结存数量,以便清查时与账面余额进行核对;同时,还需校对度量仪器等清查工具、准备清查时需用的登记表册等。

(二) 财产清查工作的具体实施

当准备工作一切就绪之后,清查小组便开始实施清查工作。小组成员经过合理分工,分别对不同类别、品种和规格的财产物资、货币资金和债权、债务进行一一盘点和核对,根据盘点和核对结果编制有关表册,标明账实是否相符以及差异结果。

(三) 分析及处理阶段

在财产清查工作结束之后,根据清查列示的账实差异结果,调整账面记录,以便使账实相符,并且将经过分析找出的账实不符原因和性质报告给主管,在主管做出批示或批准后进行清查损益的账项结转;同时,还应积极处理积压物资和长期不清的债权、债务,总结经验教训,建立健全有关制度。

四、财产清查盘存制度

我国现行的财产物资的盘存制度有两种:一种是永续盘存制,另一种是实地盘存制。

(一) 永续盘存制

永续盘存制又称为账面盘存制,是根据账面期末余额确定财产物资的实有结存数额的一种盘存制度。在永续盘存制下,企业需要对每一种财产物资设置数量单价金额式明细账。日常,根据收入、发出的每一笔业务的会计凭证进行各项财产物资增减变动的详细记录,并随时结出账面余额;期末,将账面的结存余额作为财产物资的实有数额。其账面余额是通过下面公式计算得到:

期末账面余额数＝账面期初余额数＋本期增加数额－本期减少数额

永续盘存制的优点在于能够通过账簿记录,随时了解某项财产物资的收入、发出和结存情况，便于加强对财产物资的管理和控制；缺点是日常会计核算工作量比较大。另外，使用永续盘存制可能会出现账实不符的情况，因此，需要定期或不定期地对财产物资进行盘点和核对，以确保账面余额与实有数相符。企业对大部分财产物资采用永续盘存制。

（二）实地盘存制

实地盘存制又称为实地盘点制或定期盘存制、以存计销（耗）制，是根据期末对财产物资的实地盘点或核对的实有结果作为期末结存数额。在实地盘存制下，尽管也对财产物资设置明细账，但日常在明细账的会计核算中，只记录增加（或收入）数额，对减少（或发出）数额不做记录，也不需随时结出账面余额；期末，根据对各项财产物资的实地盘点或核对的实有数，作为账面的期末余额。然后，通过下面的计算公式倒推出本期减少数额，可通过下面公式计算得到：

本期减少（发出）数额＝本期期初余额数＋本期增加（收入）数额－本期期末余额数

实地盘存制的优点在于日常会计核算简单，期末余额就是盘点或核对后的实有数额不会出现账实不符的情况。但其缺点是不能从账簿记录中随时了解增加（或收入）数、减少（或发出）数和结存余额数的情况，也不利于加强对财产物资的管理和控制；而且，通过倒推的计算方法确定出的本期减少数额，并不全部是由于正常经营原因引起的减少，其中可能隐含着因管理不善、贪污盗窃、营私舞弊等原因而减少的财产物资，导致不能正确确定出实际耗用数额。因此，大部分企业只对单位价值低、数目众多的不很重要的个别财产物资采用实地盘存制。

第二节　财产清查的方法

财产清查的具体方法一般有盘点法、银行对账单核对法、查询核实法等。在财产清查时，应根据不同的清查对象采用不同的清查方法。

一、实物资产的清查

实物资产的清查，是对原材料、库存商品、在产品、固定资产等具有实物形态的财产物资所进行的清查。对实物资产进行清查，通常采用盘点法或实地盘点法。即在存货和固定资产、实物资产的存放地点对财产物资进行逐一清点或运用计量器具来确定各项财产物资的实有数，同时还要检查其质量。对那些不能逐一进行查点的成堆物资和大宗物资，也可采用抽样盘点并运用技术推算法确定清查的实有数。

清查实物后，应根据清查的结果登记盘存单，并由在场的经办人员签名或盖章。盘存单的格式见表7-1，它一般一式三联，一联交由清点人员备查，一联交由实物保管人员保存，另一联交会计部门核对账面记录。

表7-1　　**盘　存　单**

财产类别：　　存放地点：　　盘点时间：　　编号：

编号	名称	规格型号	计量单位	单价	金额	备注

盘点人签章：　　保管人签章：

另外，在清查过程中，如果发现有积压变质、毁损的财产物资，应将积压变质、毁损的财产物资另行堆放或另行管理，并填制积压变质、毁损报告单，说明情况，提出处理意见，报请审批后做出有关处理。积压变质、毁损报告单的格式见表7-2。

表 7-2 **积压变质、毁损报告单**

财产类别： 存放地点： 盘点时间： 编号：

编号	名称	规格	计量单位	进货单价	数量	金额	情况说明	处理意见

审批意见：

盘点人签章： 保管人签章：

为了进一步查明盘点结果与账面结存数是否一致，也为了便于分析清查结果的原因，会计人员应根据盘存单的记录与有关账簿的账面数额进行逐一核对，检查账实是否相符，并根据核对的有关财产物资盘盈、盘亏结果编制账存实存对比表。所谓某项财产物资“盘盈”，就是某项财产物资的实有数大于其账面余额数；所谓某项财产物资“盘亏”，就是某项财产物资的实有数小于其账面余额数。需要编制的账存实存对比表的格式见表7-3，它是会计人员对清查结果进行调账的原始凭证，也是分析盘盈、盘亏原因，明确经济责任的依据。

表 7-3 **账存实存对比表**

（盘盈盘亏报告表）

财产类别： 年 月 日 编号：

编号	名称及规格	计量单位	单价	实际结存		账面结存		盘盈		盘亏		备注
				数量	金额	数量	金额	数量	金额	数量	金额	

会计主管签章： 填表人签章：

二、现金的清查

现金的清查，就是对由出纳员保管的库存现金进行清查。现金清查采用的清查方法也是盘点法。清查人员需要对现金进行逐一清点，并检查是否有“白条抵库”情况。为了明确责任，现金清查时，出纳员必须在场。

现金清查结束后，应根据清点的现金实有数与现金日记账的账面余额进行核对，并编制现金盘点报告表。现金盘点报告表既是现金的盘存单，又是账存实存对比表；在现金盘点报告表编制完毕后，必须由出纳员和盘点人签章，并将此表作为调整有关账簿账面记录的重要原始凭证。现金盘点报告表的格式见表7-4。

表 7-4

现金盘点报告表

年　月　日　　　　编号：

实存金额	账存金额	盘盈	盘亏	备注

盘点人签章：　　　　出纳员签章：

三、银行存款的清查

银行存款的清查，就是对银行存款实有数进行确定。银行存款清查采用的清查方法是核对账目法。

对银行存款进行清查时，企业需要将银行存款日记账的账面余额与银行定期(一般为一个月)送来的银行对账单上标明的银行存款余额进行核对，往往是双方的余额不相符。双方余额不相符的原因有两个：一是双方账面记录有错误，二是存在未达账项。所谓未达账项，是指由于结算凭证传递的原因，造成一方已经登记入账而另一方没有登记入账的账项。

企业和银行存款存在未达账项的情况有四种：

第一，企业已收款入账而银行尚未收款入账，如企业收到的转账支票，月末时银行尚未入账处理。

第二，企业已付款入账而银行尚未付款入账，如企业签发出去的支票，月末时银行尚未入账处理。

第三，银行已收款入账而企业尚未收款入账，如银行在月末尚未将委托收款业务的银行进账单传递给企业。

第四，银行已付款入账而企业尚未付款入账，如银行在月末尚未将委托支付款项的银行支款通知单传递给企业。

在存在未达账项情况下，即使银行和企业双方的账簿记录都无错误，也会使双方银行存款余额不相一致。为了确定究竟是哪种原因引起双方余额的不一致，企业通常采用与银行对账单逐笔核对，以查找出未达账项并编制银行存款余额调节表的办法。

银行存款余额调节表的编制，格式可参见表 7-5，是分别以企业和银行的立场，将存在的未达账项在调节表中予以加减补记，以调节双方的银行存款余额。如果在各自余额的基础上都加上对方已入账增加的未达账项、都减去对方已入账减少的未达账项之后，其调节后的双方余额相等，则说明双方银行存款账簿记录没有错误，反之则不然。

银行存款余额调节表的调节公式为：

企业银行存款账面余额＋银行已收企业未收账项－银行已付企业未付账项＝

银行对账单余额＋企业已收银行未收账项－企业已付银行未付账项

这里需要特别注意的是：第一，银行存款余额调节表只起到对账的作用，企业不能根据银行存款余额调节表中的未达账项在凭证尚未传递到企业之前进行调账；第二，银行存款余额调节表中的调节后相等余额，是企业目前在银行中可以动用的银行存款实际数额，企业可以据此安排收支活动。

下面，我们举例说明银行存款余额调节表的格式及编制。

【例 7-1】 20××年 5 月 31 日，某企业银行存款日记账的账面余额为 156 000 元，银行送来的银行对账单余额为 172 380 元。经逐笔核对，发现有下列未达账项：

(1) 5 月 28 日，企业将黄河工厂签发给的金额为 112 320 元的银行转账支票送存银行，但银行尚未入账。

(2) 5 月 29 日，开户银行已为企业支付康达公司货款 93 600 元，企业尚未入账。

(3) 5 月 30 日，银行收到大兴公司汇来的货款 117 000 元，企业尚未入账。

(4) 5 月 30 日，企业签发给宏大公司转账支票一张，金额 105 300 元，持票人尚未到银行办理转账手续。

要求：根据上述资料，编制银行存款余额调节表。

根据题意，企业编制的银行存款余额调节表见表 7-5。

表 7-5　　**银行存款余额调节表**

20××年 5 月

项目	金额	项目	金额
企业银行存款日记账余额	156 000.00	银行对账单余额	172 380.00
加：银行已收入账企业未入账		加：企业已收入账银行未入账	
(1) 银行已收大兴公司货款	117 000.00	(1) 企业已收黄河工厂支票款	112 300.00
减：银行已付入账企业未入账		减：企业已付入账银行未入账	
(1) 银行已付康达公司货款	93 600.00	(1) 企业已付宏大公司款	105 300.00
调节后余额	179 400.00	调节后余额	179 400.00

由此可见，该企业与银行对账单的存款余额不相符完全是由未达账项所致。

四、往来账项的清查

往来账项的清查，是指对应收账款、其他应收款、应付账款、其他应付款等账项的清查。往来账项清查采用的方法是核对账目法或查询核实法。企业可以采用电询、信函甚至面询的方法与对方核对账目。通常是采用向对方发对账单的方法进行核对。企业编制的对账单，一式两份，一份留存，另一份是回单。企业在对账单上填列了应核对的账项之后将对账单寄发给对方，对方接到对账单后，如果与其账面记录金额一致，则在对账单上注明“核对无误”后退回；如果不一致，则应抄明其账面金额或对方另编制对账单寄回，作为进一步核对的依据。往来账项清查结束，企业根据对账单的回单，及时编制往来账项清查表，将核对的结果及其不符的原因在表上说明。往来账项清查表的格式见表 7-6。

表 7-6　　**往来账项清查表**

年　　月　　日　　　　　　单位：元

总账名称	明细账名称	账面余额	对方余额	对比结果	差异原因分析及金额	备注

清查员签章：　　　　　　　　记账员签章：

往来账项清查表中的“差异原因分析及金额”一栏，通常是将双方余额不一致的原因进行说明。不一致的原因一般包括记账错误、有争执的账项、不能收回的款项、无法支付的款项或长期悬置或挂账的款项等。

往来账项清查表是会计人员进行往来账项清查结果会计处理的原始凭证。

第三节　财产清查结果的会计处理

财产清查工作结束后，财会部门应根据清查的有关表册的记录，进行调整账面记录的会计处理和对清查损益确认的会计处理。

一、财产清查会计处理应设置的主要账户

对财产清查结果进行会计处理，应设置的主要账户是待处理财产损益账户，另外，对应收款项发生坏账的处理还会使用到坏账准备账户。下面，我们分别对这两个账户加以介绍。

1. 待处理财产损益账户

待处理财产损益账户是资产类账户，专门用于反映财产清查的盘盈、盘亏及其处理。下设待处理流动资产损益和待处理固定资产损益两个明细账户。该账户的借方反映财产物资的盘亏以及对盘盈的处理，贷方反映财产物资的盘盈以及对盘亏的处理。在期末结转之前，如果有借方余额，反映企业尚未处理的各种财产净损失；处理前的贷方余额，反映企业尚未处理的各种财产净收益。期末，对盘盈、盘亏处理之后，该账户没有余额。

企业会计制度中要求，企业清查的各种财产损益，应于期末前查明原因，并根据企业的管理权限，经过经理会议等类似机构批准后，在期末结转之前处理完毕。即期末必须对待处理财产损益账户的余额进行结转，结转之后该账户没有余额。

2. 坏账准备账户

所谓坏账，是指收不回来的应收款项，应收款项包括应收账款和其他应收款。由于发生坏账而带来的损失，称为坏账损失。

为了提高企业抗市场风险的能力，企业会计制度中规定：企业应当定期或者至少于每年年度终了，对应收款项进行全面检查，预计各项应收款项可能发生的坏账，对于没有把握能够收回的应收款项，应当计提坏账准备。通常企业采用备抵法计提坏账准备。

备抵法是指企业按期估计坏账损失，计入管理费用，同时建立坏账准备，待实际发生坏账时冲销坏账准备和相应的应收款项的一种处理方法。

年末按照应收款项账面余额和估计的坏账率，计算提取坏账准备金。公式为：

应提取的坏账准备＝应收款项账面余额×坏账率

企业根据计算出的应提坏账准备数登记坏账准备账户。

坏账准备账户是资产类账户，是应收账款和其他应收款账户的抵减账户。坏账准备账户的贷方反映提取的坏账准备数额，借方反映发生坏账后对坏账准备的冲销数。通常情况下的贷方余额表示企业所计提坏账准备的结余数额；如果有暂时性的借方余额，表示发生的坏账金额超过计提坏账准备的差额，需要在下一年度计提坏账准备时予以转回。

在资产负债表中的应收账款项目和其他应收款项目，是根据应收账款账户的账面余额和其他应收款账户的账面余额与坏账准备账户相应的贷方余额相抵减后的差额列示的。

二、财产清查结果的会计处理

（一）库存现金清查结果的账务处理

1. 库存现金盘盈的账务处理

库存现金盘盈时，应及时办理库存现金的入账手续，调整库存现金账簿记录，即按盘盈的金额借记现金科目，贷记待处理财产损益——待处理流动资产损益科目。

对于盘盈的库存现金，应及时查明原因，按管理权限报经批准后，按盘盈的金额借记待处理财产损益——待处理流动资产损益科目；按需要支付或退还他人的金额贷记其他应付款科目；按无法查明原因的金额贷记营业外收入科目。

【例 7-2】 甲公司在财产清查过程中盘盈库存现金 2 000 元，其中 1 000 元属于应支付给其他公司的违约金，剩余盘盈金额无法查明原因。

该业务应做如下会计处理：

（1）审批之前

借 现金 2 000

贷 待处理财产损益——待处理流动资产损益 2 000

（2）审批之后

借 待处理财产损益——待处理流动资产损益 2 000

贷 其他应付款 1 000

营业外收入 1 000

2. 库存现金盘亏的账务处理

库存现金盘亏时，应及时办理盘亏的确认手续，调整库存现金账簿记录，即按盘亏的金额借记待处理财产损益——待处理流动资产损益科目，贷记现金科目。

对于盘亏的库存现金，应及时查明原因，按管理权限报经批准后，按可收回的保险赔偿和过失人赔偿的金额借记其他应收款科目；按管理不善等原因造成净损失的金额借记管理费用科目；按自然灾害等原因造成净损失的金额借记营业外支出科目；按原记入待处理财产损益——待处理流动资产损益科目借方的金额贷记该科目。

【例 7-3】 某企业在财产清查中发现库存现金盘亏 8 000 元，其中出纳人员应赔偿 4 000 元，剩余部分因管理不善造成。

该业务应做如下会计处理：

（1）审批之前

借 待处理财产损益——待处理流动资产损益 8 000

贷 现金 8 000

（2）审批之后

借 其他应收款 4 000

管理费用 4 000

贷 待处理财产损益——待处理流动资产损益 8 000

（二）存货清查结果的账务处理

1. 存货盘盈的账务处理

存货盘盈时，应及时办理存货入账手续，调整存货账簿的实存数。盘盈的存货应按其重置成本作为入账价值借记原材料、库存商品等科目，贷记待处理财产损益——待处理流动资产损益科目。

对于盘盈的存货，应及时查明原因，按管理权限报经批准后，冲减管理费用，即按其入账价值，借记待处理财产损益——待处理流动资产损益科目，贷记管理费用科目。

2. 存货盘亏的账务处理

存货盘亏时，应按盘亏的金额借记待处理财产损益——待处理流动资产损益科目，贷记原材料、库存商品等科目。材料、产成品、商品采用计划成本（或售价）核算的，还应同时结转成本差异（或商品进销差价）。涉及增值税的，还应进行相应处理。

对于盘亏的存货，应及时查明原因，按管理权限报经批准后，按可收回的保险赔偿和过失人赔偿的金额借记其他应收款科目；按管理不善等原因造成净损失的金额借记管理费用科目；按自然灾害等原因造成净损失的金额借记营业外支出科目；按原记入待处理财产损益——待处理流动资产损益科目借方的金额贷记本科目。

【例 7-4】 某企业在财产清查中发现甲商品溢余 50 件，每件单价 40 元；乙商品盘亏 300 件，每件单价 50 元；丙商品盘亏 100 件，每件单价 100 元。

在发现盘盈、盘亏时，应编制如下会计分录：

（1）盘盈甲商品时

借 库存商品——甲商品 2 000

贷 待处理财产损益——待处理流动资产损益 2 000

（2）盘亏乙、丙商品时

借 待处理财产损益——待处理流动资产损益 25 000

贷 库存商品 25 000

——乙商品 （15 000）

——丙商品 （10 000）

【例 7-5】 在例 7-4 中，经检查发现盘盈的甲商品为收发计量差错所致，已批准进行处理。

该笔业务应编制如下会计分录：

借 待处理财产损益——待处理流动资产损益 2 000

贷 管理费用 2 000

【例 7-6】 在例 7-4 中，经检查发现，盘亏的乙商品为管理不善所致，其中仓库保管人员赔偿 3 000 元（款项已收存银行），已批准进行处理。

该笔业务应编制如下会计分录：

借 银行存款 3 000

管理费用 12 000

贷 待处理财产损益——待处理流动资产损益 15 000

【例 7-7】 在例 7-4 中，经检查发现，盘亏的丙商品是由火灾导致的，保险公司应赔偿 4 000 元，款项尚未收到，已批准进行处理。

该笔业务应编制如下会计分录：

借 其他应收款 4 000

营业外支出 6 000

贷 待处理财产损益——待处理流动资产损益 10 000

（三）固定资产清查结果的账务处理

1. 固定资产盘盈的账务处理

企业在财产清查过程中盘盈的固定资产，经查明确属企业所有，按管理权限报经批准后，应根据盘存凭证填制固定资产交接凭证，经有关人员签字后送交企业会计部门，填写固定资产卡片账，并作为前期差错处理，通过以前年度损益调整科目核算。盘盈的固定资产通常按其重置成本作为入账价值借记固定资产科目，贷记以前年度损益调整科目。涉及增值税、所得税和盈余公积的，还应按相关规定处理。

【例 7-8】 20××年 12 月 20 日，甲公司在进行财产清查过程中，发现账外设备一台，重置成本为 50 000 元，假定甲公司按净利润的 10%计提法定盈余公积，不考虑相关税费及其他因素的影响。

甲公司应编制的会计分录为：

（1）盘盈固定资产时

借 固定资产 50 000
　贷 以前年度损益调整 50 000

（2）结转为留存收益时

借 以前年度损益调整 50 000
　贷 盈余公积——法定盈余公积 5 000
　　利润分配——未分配利润 45 000

2. 固定资产盘亏的账务处理

固定资产盘亏时，应及时办理固定资产注销手续，按盘亏固定资产的账面价值，借记待处理财产损益——待处理非流动资产损益科目；按已提折旧额，借记累计折旧科目；按其原价，贷记固定资产科目。涉及增值税和递延所得税的，还应按相关规定处理。

对于盘亏的固定资产，应及时查明原因，按管理权限报经批准后，按过失人及保险公司应赔偿额，借记其他应收款科目；按盘亏固定资产的原价扣除累计折旧和过失人及保险公司赔偿后的差额，借记营业外支出科目；按盘亏固定资产的账面价值，贷记待处理财产损益——待处理非流动资产损益科目。

【例 7-9】 东方公司在财产清查中，盘亏设备一台，原值为 80 000 元，已提折旧 50 000 元。经查明，应由过失人赔偿 5 000 元，已批准进行处理。

该笔业务应编制如下会计分录：

（1）盘亏固定资产时

借 待处理财产损益——待处理非流动资产损益 30 000
　累计折旧 50 000
　贷 固定资产 80 000

（2）批准后处理

借 其他应收款 5 000
　营业外支出 25 000
　贷 待处理财产损益——待处理非流动资产损益 30 000

（四）结算往来款项盘存的账务处理

在财产清查过程中发现的长期未结算的往来款项，应及时清查。对于经查明确实无法支付的应付款项可按规定程序报经批准后，转作营业外收入。

企业对有确凿证据表明确实无法收回的应收款项，经批准后作为坏账损失。对于已确认为坏账的应收款项，并不意味着企业放弃了追索权，一旦重新收回，应及时入账。

坏账是指企业无法收获或收回的可能性极小的应收款项。由于发生坏账而产生的损失，称为坏账损失。企业通常将符合下列条件之一的应收款项确认为坏账：

(1) 债务人死亡，以其遗产清偿后仍然无法收回。

(2) 债务人破产，以其破产财产清偿后仍然无法收回。

(3) 债务人较长时间内未履行其偿还义务，并有足够的证据表明无法收回或收回的可能性很小。

为了核算企业发生的坏账损失，应当设置坏账准备账户，核算应收款项的坏账准备的计提、转销等情况。坏账准备账户的贷方登记当期计提的坏账准备金额，借方登记实际发生的坏账损失金额和冲减的坏账准备金额，期末余额一般在贷方，反映企业已计提但尚未转销的坏账准备。

1. 当期应计提坏账准备金额的计算

企业坏账损失的核算应采用备抵法，计提坏账准备的方法由企业自行确定，可以按应收账款余额百分比法、账龄分析法、赊销百分比法等计提坏账准备，也可以按客户分别确定应计提的坏账准备。

(1) 应收账款余额百分比法

应收账款余额百分比法是指按应收账款余额的一定比例计算提取坏账准备金。由于各行业应收账款是否能及时收回，其风险程度不一，各行业规定的计提比例不尽相同。企业每期坏账准备数额的估计要求应合理适中，估计过高会造成利润人为下降，估计过低则造成坏账准备不足以抵减实际发生的坏账，起不到坏账准备金应有的作用。

(2) 账龄分析法

账龄分析法是指根据应收账款的时间长短来估计坏账损失的一种方法。采用账龄分析法时，将不同账龄的应收账款进行分组，并根据前期坏账实际发生的有关资料，确定各账龄组的估计坏账损失百分比，再将各账龄组的应收账款金额乘以对应的估计坏账损失百分数，计算出各组的估计坏账损失额之和，即为当期的坏账损失预计金额。

(3) 赊销百分比法

赊销百分比法又称销货百分比法，是指企业根据当期赊销金额的一定百分比估计坏账的方法。一般认为，企业当期赊销业务越多，坏账的可能性越大。企业可以根据过去的经验和有关资料，估计坏账损失与赊销金额之间的比率，也可以用其他更合理的方法进行估计。不管采用哪种方法，计算当期应计提坏账准备的基本公式如下：

当期应提取的坏账准备＝按照相应的方法计算坏账准备账户期末应有余额－坏账准备账户已有的贷方余额(或＋坏账准备账户已有借方余额)

计算出来当期应提取的坏账准备若为正数，表示应该补提的坏账准备金额；若为负数，则表示应该冲减的坏账准备金额。

2. 计提坏账准备的会计分录

企业计提坏账准备时，当期计提的坏账准备应当计入资产减值损失，即借记资产减值损失科目，贷记坏账准备科目。冲减多计提的坏账准备时做相反分录。

【例 7-10】 20××年 12 月 31 日，甲公司对应收账款进行减值测试。应收账款账面余额合计为 1 000 000 元，甲公司根据实际情况确定按应收账款账面余额的 10%计提坏账准备，期初坏账准备账户贷方余额为 90 000 元。

20××年年末，甲公司计提坏账准备的会计分录如下：

借 资产减值损失　　10 000

　贷 坏账准备　　10 000

3. 实际发生坏账时的账务处理

企业发生坏账损失时，借记坏账准备科目，贷记应收账款、其他应收款等科目。

【例 7-11】 甲公司 20××年对丙公司的应收账款实际发生坏账损失 30 000 元。

确认坏账损失时，甲公司应编制会计分录如下：

借 坏账准备　　30 000

　贷 应收账款　　30 000

【例 7-12】 在例 7-11 和例 7-10 中，甲公司 20××年年末应收账款账面余额为 1 200 000 元，经减值测试，甲公司决定仍按 10%计提坏账准备。

甲公司 20××年年末坏账准备账户应有期末贷方余额为 120 000（1 200 000×10%）元；计提坏账准备前，坏账准备账户的实际余额为贷方 70 000（100 000－30 000）元，因此本年年末应计提的坏账准备金额为 50 000（120 000－70 000）元。甲公司应编制会计分录如下：

借 资产减值损失　　50 000

　贷 坏账准备　　50 000

已确认并转销的应收款项以后又收回的，应当按照实际收到的金额增加坏账准备的账面余额，借记应收账款等科目，贷记坏账准备科目；同时，借记银行存款科目，贷记应收账款等科目。也可以按照实际收到的金额，借记银行存款科目，贷记坏账准备科目。

【例 7-13】 甲公司 20××年 4 月 20 日收到 2015 年已转销的坏账 20 000 元，已存入银行。

甲公司应编制如下会计分录：

借 应收账款　　20 000

　贷 坏账准备　　20 000

借 银行存款　　20 000

　贷 应收账款　　20 000

或合并分录：

借 银行存款　　20 000

　贷 坏账准备　　20 000

复习与练习

一、单选题

1. 下列情况下，企业应当采用局部财产清查的是（　　）。

A. 年终决算前　　B. 企业清产核资时

C. 企业更换财产保管人员时　　D. 企业改组为股份制试点企业时

2. 某企业期初A材料库存40 000千克，本月购入A材料180 000千克，本月发出A材料150 000千克，期末盘点后，发现A材料实际为65 000千克。企业采用实地盘存制，A材料的发出数量为(　　)千克。

A. 155 000　　B. 150 000

C. 5 000　　D. 70 000

3. 下列各项中，属于企业应当进行全面清查的情况是(　　)。

A. 企业总经理调离工作前　　B. 出纳人员调离工作前

C. 库房失火后　　D. 库房管理员更换前

4. 下列关于银行存款清查方法的表述中，正确的是(　　)。

A. 定期盘存法　　B. 和往来单位核对账目的方法

C. 实地盘存法　　D. 与开户银行核对账目的方法

5. 下列各项中，可以作为企业调整账面数字的原始凭证的是(　　)。

A. 盘存单　　B. 实存账存对比表

C. 银行存款余额调节表　　D. 往来款项对账单

6. 下列各项中，属于库存现金和实物资产的清查都可采用的方法是(　　)。

A. 核对账目法　　B. 技术推算法

C. 实地盘点法　　D. 发函询证法

7. 下列关于实物资产清查对象的表述中，正确的是(　　)。

A. 库存现金　　B. 存货

C. 银行存款　　D. 应收账款

8. 贵重物资，(　　)应清查一次。

A. 每天　　B. 每月

C. 每季度　　D. 每年

9. 因保管人员失职造成的现金盘亏损失而应由过失人赔偿的，经批准后应记入待处理财产损益科目贷方。下列属于借方对应登记的科目的是(　　)。

A. 营业外支出　　B. 其他应收款

C. 其他业务支出　　D. 管理费用

10. 对盘亏的固定资产净损失，经批准后进行会计处理。下列属于应借记的会计科目为(　　)。

A. 制造费用　　B. 其他业务支出

C. 营业外支出　　D. 管理费用

二、多选题

1. 下列情况下，可能造成账实不符的有(　　)。

A. 财产收发计量或检验不准确　　B. 管理不善

C. 未达账项　　D. 账簿记录发生差错

2. 下列关于银行存款余额调节表的表述中，不正确的有(　　)。

A. 调节后的余额表示企业可以实际动用的银行存款数额

B. 该表是通知银行更正错误的依据

C. 可以作为调整本单位银行存款日记账记录的原始凭证

D. 是更正本单位银行存款日记账记录的依据

3. 下列各项中，应采用实地盘点法进行清查的有(　　)。

A. 固定资产　　B. 库存商品

C. 银行存款　　D. 库存现金

4. 财产清查中，对于已查明的资产盘亏，报经批准后，根据不同原因可能记入的账户有(　　)。

A. 其他应收款　　B. 营业外支出

C. 应收账款　　D. 管理费用

三、判断题

1. 从财产清查的对象和范围看，全面清查只有在年终进行。(　　)

2. 银行存款日记账与银行对账单余额不一致主要是由记账错误或未达账项所造成的。(　　)

3. 技术推算法用于大量成堆而价值又不高、难以逐一清点数量的财产物资的清查。(　　)

4. 在进行财产物资盘点时，实物保管员需要回避，不能在清查现场。(　　)

5. 存货发生盘盈，经批准后，借记待处理财产损益科目，贷记管理费用科目。(　　)

6. 转销已批准处理的财产盘盈数登记在待处理财产损益账户的贷方。(　　)

7. 当原材料、库存现金发生盘盈时，经报批后冲减管理费用或营业外收入。(　　)

四、业务题

甲公司期末进行财产清查时，发现如下情况：

1. 现金盘盈 600 元，原因待查。

2. 现金盘盈原因无法查明，报经有关部门批准后进行会计处理。

3. 盘亏设备一台，原价 40 000 元，已提折旧 25 000 元，原因待查。

4. 无法收回的应收账款 8 000 元，确认为坏账损失。

5. 盘盈一台未入账的计算机，该计算机市场价格是 15 000 元，估计的新旧程度为七成新。

要求：根据上述资料，逐笔编制甲公司的会计分录。

第八章　商业零售企业会计循环运用

【本章重点和难点】

☆每一个会计期间周而复始地进行会计工作的程序，叫作会计循环。

☆期末账项调整，是指将一些应计收入和应计费用的事项，按照权责发生制的要求确认入账的会计处理工作。

☆通过编制结转分录将虚账户结平的会计处理，称为账项结转。

☆零售企业库存商品核算，通常采用售价金额核算制。售价金额核算制又称为拨货计价、实物负责制，这是一种售价记账与实物负责相结合的核算制度。

第一节　会计循环概述

一、会计循环的含义

会计信息系统在数据的收集、加工、处理等过程中，要运用一系列的会计处理方法和程序。其中，记账凭证、会计账簿和会计报表是加工和生成会计信息的载体，它们之间的次序是：凭证→账簿→报表。会计计量，是会计信息加工程序的核心环节，贯穿于填制和审核会计凭证、复式记账、登记账簿和编制报表等会计核算方法的始终。这些会计核算方法是按照一定的程序逐步进行的，并且在加工和生成会计信息过程中周而复始地循环使用，因此，在会计中，将每一个会计期间周而复始地进行会计工作的程序，叫作会计循环。

会计循环从每个会计期间的期初开始，到会计期间的期末终了，在企业持续经营期间内，循环往复，周而复始。

二、会计循环的步骤

会计循环是按照一定的工作步骤进行的，通常，一个完整的会计循环包括如下几个步骤：

1. 审核经济业务，填制记账凭证、编制出会计分录

审核经济业务、填制记账凭证、编制会计分录是会计循环的起点。当经济业务的原始凭证传递到会计部门之后，经过审核确认，经济业务属于会计事项的，就可以填制记账凭证，将会计分录正确地编制出来。

2. 登记账簿

根据记账凭证中所确定的账户名称以及借贷方向，将会计事项所涉及的金额按照发生业务的先后顺序在有关账户中进行登记，并在期末结出本期发生额和余额。

3. 期末调账前的试算平衡

将会计事项在记账凭证和账簿中进行了确认和计量之后，为了检查账簿记录是否正确，

还必须进行试算平衡。根据试算平衡原理编制试算表，只有试算表试算平衡之后，才可以进行期末的账项调整。试算平衡可以在整个会计循环过程中的不同环节多次进行。

4. 进行期末账项调整

所谓期末账项调整，是指将一些应计收入和应计费用的事项，按照权责发生制的要求确认入账的会计处理工作。日常发生的经济业务尽管进行了确认和计量，但是由于会计分期和权责发生制的要求，还有一些本应属于本期的收入和费用未在本期中记录。为了实现收入和费用的正确配比，在期末编制会计报表之前，需要对这些发生的应计收入和应计费用项目全部通过调整计算、确认入账。如预收的租金，在租期内按月确认为收入记账。

5. 账项调整后的试算平衡

将调整账项所涉及账户的发生额都确认入账之后，再计算出相关账户新的本期发生额和期末余额；然后按照试算平衡原理进行新的试算平衡。如果试算结果平衡，则说明账项调整的有关账务处理不存在问题，便可进行下一步的有关账户账项结转工作。

6. 进行账项结转

所有的账户按照与会计报表的关系可以分为资产负债表账户和利润表账户。

资产负债表账户是提供编制资产负债表所需核算资料的账户，而资产负债表所需的会计核算资料主要来自于资产类、负债类和所有者权益类账户，因此，资产负债表账户就是资产类账户、负债类账户和所有者权益类账户。除非企业停产清算，将所有财产和所有债务清算完毕，否则，企业就必然会拥有一定数量的资产，对这些资产的要求权（即所有权和债权）自然会存在。也就是说，资产负债表账户期末一般都会有余额，并随着经营活动的延续而递延到下一个会计期间。所以，资产负债表账户又称为实账户或永久性账户。对实账户，在期末进行了有关账户的账项调整之后，结出期末余额并将其转入下一个会计期间即可。

利润表账户是提供编制利润表所需会计核算资料的账户，而利润表所需的会计资料主要来自于损益类账户。由于损益类账户主要反映收入和成本费用，其账户发生额的记录是计算利润的主要依据，因此，在期末，需将损益类中的各个账户发生额合计通过编制结转分录，结转到本年利润账户以确定出本期利润，损益类账户在结转之后没有余额。由此可见，利润表账户期末的余额，不能递延到下一个会计期间，一个会计期间结束时，与该期间相关联的利润表账户就应该被结平，到下一个会计期间，需要重新开设。因此，损益类账户是一种暂记性账户或过渡性账户，实际工作中，会计人员又将之称为虚账户。

为了准确核算出本期盈利或亏损，按照会计制度的要求，期末，企业需要对所有虚账户予以结平，为此，还需要编制出结转分录进行账项结转，结转之后的虚账户没有余额，这种通过编制结转分录，将各个虚账户的金额结转到本年利润账户，以确定出本期利润的会计处理方法，称为账结法。

实际工作中，会计人员为了简化会计核算工作，或为了及时报出会计报表，通常会采用只是年末才对虚账户进行账项结转的会计处理，年内的各个月末，保留损益类账户余额不进行结转。年内的各个期末，根据各个损益类账户本期期末的本月累计与上个月的本月累计数据，确定出本月数据，依此进行编制利润表。由于这种做法不需要通过编制结转分录结转本年利润账户，也不需要在损益类账户和本年利润账户中进行利润确定的任何登记，因此，这种会计处理方法称为表结法。

账结法的每月月末和表结法的年度终了，都需要编制结转分录进行虚账户的账项结转，并登记有关账户，只是账结法下的结转数额是各个月的本期发生额，而表结法的结转数是全年的本期发生额。这种通过编制结转分录将虚账户结平的会计处理，称为账项结转。

7. 工作底表和基本会计报表的编制

工作底表又称为工作底稿，是将一定会计期间核算所得到的会计资料汇集在一起，为最终取得一定的会计信息而进行调整、试算、分析的表式。

在会计循环的前几个步骤中，已经有两次编制试算平衡表；实际工作中，这种试算平衡需要多次进行。为了简化会计核算的账务处理程序和减少登记工作量，企业往往在期末对上述的试算和账项调整、结转工作，通过编制一张工作底表来完成，然后根据工作底表的有关数据编制出基本会计报表。工作底表的格式及其编制在本章的下一节我们就会学习到。

需要说明的是：电算化会计下，会计循环的步骤不是很明显，通常在输入记账凭证之后，登记账簿、账项调整和结转以及多次的试算平衡都是计算机自动进行，甚至有的企业使用的会计软件，各种报表都是在计算机内根据有关定义自动生成的，而且速度快、准确性好，因此，不需要编制工作底表。

8. 会计循环结束

基本会计报表编制完成之后，这一个会计期间的会计工作基本完成，下一步就是应当对各个账户实施结账，结束本期的会计工作，并为下一个会计期间会计工作的开始做好准备。

第二节　会计循环在商业零售企业的运用

商业企业包括批发企业和零售企业两种。批发企业的主要业务是购进商品和商品批发销售，其经济业务的特点是发生次数少、涉及金额大，批发企业商品购进与销售在会计处理上基本与制造业相同，我们在此不再介绍了。而商业零售企业由于其业务的特点不同于批发企业，在会计上使用其独有的处理方法，因此，在会计循环运用方面，我们以商业零售企业的主要经济业务为例。商业零售企业与所有行业企业的会计循环一样，都是按照前述的会计循环步骤进行的。

一、商业零售企业的主要业务及其会计分录

（一）零售企业的经营特点和会计核算方法

零售企业的经营特点是：销售商品的品种多、交易次数频繁、数量零星，一般是一手交钱一手交货的现金交易。

根据零售企业经营特点，库存商品核算通常采用售价金额核算制。售价金额核算制又称为拨货计价、实物负责制，这是一种售价记账与实物负责相结合的核算制度。因此，它不仅是一种核算方法，而且也是一种商品管理制度。这种会计核算方法的主要内容有：

1. 建立实物负责制

根据岗位责任制的要求，按商品经营的品种和地点，划分为若干柜组，确定柜组实物负责人，对小组所经营的商品数量、质量负担全部经济责任。

2. 库存商品按售价记账，金额控制

库存商品的总分类账和明细分类账一律按售价记账，只记金额，不记数量。总分类账综括反映库存商品进、销、存的售价总金额情况；明细分类账按实物负责小组分别设置，详细反映各个实物负责小组所经营商品的库存商品进、销、存的售价金额情况，在总账控制下，随时

反映各个实物负责小组的经济责任。

需要特别注意的是：由于零售商品的最终用户是个人，按照税法的有关规定，零售企业在商品销售后，不能开具增值税专用发票分项列示售价和税额，因此，零售企业使用一般商业发票，其售价中含有增值税额。

3. 设置商品进销差价账户

由于库存商品账户按照售价记账，而购进商品按进价支付货款。为了正确反映库存商品资金实际占用额，就必须设置商品进销差价账户，用来核算商品进价和售价之间的差额。

4. 加强商品盘点

实行售价金额核算，库存商品只有金额控制，没有数量记录，只有通过对库存商品的实地盘点，确定库存商品数量才能核实库存商品的金额。因此，加强商品盘点，可以检查库存商品是否账实相符，以检查实物负责人的工作质量和经济责任。

5. 严格价格管理

零售商品按照售价金额入库，实物负责人对所经营的商品也按售价金额进行控制，如售价一有变动，就会影响库存商品总额。因此，必须严格价格管理，实行明码标价。

零售商品按售价金额核算，可以简化会计核算手续；不足之处是由于只记金额、不记数量，库存商品账不能提供数量指标来控制商品进、销、存情况，一旦发生差错，难以查明原因。

（二）零售企业的购进业务与销售业务

1. 零售企业的购进业务

零售商品购进，一般由实物负责人根据商品库存情况和销售情况，自行组织进货；设有专职采购人员的企业，可以由实物负责小组提出要货计划，由采购员组织进货；对连锁超市企业，由于一般公司设有物流配送中心，物流配送中心根据各个连锁超市的销售情况组织采购。

购进的商品运达后，由实物负责人根据发票所列内容，逐一清点商品数量，检查商品质量，核对商品编号、品名、数量、质量、单价和金额无误后，填制商品验收单一式几联，分送有关部门入账。商品验收单一般格式见表8-1。

表 8-1　　　　**商品验收单**

编号：

柜组：　　　　年　　月　　日　　　　单位：

商品类别	编号	品名规格	购进价			零售价			进销差价	进项税额
			数量	单价	金额	数量	单价	金额		
		合计								

验收人员签章：　　　　保管人员签章：

设有中心仓库的企业或设有物流配送中心的企业，商品运达后，由仓库保管人员或物流配送中心的有关工作人员负责验收入库。

由于零售商品是按照售价金额核算，购入商品在验收入库时，不是按照进价而是按照售价记入库存商品账户，这样库存商品账户中的金额就包括了商品的实际进价和未实现的进销差价(含销项税额)两部分。为了真实反映财产情况，在按照售价记入库存商品账户的同时，还必须将商品进价和售价之间的差额，在另设的商品进销差价账户中进行登记。

商品进销差价账户是资产类账户，实际上也是库存商品账户的抵减调整账户。该账户的贷方登记购进商品售价大于进价的差价、商品调价和商品溢余增值等因素增加的差价；借方登记购进商品售价小于进价的差价、注销已实现销售的商品进销差价以及商品短缺和调价减值等情况而转销的差价，其贷方余额表示库存商品的进销差价。库存商品账户的借方余额与商品进销差价的贷方余额相抵减，就是库存商品的进价或实际成本。

目前，大多数零售企业的商品购进核算是：

在购进时，按不含税的购进价格记入物资采购账户，按进项税额记入应交税费——增值税(进项税额)账户，按价税款总额记入银行存款账户、应付账款或应付票据等账户。

在商品验收入库时，则按照含税的零售价记入库存商品账户，按含税的进销差价记入商品进销差价账户，按照不含税的购进价格转销物资采购账户。

【例 8-1】 紫金商场 4 月份向本市某公司批发购进甲、乙两个品种的化妆品，甲化妆品的购进价格为 300 000 元，增值税额为 48 000 元；乙化妆品的购进价格为 200 000 元，增值税额为 32 000 元，价税款已经通过转账支票付讫，商品也验收入库。紫金商厦确定的该类化妆品的毛利率为 20%。

说明：这里，我们只以一类商品的有关核算为例说明零售企业的会计循环问题，其他类别商品的账务处理不再涉及。

分析：

(1) 购进商品，支付货款时，其会计分录应为：

借　物资采购　　500 000
　　——甲化妆品　　(300 000)
　　——乙化妆品　　(200 000)
　　应交税费——应交增值税(进项税额)　　80 000
贷　银行存款　　580 000

(2) 商品验收入库时：

为了简化库存商品日常核算工作，零售企业对各类商品规定了毛利率，以此为基础计算出各种商品的不含税零售价，然后再加上销项税额，便可确定出商品的含税零售价，以含税零售价入账。计算公式为：

毛利额＝商品进价×毛利率

不含税零售价＝商品进价＋毛利额＝商品进价×(1＋毛利率)

含税零售价＝不含税零售价＋销项增值税＝不含税零售价×(1＋增值税率)

含税进销差价＝含税零售价－商品进价

甲、乙化妆品的有关计算如下：

甲化妆品的不含税零售价＝300 000×(1＋20%)＝360 000 (元)

甲化妆品的含税零售价＝360 000×(1＋16%)＝417 600(元)

甲化妆品的含税进销差价＝417 600－300 000＝117 600 (元)

乙化妆品的不含税零售价＝200 000×(1＋20%)＝240 000 (元)

乙化妆品的含税零售价＝240 000×(1＋16%)＝278 400(元)

乙化妆品的含税进销差价＝278 400－200 000＝78 400(元)

因此,库存商品验收入库的会计分录为:

借　库存商品　　696 000
　　——甲化妆品　　(417 600)
　　——乙化妆品　　(278 400)
　贷　物资采购　　500 000
　　——甲化妆品　　(300 000)
　　——乙化妆品　　(200 000)
　　商品进销差价　　196 000
　　——甲化妆品　　(117 600)
　　——乙化妆品　　(78 400)

在上列会计分录中,库存商品账户的售价金额是含有销项增值税额的,商品进销差价账户中进销差价金额也包含了销项增值税额。

2. 零售企业的销售业务

零售商品销售的核算是通过主营业务收入、主营业务成本和商品进销差价账户进行的。平时,零售企业销售商品后,按含税的零售价确认商品销售收入;同时,也需要按照含税零售价从库存商品账上注销已经售出的库存商品,将已经售出的库存商品的账面金额结转为商品销售成本。这样处理的结果,通常使平时主营业务收入账户记录的金额与主营业务成本账户记录的金额相等,都是已经销售出去商品的含税零售价格。

【例 8-2】 在例 8-1 中,甲化妆品在本月份共销售 294 840 元,乙化妆品在本月份共销售 168 480 元,销售时收到的现金都已存入银行。

分析:根据题意,商品销售时的会计分录应为:

借　银行存款　　463 320
　贷　主营业务收入　　463 320
　　——甲化妆品　　(294 840)
　　——乙化妆品　　(168 480)

同时,按照已售商品的含税零售价注销库存商品并结转已经实现销售的商品成本,会计分录如下:

借　主营业务成本　　463 320
　　——甲化妆品　　(294 840)
　　——乙化妆品　　(168 480)
　贷　库存商品　　463 320
　　——甲化妆品　　(294 840)
　　——乙化妆品　　(168 480)

(三) 零售企业已销商品销项税额和进销差价的转出

为了正确计算商品实际销售收入和正确确定已经实现的销项增值税额,零售企业在每一个月的月末,需要将记入主营业务收入账户中含有的销项增值税额从销售收入中分离出来,以便确定出不含增值税的销售收入和销项税额。有关的计算公式如下:

当期不含税收入＝当期含税销售额/(1＋增值税率)

当期销项税额＝当期不含税收入×增值税率＝当期含税销售额－当期不含税收入

然后，将计算出的销售收入中所含有的销项税额，从主营业务收入账户中转销，记入应交税费——应交增值税(销项税额)账户的贷方。

【例 8-3】 月末，将例 8-2 中主营业务收入账户中的销项税额转出。

分析：月末，有关计算如下：

本月甲化妆品的不含税销售收入＝294 840/(1＋16％)＝254 172 (元)

本月甲化妆品的销项税额＝294 840－254 172＝40 668 (元)

本月乙化妆品的不含税销售收入＝168 480/(1＋16％)＝145 241 (元)

本月乙化妆品的销项税额＝168 480－145 241＝23 239 (元)

根据题意，做会计分录为：

借　主营业务收入　　63 907
　　——甲化妆品　　(40 668)
　　——乙化妆品　　(23 239)
　贷　应交税费——应交增值税(销项税额)　　63 907

月末，为了正确计算出实际的主营业务成本，需要将记入主营业务成本账户中含有的含税进销差价计算转出。计算公式如下：

$$\text{需要转出的已销商品含税进销差价}=\text{该商品的进销差价总额}\times(\text{已销商品的含税售价}/\text{该商品总含税售价})$$

将计算出的应从主营业务成本账户中转出的含税进销差价，也从商品进销差价账户中注销，即借记商品进销差价账户，贷记主营业务成本账户。

【例 8-4】 月末，将例 8-2 中主营业务成本账户中的含税进销差价额转出。

分析：

需要转出的已销甲化妆品含税进销差价＝117 600×(294 840/417 600)＝83 030 (元)

需要转出的已销乙化妆品含税进销差价＝78 400×(168 480/278 400)＝47 446 (元)

根据题意，做会计分录为：

借　商品进销差价　　130 476
　　——甲化妆品　　(83 030)
　　——乙化妆品　　(47 446)
　贷　主营业务成本　　130 476
　　——甲化妆品　　(83 030)
　　——乙化妆品　　(47 446)

这样，我们可以确定出甲化妆品的实际主营业务成本为：211 810(即 294 840－83 030)元；确定出乙化妆品的实际主营业务成本为：121 034(即 168 480－47 446)元。

(四) 商品流通费用

商品流通费用是商业企业在组织商品流通过程中的耗费。商品流通费用包括：商品流通企业职工的工资及工资附加费(如提取福利费、工会经费等)、商品流通企业的固定资产折旧费、低值易耗品摊销、办公用品和包装材料的消耗、商品在运输、保管、销售过程中的合理损耗、利息、保险费、管理耗费等。商品流通费用是通过销售费用、管理费用和财务费用账户进行核算。

商业企业的销售费用核算在购进、销售和储存环节所发生的各项费用，如购进环节的运杂费、销售环节的广告费等销售费用、存储环节的仓储保管费、经营人员的工资及福利费用等。销售费用账户是损益类账户，借方登记费用的增加，贷方登记期末结转本年利润账户的数额，结转之后没有余额。

商业企业销售费用账户核算的内容与制造业的销售费用账户稍有区别。主要表现在：制造业中只有销售费用是在销售费用账户中核算，购进环节发生的运杂费等是记入在途物资或物资采购账户，形成物资采购成本的一部分，存储商品的保管费用等是记入管理费用账户；而商业企业在购销存环节发生的所有费用都记入销售费用账户。

商业企业管理费用账户除了存储保管费用和固定资产折旧的会计处理与制造业的会计处理不同之外，其余内容的会计处理完全与制造业相同。商业企业的存储保管费用不记入管理费用账户而是记入销售费用账户；商业企业的固定资产折旧费不分使用部门确定应记入的账户，而是全部记入管理费用账户中。

商业企业财务费用账户与制造业财务费用账户核算内容完全相同。

前述紫金商场4月份还发生了如下业务：

【例8-5】 签发转账支票支付商品保管费2 000元。

分析：这项经济业务表明一方面营业费用增加，另一方面银行存款减少。因此，会计分录为：

借　销售费用——商品保管费　　2 000
　贷　银行存款　　2 000

【例8-6】 业务部门领用手推车一批，原值600元，预计使用20次。该企业采用分次摊销法核算周转材料。

分析：在本业务中，涉及的手推车属于周转材料中的低值易耗品。周转材料，是指企业能够多次使用，逐渐转移其价值但仍然保持其原有形态不确认为固定资产的材料，如包装物和低值易耗品等。周转材料的核算，可以采用一次摊销法和分次摊销法等。一次摊销法，是指在周转材料领用时，将其价值一次性地全部入有关费用项目；分次摊销法，是指根据周转材料可供使用的估计次数，将其价值按比例地分次摊入有关成本费用的一种方法，某期摊销额可用下列公式计算：

某期应摊销额＝周转材料账面价值÷预计使用次数×该期实际使用次数

本业务的核算，需要使用周转材料账户。周转材料账户是资产类账户，借方反映周转材料增加的数额，贷方反映周转材料价值的减少或摊销；余额在借方，表示期末周转材料的账面价值。采用非一次摊销法（如采用分次摊销法等方法）时，本账户除了可按周转材料的种类进行明细核算外，还应分别在库、在用和摊销进行明细核算。

由于本企业对手推车采用分次摊销法摊销其价值，因此，领用手推车时，需要将其价值先计入周转材料——低值易耗品（在用手推车）账户的借方，同时将领用价值记入周转材料——低值易耗品（在库手推车）账户的贷方。该笔业务领用时的会计处理如下：

借　周转材料——低值易耗品（在用手推车）　　600
　贷　周转材料——低值易耗品（在库手推车）　　600

【例8-7】 紫金商场管理部门以现金购入A5打印纸、墨粉等办公用品，共计460元。

分析：购入的打印纸、墨粉等不是为了出售，不能记入库存商品账户，而是记入管理费用账户。会计分录为：

借 管理费用——办公用品费 460

贷 库存现金 460

【例 8-8】 月末，计算出经营管理人员的工资为 4 000 元，营业员的工资为 10 000 元，并从银行提取现金进行发放。

分析：

（1）对工资费用的核算，会计分录如下：

借 管理费用——工资费 4 000

销售费用——工资费 10 000

贷 应付职工薪酬——工资 14 000

（2）从银行提取现金的会计分录如下：

借 库存现金 14 000

贷 银行存款 14 000

（3）发放工资的会计分录如下：

借 应付职工薪酬——工资 14 000

贷 库存现金 14 000

二、登记账簿

在对经济业务初次确认、计量之后，就应该根据记账凭证中的会计分录内容登记账簿，并结出本期发生额和余额。

紫金商场的 4 月初的各个账户的期初余额见表 8-2。

表 8-2 **紫金商场账户期初余额表**

20××年 4 月 1 日 单位：元

账户名称	金 额	账户名称	金 额
库存现金	120 000.00	累计折旧	1 440 000.00
银行存款	800 000.00	短期借款	1 000 000.00
库存商品	2 300 000.00	应付账款	170 000.00
周转材料（在库）	20 000.00	实收资本	2 000 000.00
固定资产	2 180 000.00	盈余公积	810 000.00
合计	5 420 000.00	合计	5 420 000.00

将 4 月份的业务登记入账如下：

库存现金账户

借方	贷方
期初余额：120 000	
(8-B)14 000	(7)460
	(8-C)14 000
本期借方发生额：14 000	本期发生额：14 460
期末余额：119 540	

银行存款账户

借方	贷方
期初余额：800 000	(1-①)580 000
(2-①)463 320	(5)2 000
	(8-B)14 000
本期发生额：463 320	本期发生额：596 000
期末余额：667 320	

库存商品账户

借方	贷方
期初余额：2 300 000 (1-②)696 000	(2-②)463 320
本期借方发生额：696 000	本期发生额：463 320
期末余额：2 532 680	

周转材料——在库账户

借方	贷方
期初余额：20 000	(6)600
本期发生额：——	本期发生额：600
期末余额：19 400	

固定资产账户

借方	贷方
期初余额：2 180 000	
本期发生额：——	本期发生额：——
期末余额：2 180 000	

累计折旧账户

借方	贷方
	期初余额：1 440 000
本期发生额：——	本期发生额：——
	期末余额：1 440 000

物资采购账户

借方	贷方
期初余额：—— (1-①)500 000	(1-②)500 000
本期发生额：500 000	本期发生额：500 000
期末余额：——	

商品进销差价账户

借方	贷方
(4)130 476	期初余额：—— (1-②)196 000
本期发生额：130 476	本期发生额：196 000
	期末余额：65 524

主营业务成本账户

借方	贷方
期初余额：—— (2-②)463 320	(4)130 476
本期发生额：463 320	本期发生额：130 476
期末余额：332 844	

主营业务收入账户

借方	贷方
(3)63 907	期初余额：—— (2-①)463 320
本期发生额：63 907	本期发生额：463 320
	期末余额：399 413

销售费用账户

借方	贷方
期初余额：—— (5)2 000 (8-A)10 000	
本期发生额：12 000	本期发生额：——
期末余额：12 000	

管理费用账户

借方	贷方
期初余额：—— (7)460 (8-A)4 000	
本期发生额：4 460	本期发生额：——
期末余额：4 460	

应交税费——应交增值税账户

借方	贷方
(1-①)80 000	期初余额：—— (2)63 907
本期发生额:80 000	本期发生额:63 907
期末余额:16 093	

应付职工薪酬账户

借方	贷方
(8-C)14000	期初余额：—— (8-A)14000
本期发生额:14 000	本期发生额:14 000
	期末余额：——

短期借款账户

借方	贷方
	期初余额:1 000 000
本期发生额：——	本期发生额：——
	期末余额:1 000 000

应付账款账户

借方	贷方
	期初余额:170 000
本期发生额：——	本期发生额：——
	期末余额:170 000

实收资本账户

借方	贷方
	期初余额:2 000 000
本期发生额：——	本期发生额：——
	期末余额:2 000 000

盈余公积账户

借方	贷方
	期初余额: 810 000
本期发生额：——	本期发生额：——
	期末余额:810 000

周转材料——在用账户

借方	贷方
期初余额：—— (6)600	
本期发生额:600	本期发生额：——
期末余额:600	

三、调账前的试算平衡

将日常经济业务的记账凭证记录登记有关账户后，为了验证账户记录是否正确，在进行期末的账项调整前需编制试算平衡表。紫金商场的试算平衡表见表8-3。

表8-3 **试算平衡表**

单位:紫金商场　　20××年4月30日　　单位:元

账户名称	期初余额		本期发生额		期末余额	
	借方	贷方	借方	贷方	借方	贷方
库存现金	120 000.00		14 000.00	14 460.00	119 540.00	
银行存款	800 000.00		463 320.00	596 000.00	667 320.00	
库存商品	2 300 000.00		696 000.00	463 320.00	2 532 680.00	
周转材料——在库	20 000.00		——	600.00	19 400.00	

续表 8-3

账户名称	期初余额		本期发生额		期末余额	
	借方	贷方	借方	贷方	借方	贷方
固定资产	2 180 000.00		——	——	2 180 000.00	
累计折旧		1 440 000.00	——	——		1 440 000.00
短期借款		1 000 000.00	——	——		1 000 000.00
应付账款		170 000.00	——	——		170 000.00
应交税费		——	80 000.00	63 907.00	16 093.00	
实收资本		2 000 000.00	——	——		2 000 000.00
盈余公积		810 000.00	——	——		810 000.00
商品进销差价		——	130 476.00	196 000.00		65 524.00
主营业务收入		——	63 907.00	463 320.00		399 413.00
主营业务成本	——		463 320.00	130 476.00	332 844.00	
营业费用	——		12 000.00		12 000.00	
管理费用	——		4 460.00		4 460.00	
周转材料——在用	——		600.00		600.00	
物资采购	——		500 000.00	500 000.00	——	
应付职工薪酬		——	14 000.00	14 000.00		——
合　　计	5 420 000.00	5 420 000.00	2 442 083.00	2 442 083.00	5 884 937.00	5 884 937.00

从试算平衡表来看，表中的本期借方发生额合计等于本期贷方发生额合计，期末借方余额合计等于期末贷方余额合计，满足试算平衡公式。可以在现有账簿记录的基础上，进行期末的账项调整会计处理。

四、期末账项调整

为了贯彻权责发生制和配比原则，为了分期正确计算损益，在日常经济业务都得到妥当的会计处理后，期末需要对应计收入和应计费用等账项调整入账。通常，期末账项调整包括下面一些内容。

（一）应计收入的账项调整

应计收入的账项调整，是指对预收业务和应收业务的某些账项，应当按照权责发生制的要求，在本期确认为收入的部分调整入账。应计收入的账项调整包括预收租金收入的调整、应计利息收入的调整等。

1. 预收款项应计收入的调整

预收款项应计收入调整，是将那些尚未提供有关劳务或服务但已经在以前会计期间或本期收到的款项按照收益期平均确认为各期收入进行核算。一般需要设置其他应收款账户和其他业务收入等主要账户。

其他应收款是指除应收票据、应收账款、预付账款等以外的其他各种应收、暂付款项，包括应收职工暂借的差旅费、向职能科室等部门拨出的备用金、应收的各种赔款、罚款、应向职工收取的各种垫付款项、应收出租包装物租金、存出保证金（如租入包装物支付的押金）等。

其他应收款账户是资产类账户，核算其他应收款项的发生和收回。该账户的借方反映各项其他应收款项的发生，贷方反映已经收回的其他应收款项，余额在借方，表示应收而未收的其他款项。其他应收款账户可以按照应收项目设置明细账。

至于其他业务收入账户，我们在制造业主要业务的核算中已经介绍过。

下面，我们仍通过紫金商场的经济业务例子说明期末的账项调整事项入账。

【例 8-9】 紫金商场在本月中旬收到出租柜台的一年租金，现金金额为 12 000 元。

分析：这项经济业务是一笔预收一年租金款项的业务。一方面，收到租金增加的现金，记入现金账户的借方；另一方面，其收到的款项不能在当月全部作为其他业务收入记账，而是先作为其他应收款的收回处理，记入其他应收款账户的贷方；月末再确认本月实现的租金收入部分入账。这样，会计处理需分两步进行。

(1) 收到全年柜台租金时的会计分录如下：

借 库存现金 12 000

贷 其他应收款——出租柜台租金 12 000

(2) 月末，按照权责发生制原则，收到的一年租金款项在全年 12 月平均确认为收入。本月份应确认的租金收入为：12 000/12＝1 000(元)，记入其他业务收入账户的贷方；同时，冲销相应的其他应收款，记入其他应收款账户的借方。因此，调整会计分录如下：

借 其他应收款——出租柜台租金 1 000

贷 其他业务收入——出租收入 1 000

2. 应收账项应计收入的调整

应收账项应计收入调整，是将那些已经提供有关劳务或服务但在本期尚未收到的款项，按照权责发生制的要求确认为本期收入进行核算。一般需要设置其他应收款、应收利息账户和其他业务收入等主要账户。

应收利息账户是资产类账户，核算应收存款利息的增加和收回。该账户的借方反映当期应收的利息，贷方反映收到的利息，余额在借方，表示应收而尚未收到的利息额。该账户可以按照应收利息单位设置明细账。

【例 8-10】 紫金商场在月末，将开户行的银行存款利息收入调整入账。估计本月份的利息收入为 2 000 元。

分析：企业与银行活期利息收入的结算是按照季度进行，在季度末才能收到的利息。通常，在月末需要按照权责发生制的要求估计当月利息收入，将估计的利息收入的金额，一方面记入应收利息账户的借方，另一方面冲减财务费用，记入财务费用账户的贷方。因此，可做调整会计分录如下：

借 应收利息——××银行 2 000

贷 财务费用 2 000

注意：应收利息的收入，不能确认为其他业务收入的增加，而是根据会计制度的要求，冲减财务费用。

【例 8-11】 紫金商场本月出租手推车一批，租期 2 个月。按照租赁协议的规定，租赁到期后，对方一次性支付租金总额 8 000 元。

分析：该项经济业务也是出租业务，但与例 8-9 出租业务的不同点在于：该项业务是已经提供有关出租服务，但是本月租金尚未收到。按照权责发生制的要求，本月份已经提供出租服务，就应该在月末确认当月租金收入。月末，应确认的当月租金收入为：8 000/2＝4 000(元)，调整会计分录为：

借　其他应收款——出租手推车租金　　4 000

　贷　其他业务收入——出租收入　　4 000

说明：下月末，仍做这样一笔租金收入调整会计分录。

当租赁到期，企业收到租金 8 000 元。这时，应做会计分录如下：

借　库存现金　　8 000

　贷　其他应收款——出租手推车租金　　8 000

（二）应计费用的账项调整

应计费用的账项调整，是指对预付业务和应付业务的某些账项，应当按照权责发生制的要求，在本期确认为费用的部分调整入账。应计费用的账项调整包括预付租金、预付保险费、预付报纸杂志费的调整、领用的低值易耗品价值的摊销、无形资产的摊销、计提固定资产折旧、计提坏账准备、预提修理费、预提借款利息等的调整。

1. 预付账项应计费用的调整

预付账项应计费用调整，是将那些尚未接受有关劳务或服务但已经在以前会计期间或本期支付的款项或耗用的资产按照受益期平均确认为各期费用进行核算。另外，对应收账款计提坏账准备、对以前形成的无形资产价值的摊销、对固定资产计提折旧等，也属于预付账项应计费用的调整。

【例 8-12】 紫金商场在月末摊销本月份业务部门领用手推车的价值，本月末，该批低值易耗品已使用了 10 次。

分析：在例 8-6 中已经指出，紫金商场对手推车价值的摊销是采用分次摊销法进行的，因此，月末计算摊销周转材料的价值时，计算本期应摊销额为：

本期应摊销额＝低值易耗品账面价值÷预计使用次数×该期实际使用次数

＝600÷20×10＝300(元)

即本月份应摊销的价值为：600/2＝300(元)。由于是业务部门领用的手推车，摊销的价值应作为营业过程中发生的费用处理。调整会计分录如下：

借　销售费用——领用手推车价值摊销　　300

　贷　周转材料——低值易耗品(摊销手推车价值)　　300

【例 8-13】 月末，计提本月固定资产折旧为 6 000 元。

分析：商业企业固定资产的折旧费全部记入管理费用，因此，计提折旧的会计分录如下：

借　管理费用——折旧费　　6 000

　贷　累计折旧　　6 000

2. 应付账项应计费用的调整

应付账项应计费用的调整，是指对那些在本期已经耗用或已经在本期受益，需要在以后会计期间内实际支付，应由各个受益期负担的费用调整入账。这些账项包括预计账项和应计税金费用账项，如预计借款利息、计算税金及附加等。

【例 8-14】 月末，紫金商场预计本月份应负担的短期借款利息为 2 500 元。

分析：企业与银行短期借款利息的结算也是按季度进行。本月份尽管无须支付利息，但按照权责发生制原则，应采用预计方式将利息费用确认入账。调整分录为：

借　财务费用——利息费用　　2 500

　贷　应付利息——应付短期借款利息　　2 500

【例 8-15】 月末，计算本商场的税金及附加。本商场所销售的化妆品为护肤系列，消费税率为 8%，城建税率为 7%，教育附加费率为 3%。

分析：由于紫金商场销售的化妆品是应税消费品，应按照规定计算交纳消费税。

应交消费税的计算公式为：

应交消费税额＝不含增值税的销售收入×消费税率

根据例 8-2 和例 8-3，我们可知，该公司的不含增值税的销售收入为：

不含增值税的销售收入＝254 172＋145 241＝399 413 (元)

应交消费税额＝399 413×8%＝31 953(元)

因此，应做的会计分录如下：

(1) 借 税金及附加 31 953

贷 应交税费——应交消费税 31 953

另外，按照税法的要求，企业应根据应交纳的流转税总额计算交纳城建税和教育附加费。根据例 8-1、例 8-2 和例 8-3，我们可知，紫金山商场本月份应交纳的流转税情况如下：

应交增值税＝销项税额－进项税额＝63 907－80 000＝－16 093 (元)

由于存在尚未抵扣的进项税额，该商场本月份无须交纳增值税，即应交纳增值税＝0 元。

应交的消费税＝31 953 (元)

因此，以应交流转税额为基数计算的城建税和教育费附加为：

应交城建税＝(0＋31 953)×7%＝2 237 (元)

应交教育附加费＝(0＋31 953)×3%＝958 (元)

(2) 借 税金及附加 3 195

贷 应交税费 3 195

——应交城建税 (2 237)

——教育附加费 (958)

将上述调整账项登记相关账户如下：

库存现金账户

借方	贷方
账项调整前余额：119 540 (9-A)12 000	
本期发生额：12 000	本期发生额：——
期末余额：131 540	

累计折旧账户

借方	贷方
	账项调整前余额：1 440 000 (13)6 000
本期发生额：——	本期发生额：6 000
	期末余额：1 446 000

销售费用账户

借方	贷方
账项调整前余额：12 000 (12)300	
本期发生额：300	本期发生额：——
期末余额：12 300	

税金及附加账户

借方	贷方
账项调整前余额： (15-A)31 953 (15-B)3 195	
本期发生额：35 148	本期发生额：——
期末余额：35 148	

管理费用账户

借方	贷方
账项调整前余额:4 460 (13)6 000	
本期发生额:6 000	本期发生额:——
期末余额:10 460	

应交税费账户

借方	贷方
	账项调整前余额:－16 093 (15-A)31 953 (15-B) 3 195
本期发生额:——	本期发生额:35 148
	期末余额:19 055

财务费用账户

借方	贷方
账项调整前余额:—— (14)2 500	(10)2 000
本期发生额:2 500	本期发生额:2 000
期末余额:500	

应付利息账户

借方	贷方
	账项调整前余额:—— (14)2 500
本期发生额:——	本期发生额:2 500
	期末余额:2 500

周转材料——在用账户

借方	贷方
账项调整前余额:600	(12)300
本期发生额:——	本期发生额:300
期末余额:300	

其他业务收入账户

借方	贷方
	账项调整前余额:—— (9-B)1 000 (11)4 000
本期发生额:——	本期发生额:5 000
	期末余额:5 000

应收利息账户

借方	贷方
账项调整前余额—— (10)2 000	
本期发生额:2 000	本期发生额:——
期末余额:2 000	

其他应收款账户

借方	贷方
账项调整前余额:—— (9-B)1 000 (11)4 000	(9-A)12 000
本期发生额:5 000	本期发生额:12 000
	期末余额:7 000

将上述调整账项登记相关账户，这是在调整前有关账户余额的基础上进行的登记，对那些不受账项调整业务影响的账户，不需要登记。

五、调整后的试算

为了验证账项调整的账户登记是否正确，需要编制调整后的试算平衡表，具体见表8-4。

表 8-4 调整后试算平衡表

单位：紫金商场　　20××年 4 月 30 日　　单位：元

账户名称	调整前余额		账项调整额		调整后余额	
	借方	贷方	借方	贷方	借方	贷方
库存现金	119 540.00		12 000.00	——	131 540.00	
银行存款	667 320.00		——	——	667 320.00	
库存商品	2 532 680.00		——	——	2 532 680.00	
周转材料——在库	19 400.00		——	——	19 400.00	
固定资产	2 180 000.00		——	——	2 180 000.00	
累计折旧		1 440 000.00	——	6 000.00		1 446 000.00
短期借款		1 000 000.00	——	——		1 000 000.00
应付账款		170 000.00	——	——		170 000.00
应交税费	16 093.00		——	35 148.00		19 055.00
实收资本		2 000 000.00	——	——		2 000 000.00
盈余公积		810 000.00	——	——		810 000.00
商品进销差价		65 524.00	——	——		65 524.00
主营业务收入		399 413.00	——	——		399 413.00
主营业务成本	332 844.00		——	——	332 844.00	
销售费用	12 000.00		300.00	——	12 300.00	
管理费用	4 460.00		6 000.00	——	10 460.00	
周转材料——在用	600.00		——	300.00	300.00	
物资采购	——		——	——	——	
应付职工薪酬		——	——	——		——
税金及附加	——		35 148.00	——	35 148.00	
财务费用	——		2 500.00	2 000.00	500.00	
应付利息		——	——	2 500.00		2 500.00
应收利息	——		2 000.00	——	2 000.00	
其他应收款	——		5 000.00	12 000.00		7 000.00
其他业务收入		——	——	5 000.00		5 000.00
合　计	5 884 937.00	5 884 937.00	62 948.00	62 948.00	5 924 492.00	5 924 492.00

六、期末账项结转

在调整后试算平衡的基础上，将虚账户进行期末账项结转，以确定出本期损益。

【例 8-16】 紫金商场适用所得税率为 25%。月末，做出紫金商场账项结转的有关会计分录。

紫金商场所做的账项结转会计分录如下：

(1) 结转收入类账户

借　主营业务收入　　399 413

其他业务收入　　5 000

贷　本年利润　　404 413

(2) 结转损益类中的成本费用账户

借　本年利润　　391 252

贷　主营业务成本　　332 844

税金及附加　　35 148

销售费用　　12 300

管理费用　　10 460

财务费用　　500

(3) 计算应交所得税并结转

本月利润＝404 413－391 252＝13 161（元）

应交所得税＝13 161×25%＝3 290（元）

因此,会计分录如下:

借　所得税费用　　3 290

贷　应交税费——应交所得税　　3 290

同时,期末将所得税费用结转到本年利润账户中。

借　本年利润　　3 290

贷　所得税费用　　3 290

根据上述结转分录,登记有关账户如下:

主营业务收入账户

借方	贷方
	调整后余额:399 413
(16-A) 399 413	

其他业务收入账户

借方	贷方
	调整后余额:5 000
(16-A)5 000	

主营业务成本账户

借方	贷方
调整后余额:332 844	
	(16-B) 332 844

税金及附加账户

借方	贷方
调整后余额:35 148	
	(16-B) 35 148

销售费用账户

借方	贷方
调整后余额:12 300	
	(16-B)12 300

管理费用账户

借方	贷方
调整后余额:10 460	
	(16-B)10 460

财务费用账户

借方	贷方
调整后余额:500	
	(16-B) 500

本年利润账户

借方	贷方
	调整后余额:——
(16-B) 332 844	(16-A) 399 413
(16-B) 35 148	(16-A) 5 000
(16-B) 12 300	
(16-B) 10 460	
(16-B) 500	
本期发生额:391 252	本期发生额:404 413
	余额:13 161
(16-C) 3 290	
	期末余额:9 871

所得税费用账户

借方	贷方
调整后余额:——	
(16-C) 3 290	(16-C) 3 290

应交税费账户

借方	贷方
	调整后余额:19 055
	(16-C)3 290
本期发生额:——	本期发生额:3 290
	期末余额:22 345

由上,可知紫金商场4月份的净利润为:13 161－3 290＝9 871(元)。

现在,紫金商场可以根据表8-4有关项目数据和其他会计账簿资料编制基本会计报表。

七、工作底表与基本报表

实际工作中,由于会计制度对会计及时性的要求,也由于多次登记账簿及编制试算平衡表的繁杂,手工记账条件下,往往会计人员会采用工作底表(稿)的形式,将上述的调整前的试算、账项调整、调整后的试算以及账项结转工作,都集中在一张工作底表中进行,并在工作底表中将基本报表项目一同列示,在表中将基本会计报表需要报出的项目数额计算确定出来。会计人员根据工作底表的资产负债表和利润表的有关数据对极个别项目经过简单加工,就可抄录到正式报表中报出即可。

在编制工作底稿过程中,账项调整和账项结转的会计分录都是在工作底稿中进行,在报出基本报表后,再根据工作底稿中的账项调整和账项结转的会计分录登记有关账簿。这种在报出报表后补记账簿的做法,并不违背会计原则,而且还减少了某些方面的工作量,减少了记账过程中的不必要差错,保证了会计报表的及时报出。

我们下面列出的是紫金山百货公司的工作底表,为六组十二栏式,见表8-5。

编制工作底稿的企业,月末可以不编制单个的试算平衡表。

需要说明的是:会计电算化条件下,由于输入记账凭证之后,登记账簿和有关账户之间的试算平衡,是由计算机自动进行,企业根据工作需要可以随时调出总分类账户发生额及余额试算平衡表,也可随时调出总分类账户与其所属明细分类账户之间的试算平衡表。因此,不必编制工作底稿。

表 8-5

工作底表

单位：紫金商场　　200×年 4 月 30 日　　单位：元

账户名称	调整前余额		账项调整额		调整后余额		账项结转		资产负债表		利润表	
	借方	贷方	借方	贷方	借方	贷方	借方	贷方	借方	贷方	借方	贷方
现金	119 540.00		12 000.00	——	131 540.00				131 540.00			
银行存款	667 320.00		——	——	667 320.00				667 320.00			
库存商品	2 532 680.00		——	——	2 532 680.00				2 532 680.00			
周转材料——在库	19 400.00		——	——	19 400.00				19 400.00			
固定资产	2 180 000.00		——	——	2 180 000.00				2 180 000.00			
累计折旧		1 440 000.00	——	6 000.00		1 446 000.00				1 446 000.00		
短期借款		1 000 000.00	——	——		1 000 000.00				1 000 000.00		
应付账款		170 000.00	——	——		170 000.00				170 000.00		
应交税费	16 093.00		——	35 148.00		19 055.00		3 290.00		22 345.00		
实收资本		2 000 000.00	——	——		2 000 000.00				2 000 000.00		
盈余公积		810 000.00	——	——		810 000.00				810 000.00		
商品进销差价		65 524.00	——	——		65 524.00				65 524.00		
主营业务收入		399 413.00	——	——		399 413.00	399 413.00					399 413.00
主营业务成本	332 844.00		——	——	332 844.00			332 844.00			332 844.00	
销售费用	12 000.00		300.00	——	12 300.00			12 300.00			12 300.00	
管理费用	4 460.00		6 000.00	——	10 460.00			10 460.00			10 460.00	
周转材料——在用	600.00		——	300.00	300.00				300.00			

续表 8-5

账户名称	调整前余额		账项调整额		调整后余额		账项结转		资产负债表		利润表	
	借方	贷方	借方	贷方	借方	贷方	借方	贷方	借方	贷方	借方	贷方
物资采购	—		—	—	—				—			
应付职工薪酬		—	—	—		—				—		
税金及附加	—		35 148.00	—	35 148.00			35 148.00			35 148.00	
财务费用	—		2 500.00	2 000.00	500.00			500.00			500.00	
应付利息		—	—	2 500.00		2 500.00				2 500.00		
应收利息	—		2 000.00	—	2 000.00				2 000.00			
其他应收款	—		5 000.00	12 000.00		7 000.00				7 000.00		
其他业务收入		—	—	5 000.00		5 000.00	5 000.00					5 000.00
所得税费用							3 290.00	3 290.00			3 290.00	
本年利润							391 252.00 3 290.00	404 413.00		9 871.00		
本月实现利润											9 871.00	
合　计	5 884 937.00	5 884 937.00	62 948.00	62 948.00	5 924 492.00	5 924 492.00	802 245.00	802 245.00	5 533 240.00	5 533 240.00	404 413.00	404 413.00

八、会计循环结束——结账

在我国，人们日常所使用的“结账”一词具有双重含义：一是指会计期末为结平所有虚账户而做结账分录，即进行期末账项结转；二是指在所有会计分录已经过账的基础上，结出全部账户的发生额和期末余额，并履行划红线结账的手续。后者是一种纯粹的技术性程序。

我们前面讲过的第六个大问题，实际上已经履行了结账手续，在这里所说的“结账”工作，是针对编制工作底稿的企业而言。由于工作底稿中，只是将账项调整和账项结转的会计分录做出，方便报出会计报表，但在账簿中尚未做记录，因此，编制工作底稿的单位，在会计报表报出之后，需要履行结账手续，即将所有实账户结出余额并转入下一会计期间，对所有虚账户予以结平。履行完结账手续之后，会计循环结束。

复习与练习

一、填空题

1. 所谓期末账项调整，是指将一些__________事项，按照权责发生制的要求确认入账的会计处理工作。

2. 售价金额核算制又称为拨货计价，实物负责制，这是一种__________相结合的核算制度。

3. 商品进销差价账户是资产类账户，实际上也是__________账户的抵减调整账户。

4. 商业企业管理费用账户除了__________与制造业的会计处理不同之外，其余内容的会计处理完全与制造业相同。

5. “结账”一词具有双重含义：一是指__________，即进行期末账项结转；二是指__________。后者是一种纯粹的技术性程序。

二、判断题

1. 商业企业销售费用账户核算的内容与制造业的销售费用账户核算的内容没有区别。（　　）

2. 对应收账款计提坏账准备、对以前形成的固定资产、无形资产价值的摊销等，不属于预付账项应计费用的调整。（　　）

3. 商业零售企业，平时主营业务收入账户记录的金额与主营业务成本账户记录的金额相等，都是已经销售出去商品的含税零售价格。（　　）

4. 资产负债表账户期末一般都会有余额，并随着经营活动的延续而递延到下一个会计期间。所以，资产负债表账户又称为虚账户。（　　）

5. 编制工作底稿的企业，必须是在报表报出之后履行了结账手续，才完成了本期的会计循环。（　　）

三、多选题

1. 零售商品核算的内容包括（　　）。

A. 库存商品按含税售价记账　　B. 设置商品进销差价账户

C. 建立实物负责制　　D. 加强商品的实地盘点制度

2. 商品进销差价账户的借方登记（　　）。

A. 购进商品的售价大于进价的差额

B. 购进商品的售价小于进价的差额
C. 核销已销商品应分摊的进销差价
D. 使商品售价大于进价的差额减少的数额
3. 采用售价金额核算,月末需要调整的账户有(　　)。
A. 库存商品　　B. 商品进销差价
C. 主营业务收入　　D. 主营业务成本
4. 期末进行账项调整的意义表现在(　　)。
A. 贯彻权责发生制和配比原则
B. 分期正确计算损益
C. 可检查账户记录是否正确
D. 可以更正错账
5. 期末账项调整的主要内容包括(　　)。
A. 对应计收入账项调整入账　　B. 对应计费用账项调整入账
C. 有关税金的账项调整入账　　D. 对往来款项的账项调整入账

四、简答题

1. 什么是会计循环？包括哪几个步骤？
2. 商业企业的经营有什么特点？售价金额核算制的主要内容有哪些？
3. 商业企业期间费用账户的使用与制造业期间费用账户的使用有哪些异同？
4. 为什么要进行期末账项调整？哪些经济业务事项需要进行调整？
5. 手工记账下,编制工作底表有什么好处？

第九章　会 计 报 表

【本章重点和难点】

☆财务报表概述。介绍财务报表的概念与分类、财务报表编制的基本要求及财务报表编制前的准备工作。

☆资产负债表。介绍资产负债表的概念与作用、列示要求、一般格式及编制的基本方法。

☆利润表。介绍利润表的概念与作用、列示要求、一般格式及编制的基本方法。

☆现金流量表。介绍现金流量表的概念与作用、列示要求、一般格式及编制的基本方法。

☆所有者权益表。介绍所有者权益表的作用及编制的基本方法。

第一节　会计报表概述

一、财务报表的概念

在日常会计核算中，对于企业、行政、事业等单位在一定时期内所发生的各项经济业务都要按照一定的会计程序，在有关账簿中进行连续、系统、全面、分类的记录和归集。但这些会计核算资料是分散地反映在各个会计账户中的，不能集中、概括、相互联系地反映企业、单位的经济活动和财务收支的全貌。为了满足经营管理的各方面的需要，就有必要定期地对日常会计核算资料加以总结，按照一定的表格形式编制财务报表，总括、综合地反映企业的经济活动过程和结果，为有关方面进行管理和决策提供科学、准确的会计信息。

财务报表亦称对外会计报表，是对企业财务状况、经营成果和现金流量的结构性表述。财务报表至少应当包括下列组成部分：① 资产负债表；② 利润表；③ 现金流量表；④ 所有者权益变动表。财务报表上述组成部分具有同等的重要程度。

二、会计报表及其分类

会计报表按照不同的标准有着不同的分类，通常包括如下分类：

(1) 按照反映经济内容的不同，会计报表分为静态会计报表和动态会计报表。静态会计报表是反映企业某一时点某方面会计信息的报表，资产负债表是一个典型的静态会计报表；动态会计报表是反映企业一定会计期间某方面会计信息的报表，利润表和现金流量表都是动态会计报表。

(2) 按照使用者的不同，会计报表分为外部会计报表和内部会计报表。外部会计报表是对企业外部的信息使用者提供有关会计信息以有助于外部信息使用者做出相关决策的报表，我国的四大主表都是外部会计报表；内部会计报表是指不能对外部而仅能对企业内部有关人员提供相关会计信息的报表，通常是指向企业内部管理当局提供的报表。向企业内部管理层除了提供四大主表之外，还要提供企业的成本费用明细表、收入明细表等，这些报表载明的信息有助于管理当局做出管理决策。

(3) 按照编制报表时间的不同，会计报表分为月度会计报表、季度会计报表、半年度会计报表和年度会计报表。月度会计报表，简称月报，是在月末按照一定要求编制的会计报表，我国的资产负债表、利润表和增值税明细表都是月报。季度会计报表是在季度末编制的报表。半年度会计报表是在半年的会计期间结束后编制的报表。我国要求上市公司在季度末和半年度会计期末也需编制资产负债表、利润表和增值税明细表。月度报表、季度报表和半年度报表统称为中期财务报告报表。年度会计报表，简称年报，是在每一个会计年度末按照一定要求编制的反映全年某方面会计信息的报表，我国的四大主表都是年报。资产负债表和利润表是任何会计期间的期末都需要编制的会计报表，因此这两个会计报表既是月度、季度、半年度报表，又是年度报表；而现金流量表要求至少年度末编制，所有者权益变动表只是年度报表。

(4) 按照编制单位或编制主体的不同，会计报表分为个体会计报表、汇总会计报表和合并会计报表。个体会计报表是指每一个能够独立编制报表的单位编制出的报表；汇总会计报表是由企业主管部门或上级机关根据其隶属的下级单位报送的个体报表连同本单位(即企业主管部门或上级机关)的个体报表汇总之后而编制成的报表；合并会计报表是指在母公司与子公司个体报表的基础上，对企业集团内部交易进行相应抵消后而编制成的、反映企业集团综合状况的报表。

三、财务报表编制的基本要求

财务报表是按照一定的格式和一定的指标体系，对日常会计核算资料进行加工整理而编制出来的，它对国家宏观经济管理、企业内部的经营管理决策以及投资人、债权人对企业经营管理进行考察都有十分重要的意义，因此企业在编制财务报表时一定要做到以下几点：

1. 以持续经营为基础编制

企业应当以持续经营为基础，根据实际发生的交易和事项，按照《企业会计准则——基本准则》和其他各项会计准则的规定进行确认和计量，在此基础上编制财务报表。如果以持续经营为基础编制财务报表不再合理，企业应当采用其他基础编制财务报表，并在附注中声明财务报表未以持续经营为基础编制的事实，披露未以持续经营为基础编制的原因和财务报表的编制基础。

2. 按正确的会计基础编制

会计基础主要有两种：权责发生制和收付实现制。编制报表时，除现金流量表按照收付实现制原则编制外，企业应当按照权责发生制原则编制。

3. 至少按年编制财务报表

企业至少应当按年编制财务报表。在编制年度财务报表时，可能存在年度财务报表涵盖的期间短于一年的情况，如企业在年度中间(如 3 月 1 日)开始设立等，在这种情况下，企业应当披露年度财务报表的涵盖期间、短于一年的原因及报表数据不具可比性的事实。

4. 项目列报遵守重要性原则

如果在合理预期下，财务报表某项目的省略或错报会影响使用者据此做出经济决策，则该项目具有重要性。

重要性应当根据企业所处的具体环境，从项目的性质和金额两方面予以判断，且对各项目重要性的判断标准一经确定，不得随意变更。一方面，判断项目性质的重要性，应当考虑该项目在性质上是否属于企业日常活动、是否显著影响企业的财务状况、经营成果和现金流量等因素；另一方面，判断项目金额大小的重要性，应当考虑该项目金额占资产总额、负债总额、所有者权益总额、营业收入总额、营业成本总额、净利润、综合收益总额等直接相关项目金额的比重或所属报表单列项目金额的比重。具体而言：

(1) 性质或功能不同的项目，应当在财务报表中单独列报，但不具有重要性的项目除外。

(2) 性质或功能类似的项目，一般可以合并列报，如原材料、在产品等项目在性质上类似，均通过生产过程形成企业的产品，因此可以合并列报，合并之后的类别统称为“存货”。但是其所属类别具有重要性的，应当按其类别在财务报表中单独列报。

(3) 某些项目的重要性程度不足以在资产负债表、利润表、现金流量表或所有者权益变动表中单独列示，但对附注却具有重要性，则应当在附注中单独披露。

(4)《企业会计准则第 30 号——财务报表列报》规定在财务报表中单独列报的项目，应当单独列报。其他会计准则规定单独列报的项目，应当增加单独列报项目。

5. 保持各个会计期间财务报表项目列报的一致性

财务报表项目的列报应当在各个会计期间保持一致，不得随意变更，这一要求不仅针对财务报表中的项目名称，还包括财务报表项目的分类、排列顺序等方面。

在以下规定的特殊情况下，财务报表项目的列报是可以改变的：① 会计准则要求改变；② 企业经营业务的性质发生重大变化或对企业经营影响较大的交易或事项发生后，变更财务报表项目的列报能够提供更可靠、更相关的会计信息。

6. 各项目之间的金额不得相互抵销

财务报表中的资产项目和负债项目的金额、收入项目和费用项目的金额、直接计入当期利润的利得项目和损失项目的金额不得相互抵销，但其他会计准则另有规定的除外。以下三种情况不属于抵销，可以以净额列示：

(1) 一组类似交易形成的利得和损失应当以净额列示，如汇兑损益，应当以净额列报，但如果这些利得和损失是具有重要性的，则应当单独列报。

(2) 资产或负债项目按扣除备抵项目后的净额列示，不属于抵销。

(3) 非日常活动产生的利得和损失，以同一交易形成的收益扣减相关费用后的净额列示更能反映交易实质的，不属于抵销。

7. 至少应当提供所有列报项目上一个可比会计期间的比较数据

当期财务报表的列报，至少应当提供所有列报项目上一个可比会计期间的比较数据，以及与理解当期财务报表相关的说明，但其他会计准则另有规定的除外。

财务报表的列报项目发生变更的，应当至少对可比期间的数据按照当期的列报要求进行调整，并在附注中披露调整的原因和性质，以及调整的各项目金额。对可比数据进行调整不切实可行的，应当在附注中披露不能调整的原因。

8. 应当在财务报表的显著位置披露编报企业的名称等重要信息

企业应当在财务报表的显著位置（如表首）至少披露下列各项：① 编报企业的名称；② 资产负债表日或财务报表涵盖的会计期间；③ 人民币金额单位；④ 财务报表是合并财务

报表的，应当予以标明。

四、财务报表编制前的准备工作

在编制财务报表前，需要完成下列工作：① 严格审核会计账簿的记录和有关资料；② 进行全面财产清查、核实债务，发现有关问题，应及时查明原因，按规定程序报批，进行相应的会计处理；③ 按规定的结账日进行结账，结出有关会计账簿的余额和发生额，并核对各会计账簿之间的余额；④ 检查相关的会计核算是否按照国家统一的会计制度的规定进行；⑤ 检查是否存在因会计差错、会计政策变更等原因需要调整前期或本期相关项目的情况等。

第二节　基本会计报表

一、资产负债表

（一）资产负债表的作用

资产负债表是反映企业某一时日财务状况的报表。资产负债表只反映截止到编表日的财务状况，是一个静态报表，时点变了，企业的财务状况就有可能表现出不同的结果。

企业提供资产负债表，主要向信息使用者披露如下重要信息：

（1）比较详细地提供企业资产总量及其结构分布状况。在资产负债表中，通过一定的排列方式，将各种形式的资产价值列示出来，使会计报表使用者比较直观地了解货币资金、存货、固定资产、其他长期资产等的价值；通过这些资产的金额与资产总额的对比，可以了解企业各种资产构成比例是否合理，是否与企业的行业特点相适应，企业资产流动性能否满足企业经营的需要等信息。

（2）能够提供企业资源的形成和分布状况。企业资源主要来自于负债和投资两大渠道，负债总额与自有资本总额的比较，可以体现出企业的真正实力。通过资产负债表中各种负债项目的列示，可分析出企业的债务构成状况；通过所有者权益项目的列示，可以分析企业所有者权益的构成状况；负债项目、所有者权益项目的这些构成比例，可以向信息使用者传递企业财务结构的具体分布，使信息使用者对企业资源形成的合理性有个大致的判断。

（3）通过资产负债表的资产项目与负债项目的对比，可以反映企业的偿债能力。例如，会计信息使用者将资产负债表中的流动资产与流动负债对比，可以计算出流动比率这个重要的财务比率指标，依据这个指标值的高低，得知企业短期偿债能力的信息；再如，将资产负债表中的负债总额与资产总额对比，可以计算出资产负债率这个重要的财务比率指标，通过这个指标值的大小，判别企业的长期偿债能力。利用资产负债表，会计信息使用者还可进行其他方面的对比计算，得出有助于财务决策的信息。

（二）资产负债表的格式

国际上通用的资产负债表格式有两种，一种是账户式，一种是报告式（或称为垂直式）。账户式和报告式资产负债表编制的理论依据都是“资产＝负债＋所有者权益”这一会计恒等式，而且无论是哪种格式的资产负债表，从结构上来看，都包括表头和表体两大部分。表头主要用于说明报表的名称、编制单位、编制日期和货币单位；表体是资产负债表的主干部分，主要用于列示需要提供相关信息的报表项目，包括资产类项目、负债类项目和所有者权益项目。资产类项目按照资产的流动性排列，流动性强的排序在前；负债类项目按照偿还期的长短排列，偿还期短的排序在前；所有者权益项目按照形成时间排序，形成时间早的排序在前。

账户式资产负债表和报告式资产负债表的不同，就在于表体中对项目列示的方式不同。账户式资产负债表采用的是左、右两方列示，表体的左方列示资产项目，右方列示负债和所有者权益项目，满足"资产＝负债＋所有者权益"等式的表现形式；而报告式资产负债表采用的是上、下方列示，表体的上半部分列示资产项目、中间部分列示负债项目、表体的下半部分列示所有者权益项目，满足"资产－负债＝所有者权益"等式的表现形式。报告式资产负债表的格式可参见表 9-1 所示，账户式资产负债表的格式可参见表 9-2 所示。

表 9-1　　报告式资产负债表(简化格式)

项目	年初数	期末数
资产类：		
流动资产项目		
非流动资产项目		
资产总计	×××	×××
负债类：		
流动负债项目		
非流动负债项目		
负债总计	×××	×××
所有者权益类：		
资本项目		
留存收益项目		
所有者权益合计	×××	×××

表 9-2　　资产负债表　　会企 01 表

编制单位：　　年　　月　　日　　单位：元

资产	年初数	期末数	负债和所有者(或股东)权益	年初数	期末数
流动资产：			流动负债：		
货币资金			短期借款		
交易性金融资产			交易性金融负债		
衍生金融资产			衍生金融负债		
应收票据及应收账款			应付票据及应付账款		
预付款项			预收款项		
其他应收款			合同负债		
存货			应付职工薪酬		
合同资产			应交税费		
持有待售资产			其他应付款		
一年内到期的非流动资产			持有待售负债		
其他流动资产			一年内到期的非流动负债		
流动资产合计			其他流动负债		
非流动资产：			流动负债合计		

续表 9-2

资产	年初数	期末数	负债和所有者(或股东)权益	年初数	期末数
债权投资			非流动负债:		
其他债权投资			长期借款		
长期应收款			应付债券		
长期股权投资			其中:优先股		
其他权益工具投资			永续债		
其他非流动金融资产			长期应付款		
投资性房地产			预计负债		
固定资产			递延收益		
在建工程			递延所得税负债		
生产性生物资产			其他非流动负债		
油气资产			非流动负债合计		
无形资产			负债合计		
开发支出			所有者权益(或股东权益):		
商誉			实收资本(或股本)		
长期待摊费用			其他权益工具		
递延所得税资产			其中:优先股		
其他非流动资产			永续债		
非流动资产合计			资本公积		
资产总计			减:库存股		
			其他综合收益		
			盈余公积		
			未分配利润		
			所有者权益(或股东权益)合计		
			负债和所有者权益(或股东权益)总计		

由表 9-1 和表 9-2 可见,报告式资产负债表着眼点在于资产与负债的比较,突出的是所有者对净资产的要求权,但报告式可能会由于账户使用过多而使报表过长,影响传递和使用;账户式资产负债表着眼点在于反映企业的全部资产及其资本来源,表的左右两边平衡、对称,存在着某些对应关系,有利于信息用户通过表的左右方项目对比,比较直观地了解企业的财务状况,但账户式资产负债表会使表页过宽。美国、英国等国家和地区的企业通常采用报告式资产负债表格式,而我国会计制度要求企业采用账户式资产负债表格式。我国会计制度中统一规定了账户式资产负债表的格式及内容(参见表 9-2)。实际工作中,实行会计电算化的单位和上市公司在披露资产负债表时,为了方便编报和披露,也经常采用报告式的格式。下面我们就详细介绍我国资产负债表的编制方法。

(三) 资产负债表的编制方法

资产负债表的编制,是指会计人员在规定的资产负债表的格式和栏目内,填列各有关具体项目金额的一项会计核算工作。编制资产负债表要求会计人员应熟悉会计准则及行业会计制度的规定，并掌握一定的编制方法。

资产负债表的编制一般要经过三个阶段：一是要做好编制前的各项准备工作，包括认真进行财产清查，以便账实相符；认真清理核对账目，以求账账相符；准确进行结账等，以保证填列在资产负债表中的各项目金额正确无误。二是认真计算并填列表内各项目金额。三是认真复核，并请有关领导或会计主管人员审核、签名或盖章，办理各种手续。

1. 资产负债表中的年初余额和期末余额

《企业财务会计报告条例》规定：年度、半年度会计报表至少应当反映两个年度或者相关两个期间的比较数据。也就是说，企业需要提供比较资产负债表，所以资产负债表各项目需要分为年初余额和期末余额两栏分别填列。

(1) 期末余额栏的填列方法

资产负债表期末余额栏内各项数字，一般应根据资产、负债和所有者权益类科目的期末余额填列，具体方法如下：① 根据一个或几个总账科目的余额填列，如短期借款应收股利等项目；② 根据明细账科目的余额计算填列，如应付账款项目，需要根据应付账款、预付账款账户所属相关明细账的期末贷方余额计算填列；③ 根据总账科目和明细账科目的余额分析计算填列，如长期借款项目，需要根据长期借款总账期末余额，扣除长期借款总账所属明细账中反映的、将于一年内到期的长期借款部分，分析计算填列；④ 根据有关科目余额减去其备抵科目余额后的净额填列，如固定资产项目是用固定资产账户余额减去累计折旧和固定资产减值准备后的净额填列；⑤ 综合运用上述填列方法分析填列。

(2) 年初余额栏的填列方法

本表的年初余额栏通常根据上年末有关项目的期末余额填列，且与上年末资产负债表期末余额栏一致。如果企业上年度资产负债表规定的项目名称和内容与本年度不一致，应当对上年年末资产负债表相关项目的名称和数字按照本年度的规定进行调整，填入年初余额栏。

2. 资产负债表中各项目的填列方法

(1) 货币资金项目：反映企业库存现金、银行存款、外埠存款、银行汇票存款、银行本票存款、信用证保证金存款等的合计数。本项目应根据库存现金、银行存款、其他货币资金账户的期末余额合计填列。

(2) 交易性金融资产项目：反映资产负债表日企业分类为以公允价值计量且其变动计入当期损益的金融资产，以及企业持有的直接指定为公允价值计量且其变动计入当期损益的金融资产的期末账面价值。该项目应根据交易性金融资产科目的相关明细科目期末余额分析填列。自资产负债表日起超过一年到期且预期持有超过一年的以公允价值计量且其变动计入当期损益的非流动金融资产的期末账面价值，在其他非流动金融资产行项目反映。

(3) 衍生金融资产项目：根据衍生工具账户分析填列。衍生金融工具是指从传统金融工具中派生出来的新型金融工具。其价值依赖于标的资产价值变动的合约。这种合约可以是标准化的，也可以是非标准化的。标准化合约是指其标的资产(基础资产)的交易价格、交易时间、资产特征、交易方式等都是事先标准化的，因此此类合约大多在交易所上市交易，如期货。非标准化合约是指以上各项由交易的双方自行约定，因此具有很强的灵活性，如远期合约。衍生金融工具分为部分资产和负债，同一个衍生金融工具，资产负债表日公允价值是正的，就是衍生金融资产。

(4) 应收票据及应收账款项目：反映资产负债表日以摊余成本计量的，企业因销售商品、提供服务等经营活动应收取的款项，以及收到的商业汇票，包括银行承兑汇票和商业承兑汇票。该项目应根据应收票据和应收账款科目的期末余额，减去坏账准备科目中相关坏账准备期末余额后的金额填列。

(5) 预付款项项目：反映企业预付给供应单位的款项。本项目应根据预付账款账户所属各明细账的期末借方余额合计填列。如预付账款账户所属有关明细账期末有贷方余额的，应在本表应付账款项目内填列。如应付账款账户所属明细账有借方余额的，也应包括在本项目内。

(6) 其他应收款项目：应根据应收利息、应收股利和其他应收款科目的期末余额合计数，减去坏账准备账户中相关坏账准备期末余额后的金额填列。

(7) 存货项目：反映企业期末库存、在途和加工中的各项存货的价值，包括各种材料、商品、在产品、半成品、包装物、低值易耗品等。本项目应根据在途物资(或材料采购)、原材料、低值易耗品、库存商品、包装物、委托加工物资、生产成本等账户的期末余额合计，减去存货跌价准备账户期末余额后的金额填列。材料采用计划成本核算，以及库存商品采用计划成本核算的企业，还应按加或减材料成本差异后的金额填列。

(8) 合同资产和合同负债项目：企业应根据《企业会计准则第 14 号——收入》的相关规定，根据本企业履行履约义务与客户付款之间的关系在资产负债表中列示合同资产或合同负债。合同资产项目、合同负债项目，应分别根据合同资产科目、合同负债科目的相关明细科目期末余额分析填列，同一合同下的合同资产和合同负债应当以净额列示。其中，净额为借方余额的，应当根据其流动性在合同资产或其他非流动资产项目中填列。已计提减值准备的，还应减去合同资产减值准备科目中相关的期末余额后的金额填列。其中，净额为贷方余额的，应当根据其流动性在合同负债或其他非流动负债项目中填列。

(9) 持有待售资产项目：反映资产负债表日划分为持有待售类别的非流动资产、划分为持有待售类别的处置组中的流动资产和非流动资产的期末账面价值。该项目应根据在资产类科目新设置的持有待售资产科目的期末余额，减去持有待售资产减值准备科目的期末余额后的金额填列。

(10) 一年内到期的非流动资产项目：反映企业将于一年内(含一年)到期的非流动资产项目金额。本项目应根据有关账户的期末余额填列。

(11) 其他流动资产项目：反映企业除以上流动资产项目外的其他流动资产，本项目应根据有关账户的期末余额填列。若其他流动资产价值较大的，应在会计报表附注中披露其内容和金额。

(12) 债权投资项目：反映资产负债表日企业以摊余成本计量的长期债权投资的期末账面价值。该项目应根据债权投资科目的相关明细科目期末余额，减去债权投资减值准备科目中相关减值准备的期末余额后的金额分析填列。自资产负债表日起一年内到期的长期债权投资的期末账面价值，在一年内到期的非流动资产行项目反映。企业购入的以摊余成本计量的一年内到期的债权投资的期末账面价值，在其他流动资产行项目反映。

(13) 其他债权投资项目：反映资产负债表日企业分类为以公允价值计量且其变动计入其他综合收益的长期债权投资的期末账面价值。该项目应根据其他债权投资科目的相关明细科目期末余额分析填列。自资产负债表日起一年内到期的长期债权投资的期末账面价值,在一年内到期的非流动资产行项目反映。企业购入的以公允价值计量且其变动计入其他综合收益的一年内到期的债权投资的期末账面价值,在其他流动资产行项目反映。

(14) 长期应收款项目:反映企业融资租赁产生的应收款项和采用递延方式具有融资性质的销售商品和提供劳务等产生的长期应收款项。截至资产负债表日,到期日在一年以上的委托贷款也在本项目填列。本项目应根据长期应收款账户的期末余额,减去相应的未实现融资收益账户和坏账准备账户,所属相关明细账户期末余额后的金额填列,与到期日在一年以上的委托贷款期末余额,减去该部分委托贷款减值准备期末余额后的金额合计填列。长期应收款中将于一年内到期的部分,在一年内到期的非流动资产项目反映。

(15) 长期股权投资项目:反映企业对子公司、联营企业和合营企业的长期股权投资,以及投资企业持有的对被投资单位没有控制、共同控制或重大影响,并且在活跃市场没有报价、公允价值不能可靠计量的权益性投资。本项目应根据长期股权投资科目的期末余额,扣减长期股权投资减值准备科目的余额后填列。

(16) 其他权益工具投资项目:反映资产负债表日企业指定为以公允价值计量且其变动计入其他综合收益的非交易性权益工具投资的期末账面价值。该项目应根据其他权益工具投资科目的期末余额填列。

(17) 其他非流动金融资产项目:反映自资产负债表日起超过一年到期且预期持有超过一年的以公允价值计量的且其变动计入当期损益的非流动金融资产的期末账面价值。

(18) 投资性房地产项目:反映企业期末持有的投资性房地产的实际价值。企业采用成本模式计量投资性房地产的,本项目应根据投资性房地产账户的期末余额,减去投资性房地产累计折旧(摊销)和投资性房地产减值准备账户期末余额后的金额填列;采用公允价值模式计量投资性房地产的,本项目应根据投资性房地产账户的期末余额填列。

(19) 固定资产项目:反映资产负债表日企业固定资产的期末账面价值和企业尚未清理完毕的固定资产清理净损益。本项目应根据固定资产账户期末余额,减去累计折旧账户和固定资产减值准备账户余额,以及固定资产清理账户的期末余额,计算填列。

(20) 在建工程项目:反映资产负债表日企业尚未达到预定可使用状态的期末账面价值和企业为在建工程准备的各种物资的期末账面价值。本项目应根据在建工程账户的期末余额,减去在建工程减值准备账户期末余额后的金额,以及个工程物资账户的期末余额和工程物资减值准备账户期末余额后的金额,计算填列。

(21) 生产性生物资产项目:反映企业(农业)持有的生产性生物资产的期末实际价值。本项目应根据生产性生物资产账户的期末余额,扣减生产性生物资产累计折旧后的余额填列。若生产性生物资产计提了减值准备的,还应当扣减累计计提的减值准备金额。

(22) 油气资产项目:反映企业(石油天然气开采)持有的矿区权益和油气井及相关设施的实际价值。企业(石油天然气开采)与油气开采活动相关的辅助设备及设施在固定资产项目反映,不在本项目反映。本项目应根据油气资产账户的期末余额,扣减累计折耗账户的余额填列。若油气资产计提了减值准备的,还应当扣减累计计提的减值准备金额。

(23) 无形资产项目:反映企业各项无形资产的期末可收回金额。本项目应根据无形资产账户的期末余额,减去无形资产减值准备账户期末余额后的金额填列。

(24) 开发支出项目:反映企业自行研究开发无形资产在期末尚未完成开发阶段的无形

资产的价值。本项目应根据研发支出账户的期末余额填列。

(25) 商誉项目:反映企业非同一控制下的吸收合并中形成的商誉的价值。本项目可以根据商誉账户的期末余额填列。若企业单独设置商誉减值准备账户核算商誉发生的减值,则本项目应当根据商誉账户的期末余额扣减商誉减值准备科目的余额后填列。

(26) 长期待摊费用项目:反映企业尚未摊销的摊销期限在一年以上(不含一年)的各种费用,如租入固定资产改良支出、摊销期限在一年以上(不含一年)的其他待摊费用。本项目应根据长期待摊费用账户的期末余额减去一年内(含一年)摊销的数额后的金额填列。

(27) 递延所得税资产项目,反映企业根据所得税准则确认的可抵扣暂时性差异产生的所得税资产的期末价值。根据税法规定,可用以后年度税前利润弥补的亏损产生的所得税资产,也在本项目反映。本项目应根据递延所得税资产科目的期末余额填列。

(28) 其他非流动资产项目:反映企业除以上资产以外的其他长期资产。本项目应根据有关账户的期末余额填列。如其他长期资产价值较大的,应在会计报表附注中披露其内容和金额。

(29) 短期借款项目:反映企业借入尚未归还的一年期以下(含一年)的借款。本项目应根据短期借款账户的期末余额填列。

(30) 交易性金融负债项目:反映资产负债表日企业承担的交易性金融负债,以及企业持有的直接指定为以公允价值计量且其变动计入当期损益的金融负债的期末账面价值。该项目应根据交易性金融负债科目的相关明细科目期末余额填列。

(31) 衍生金融负债项目:根据衍生工具账户分析填列。同一个衍生金融工具,资产负债表日公允价值是负的,就是衍生金融负债。

(32) 应付票据及应付账款项目:反映资产负债表日企业因购买材料、商品和接受服务等经营活动应支付的款项,以及开出、承兑的商业汇票,包括银行承兑汇票和商业承兑汇票。该项目应根据应付票据科目的期末余额,以及应付账款和预付账款科目所属的相关明细科目的期末贷方余额合计数填列。

(33) 预收款项项目:反映企业预收购买单位的账款。本项目应根据预收账款科目所属各有关明细科目的期末贷方余额合计填列。如预收账款科目所属有关明细科目有借方余额的,应在本表应收账款项目内填列。如应收账款科目所属明细科目有贷方余额的,也应包括在本项目内。

(34) 合同负债项目:同上述(8)中涉及的对项目的填列方法相关要求。

(35) 应付职工薪酬项目:反映企业应付未付的职工薪酬。应付职工薪酬包括应付职工的工资、奖金、津贴和补贴、职工福利费和医疗保险费、养老保险费等各种保险费以及住房公积金等。本项目应根据应付职工薪酬账户期末贷方余额填列。如应付职工薪酬账户期末有借方余额,以"－"号填列。

(36) 应交税费项目:反映企业期末未交、多交或未抵扣的各种税金和其他费用。本项目应根据应交税费账户的期末贷方余额填列。如应交税费账户期末为借方余额,以"－"号填列。

(37) 其他应付款项目:该项目应根据应付利息、应付股利和其他应付款科目的期末余额合计数填列。

(38) 持有待售负债项目:反映资产负债表日处置组中与划分为持有待售类别的资产直

接相关的负债的期末账面价值。该项目应根据持有待售负债账户的期末余额填列。

(39) 一年内到期的非流动负债项目:反映企业非流动负债中将于资产负债表日后一年内到期部分的余额。将于一年内偿还的长期借款、长期应付款、一年内到期的应付债券及递延收益中将于一年内到期的金额等,在本项目中反映。

(40) 其他流动负债项目:反映企业除以上流动负债以外的其他流动负债。本项目应根据有关账户的期末余额填列。如其他流动负债价值较大的,应在会计报表附注中披露其内容及金额。

(41) 长期借款项目:反映企业借入尚未归还的一年期以上(不含一年)的借款本息。本项目应根据长期借款账户的期末余额填列。

(42) 应付债券项目:反映企业发行的尚未偿还的各种长期债券的本息。本项目应根据应付债券总账期末余额扣除一年内到期偿还部分后的金额填列。由于优先股和永续债都具有负债和权益双重性质,表中应付债券项目下还要求对企业的优先股和永续债本期末被确认为金融负债性质的部分,单独披露。

(43) 长期应付款项目:反映企业除长期借款和应付债券以外的其他各种长期应付款项,包括应付租入固定资产的融资租赁费、以分期付款方式购入固定资产等发生的应付款项等。本项目根据长期应付款账户期末余额减去相应的未确认融资费用账户期末余额填列。长期应付款中将于一年内到期的部分,在一年内到期的非流动负债项目中反映。

(44) 预计负债项目:反映企业预计负债的期末余额。本项目应根据预计负债账户的期末余额填列。

(45) 递延收益项目:根据总账余额填列。

(46) 递延所得税负债项目:反映企业根据所得税准则确认的应纳税暂时性差异产生的所得税负债。本项目应根据递延所得税负债账户的期末余额填列。

(47) 其他非流动负债项目:反映企业除以上非流动负债项目以外的其他非流动负债。本项目应根据有关账户的期末余额填列。如其他非流动负债价值较大的,应在会计报表附注中披露其内容和金额。

上述非流动负债各项目中将于一年内(含一年)到期的非流动负债,应在一年内到期的非流动负债项目内单独反映。上述非流动负债各项目均应根据有关科目期末余额减去将于一年内(含一年)到期的非流动负债后的金额填列。

(48) 实收资本(股本)项目:反映企业各投资者实际投入的资本(或股本)总额。本项目应根据实收资本(或股本)账户的期末余额填列。

(49) 其他权益工具项目,核算企业发行的除普通股以外的归类为权益工具的各种金融工具。本科目应按发行金融工具的种类等进行明细核算。由于优先股和永续债具有权益和负债双重性质,表中其他权益工具项目下还要求对企业的优先股和永续债本期末被确认为权益性质的部分,单独披露。

(50) 优先股项目:优先股是相对于普通股而言的,主要指在利润分红及剩余财产分配的权利方面,优先于普通股。优先股股东没有选举及被选举权,一般来说,对公司的经营没有参与权,优先股股东不能退股,只能通过优先股的赎回条款被公司赎回,但是能稳定分红。由于优先股股息率事先设定(其实是上限),所以优先股的股息一般不会根据公司经营情况而增减,而且一般也不能参与公司的剩余利润的分红,也不享有除自身价格以外的所有者权益，如资不抵债的情况下，优先股会有损失的。对公司来说，由于股息相对固定，它不影响公司的利润分配。优先股股东不能要求退股，却可以依照优先股股票上所附的赎回条款，由股份有限公司予以赎回。大多数优先股股票都附有赎回条款。在公司解散，分配剩余财产时，即优先股的索偿权先于普通股，而次于债权人。优先股与普通股有联系，更有区别，也可以说，优先股是一个具有权益与负债资本双重性质的混合性证券。

(51) 永续债项目：永续债是没有明确的到期日，或者说期限非常长的债券。投资者是不能在一个确定的时间点得到本金，但是可以定期获取利息。所以，这么来看，永续债是一种介于债权和股权之间的融资工具。

从以上解释可以看出，优先股和永续债都具有负债和权益双重性质，这就是这两项既包含在应付债券里面，又包含在其他权益工具里面的原因。那么哪种情况下属于债务哪种情况下属于权益呢？财政部于 2014 年 3 月发布了《金融负债与权益工具的区分及相关会计处理规定》(以下简称《规定》)，用于规范国内金融市场出现的金融创新工具，如永续债、优先股等的相关会计处理。《规定》指出：企业发行各种金融工具，应当按照该金融工具的合同条款及所反映的经济实质而非仅以法律形式，运用金融负债和权益工具区分的原则，正确地确定该金融工具或其组成部分的会计分类，不得依据监管规定或工具名称进行会计处理。《规定》的内容非常详细，简而言之，判断一个金融工具是负债还是权益，需要看合约的具体条款，主要遵从以下两大基本原则：是否能无条件避免交付现金或其他金融资产的合同义务(可避免就是权益工具)；未来是否通过交付固定数量的自身权益工具结算(“固定对固定”，数量一定要固定才是权益工具)。

(52) 资本公积项目：反映企业资本公积的期末余额。本项目应根据资本公积账户的期末余额填列。

(53) 库存股项目：反映企业持有尚未转让或注销的本公司股份。本项目应根据库存股科目的期末余额填列。

(54) 其他综合收益项目：反映企业根据会计准则规定未在损益中确认的各项利得和损失扣除所得税影响后的净额。本项目应根据其他综合收益科目的期末余额填列。

(55) 盈余公积项目：反映企业盈余公积的期末余额。本项目应根据盈余公积账户的期末余额填列。

(56) 未分配利润项目：反映企业尚未分配的利润。本项目应根据本年利润账户和利润分配账户的余额计算填列。未弥补的亏损，在本项目内以“－”号填列。

二、利润表

(一) 利润表的作用

利润表是反映企业一定时期最终经营成果的报表。利润表是一个重要的动态报表。通过利润表可以反映企业一定会计期间的收入、成本费用的发生和利润形成结果。在利润表中是按照“损益满计观”来计算利润的，即不仅要反映经营活动产生的利润，而且还需要把利得和损失也要全部反映。

企业提供利润表，主要向信息使用者披露如下重要信息：

(1) 反映企业管理当局的经营绩效。在利润表中，列示了收入、成本费用项目的构成，最终确定出利润。而利润指标是一个综合性很强的财务指标，它是企业经营活动、理财活动和投资活动效果的集中体现，反映管理当局的经营理念和管理决策的有效性。通过利润表提供的相关信息，所有者可以对管理当局的经营绩效做出相应的评价。

（2）可以提供企业获利能力和预测企业获利前景的相关信息。企业利润表中的利润额，可以反映出相同规模和条件下的企业获利能力的大小，取得的利润越多，企业的获利水平越高；并且信息使用者还可以将多个会计期间的利润表的相关数字进行列示对比，得出企业的获利趋势，预测企业的发展前景。

（3）可以作为对投资者进行利润分配的依据。只有盈利企业，在交纳所得税之后，才可以按照一定的分配程序和利润分配政策进行利润分配。因此，利润表中列示的是亏损还是盈利，盈利额多还是少，会对投资者的利润分配情况产生重要影响。利润表成为企业制定利润分配政策的直接依据。

（二）利润表的格式

国际上通用的利润表格式有两种，一种是单步式，一种是多步式。单步式和多步式利润表编制的理论依据都是“收入－费用＝利润”这一会计公式，而且无论是哪种格式的利润表，从结构上来看，都包括表头和表体两大部分。表头主要用于说明报表的名称、编制单位、编制日期和货币单位；表体是利润表的主干部分，主要用于列示需要提供的收入、成本费用和利润信息的报表项目。单步式利润表和多步式利润表的不同，就在于表体中对项目列示的方式不同。单步式利润表采用的是所有收入项目和所有成本费用项目集中列示的方式，表体的上半部分列示各个收入项目，下半部分列示成本费用项目，通过“收入总计－费用总计＝利润总额”公式的计算，经过一个步骤就计算出一定时期所取得的利润；而多步式利润表采用的是将经营过程和非经营过程取得的收益分别列示的方式，分层次、分步骤地计算出利润，通过一步一步地计算，分别确定出营业利润、利润总额和净利润额。多步式利润表中的每一层次利润的计算，都满足“收入－费用＝利润”公式的表现形式。单步式利润表的格式可参见表9-3，多步式利润表的格式可参见表9-4。

表 9-3　　单步式利润表(简化式)

项目	本月数	本年累计数
营业收入		
公允价值变动收益		
投资收益		
营业外收入		
……		
收入总计		
营业成本		
税金及附加		
管理费用		
营业外支出		
……		
费用总计		
利润总额		

表 9-4　**利　润　表**　会企 02 表

编制单位：　年　月　单位：元

项　目	本期金额	上期金额
一、营业收入		
减：营业成本		
税金及附加		
销售费用		
管理费用		
研发费用		
财务费用		
其中：利息费用		
利息收入		
资产减值损失		
信用减值损失		
加：其他收益		
投资收益（损失以“－”号填列）		
其中：对联营企业和合营企业的投资收益		
净敞口套期收益（损失以“－”号填列）		
公允价值变动收益（损失以“－”号填列）		
资产处置收益（损失以“－”号填列）		
二、营业利润（亏损以“－”号填列）		
加：营业外收入		
减：营业外支出		
三、利润总额（亏损总额以“－”号填列）		
减：所得税费用		
四、净利润（净亏损以“－”号填列）		
（一）持续经营净利润（净亏损以“－”号填列）		
（二）终止经营净利润（净亏损以“－”号填列）		
五、其他综合收益的税后净额		
（一）不能重分类进损益的其他综合收益		
1. 重新计量设定受益计划变动额		
2. 权益法下不能转损益的其他综合收益		
3. 其他权益工具投资公允价值变动		
4. 企业自身信用风险公允价值变动		
……		
（二）将重分类进损益的其他综合收益		
1. 权益法下可转损益的其他综合收益		
2. 其他债权投资公允价值变动		
3. 金融资产重分类计入其他综合收益的金额		
4. 其他债权投资信用减值准备		
5. 现金流量套期储备		
6. 外币财务报表折算差额		
……		
六、综合收益总额		
七、每股收益		
（一）基本每股收益		
（二）稀释每股收益		

从表 9-3 和表 9-4 可以看出，单步式利润表以最简单明了的形式表述了企业的经营成果，便于编制，但它不考虑各种不同经济性质的收入和费用，不便于企业分析收益的构成情况，也不能合理评价经营业绩、准确估计盈利能力；多步式利润表虽然比单步式利润表复杂，但可提供更丰富的信息，可以通过对不同性质的收入和费用类别进行对比，得出一些有意义的中间性损益信息，这些信息有助于使用者了解企业各个方面业务对企业损益的贡献，从而能比较准确估计或预测企业的盈利能力。

目前，各国基本上都采用了多步式利润表，我国会计制度中也要求编制多步式利润表。

（三）利润表的编制方法

为了使报表使用者通过不同期间利润的实现情况判断企业经营成果的未来发展趋势，企业需要提供比较利润表。所以，利润表各项目需要分为本期金额和上期金额两栏分别填列。

1. 本期金额栏的填列方法

本期金额栏反映各项目的本期实际发生数，应根据营业收入、营业成本、税金及附加、销售费用、管理费用、财务费用、资产减值损失、公允价值变动收益、投资收益、营业外收入、营业外支出、所得税费用等科目的发生额分析填列。其中，营业利润、利润总额、净利润等项目根据该表中相关项目计算填列。

2. 上期金额栏的填列方法

上期金额栏反映各项目的上年该期的实际发生数，应根据上年该期利润表本期金额栏内所列数字填列，如果上年该期利润表规定的各个项目的名称和内容同本期不一致，应对上年该期利润表项目的名称和数字按本期的规定进行调整，填入利润表上期金额栏内。

3. 利润表中各项目的填列方法

利润表中各项目的金额，一般是根据有关账户的本期发生额来填列的本月数栏内各项数字，具体根据以下方法填列：

（1）营业收入项目：反映企业经营业务所取得的收入总额。本项目应根据主营业务收入账户和其他业务收入账户的发生额合计填列。

（2）营业成本项目：反映企业经营业务发生的实际成本。本项目应根据主营业务成本账户和其他业务成本账户的发生额合计填列。

（3）税金及附加项目：反映企业经营业务应负担的消费税、城市维护建设税、资源税、土地增值税和教育费附加等。本项目应根据税金及附加账户的发生额分析填列。

（4）销售费用项目：反映企业在销售商品和商品流通及企业在购入商品等过程中发生的费用。本项目应根据销售费用账户的发生额分析填列。

（5）管理费用项目：反映企业发生的管理费用。本项目应根据管理费用账户的发生额分析填列。

（6）研发费用项目：反映企业进行研究与开发过程中发生的费用化支出。该项目应根据管理费用科目下的研发费用明细科目的发生额分析填列。

（7）财务费用项目：反映企业发生的财务费用。本项目应根据财务费用账户的发生额分析填列。

（8）利息费用项目：反映企业为筹集生产经营所需资金等而发生的应予费用化的利息支出。该项目应根据财务费用科目的相关明细科目的发生额分析填列。

（9）利息收入项目：反映企业确认的利息收入。该项目应根据财务费用科目的相关明细科目的发生额分析填列。

(10) 资产减值损失项目:反映企业因资产减值而发生的损失。本项目应根据资产减值损失账户的发生额分析填列。

(11) 信用减值损失项目:反映企业按照《企业会计准则第22号——金融工具确认和计量》的要求计提的各项金融工具减值准备所形成的预期信用损失。该项目应按照信用减值损失科目的发生额分析填列。

(12) 其他收益项目:反映计入其他收益的与生产经营活动有关的政府补助等。该项目应根据在损益类其他收益账户的发生额分析填列。

(13) 投资收益项目:反映企业以各种方式对外投资所取得的收益。本项目应根据投资收益账户的发生额分析填列,如为投资损失,以"－"号填列。

(14) 净敞口套期收益项目:反映净敞口套期下被套期项目累计公允价值变动转入当期损益的金额或现金流量套期储备转入当期损益的金额。该项目应根据净敞口套期损益科目的发生额分析填列,如为套期损失,以"－"号填列。

(15) 公允价值变动收益项目:反映企业资产因公允价值变动而发生的损益。本项目应根据公允价值变动损益账户的发生额分析填列。

(16) 资产处置收益项目:反映企业出售划分为持有待售的非流动资产(金融工具、长期股权投资和投资性房地产除外)或处置组时确认的处置利得或损失,以及处置未划分为持有待售的固定资产、在建工程、生产性生物资产及无形资产而产生的处置利得或损失。债务重组中因处置非流动资产产生的利得或损失和非货币性资产交换产生的利得或损失也包括在本项目内。该项目应根据在损益类的资产处置损益账户的发生额分析填列;如为处置损失,以"－"号填列。

(17) 营业外收入项目:反映企业发生的营业利润以外的收益,主要包括债务重组利得,与企业日常活动无关的政府补助、捐赠利得等。该项目应根据营业外收入科目的发生额分析填列。

(18) 营业外支出项目:反映企业发生的营业利润以外的支出,主要包括债务重组损失、公益性捐赠支出、非常损失、盘亏损失、非流动资产毁损报废损失等。该项目应根据营业外支出科目的发生额分析填列。

(19) 所得税费用项目:反映企业按规定从本期损益中减去的所得税额。本项目应根据所得税费用账户的发生额分析填列。

(20) 持续经营净利润和终止经营净利润项目:分别反映净利润中与持续经营相关的净利润和与终止经营相关的净利润;如为净亏损,以"－"号填列。该两个项目应按照《企业会计准则第42号——持有待售的非流动资产、处置组和终止经营》的相关规定分别列报。

(21) 净利润项目:反映企业实现的净利润。如为净亏损,以"－"号填列。

(22) 其他综合收益的税后净额项目:反映其他综合收益扣除所得税影响后的金额。可供出售金融资产在持有期间确认公允价值变动计入其他综合收益,但是该资产的计税基础是历史成本,在出售之前税法不确认公允价值变动,因此会产生暂时性差异,因该差异确认的递延所得税对应科目非所得税费用,而是其他综合收益。以公允价值上升为例,此时确认递延所得税负债,同时借记其他综合收益,可供出售金融资产公允价值上升时贷记的其他综合收益金额减去确认递延所得税负债时的借记金额,即为此项资产对利润表中其他综合收益的税后净额的影响金额。

（23）不能重分类进损益的其他综合收益项目和将重分类进损益的其他综合收益项目：其他综合收益分为以后会计期间重分类计入损益和以后会计期间不能重分类计入损益两类。可以重分类计入损益，是指以后可以进入利润表变成投资收益等，而以后会计期间不能重分类计入损益一般将计入资本公积，具体分类如下：

第一，不能重分类进损益的其他综合收益项目，其中：

① 重新计量设定受益计划变动额项目。

② 权益法下不能进损益的其他综合收益项目。

③ 其他权益工具投资公允价值变动项目：反映企业指定为以公允价值计量且其变动计入其他综合收益的非交易性权益工具发生的公允价值变动。该项目应根据其他综合收益科目的相关明细科目的发生额分析填列。

④ 企业自身信用风险公允价值变动项目：反映企业指定为以公允价值计量且其变动计入当期损益的金融负债，由企业自身信用风险变动引起的公允价值变动计入其他综合收益的金额。该项目应根据其他综合收益科目的相关明细科目的发生额分析填列。

第二，将重分类进损益的其他综合收益项目，其中：

① 权益法下可转损益的其他综合收益项目。

② 其他债权投资公允价值变动项目：反映企业分类为以公允价值计量且其变动计入其他综合收益的债权投资发生的公允价值变动。企业将一项以公允价值计量且其变动计入其他综合收益的金融资产重分类为以摊余成本计量的金融资产，或重分类为以公允价值计量且其变动计入当期损益的金融资产时，之前计入其他综合收益的累计利得或损失从其他综合收益中转出的金额作为该项目的减项。该项目应根据其他综合收益科目下的相关明细科目的发生额分析填列。

③ 金融资产重分类计入其他综合收益的金额项目：反映企业将一项以摊余成本计量的金融资产重分类为以公允价值计量且其变动计入其他综合收益的金融资产时，计入其他综合收益的原账面价值与公允价值之间的差额。该项目应根据其他综合收益科目下的相关明细科目的发生额分析填列。

④ 其他债权投资信用减值准备项目：反映企业按照《企业会计准则第 22 号——金融工具确认和计量》第十八条分类为以公允价值计量且其变动计入其他综合收益的金融资产的损失准备。该项目应根据其他综合收益科目下信用减值准备明细科目的发生额分析填列。

⑤ 现金流量套期储备项目：反映企业套期工具产生的利得或损失中属于套期有效的部分。该项目应根据其他综合收益科目下的套期储备明细科目的发生额分析填列。

⑥ 外币财务报表折算差额。

（24）综合收益总额项目：综合收益总额是企业净利润与其他综合收益的合计金额。

（25）每股收益项目：是指归属于普通股股东的每股当期净利润，分为基本每股收益和稀释每股收益项目，反映了企业根据每股收益准则计算的两种每股收益指标的金额。其中，基本每股收益及其计算公式为：

基本每股收益＝（净利润－优先股股利）/发行在外的普通股加权平均数

式中，发行在外普通股加权平均数＝期初发行在外普通股股数＋当期新发行普通股股数×已发行时间÷报告期时间－当期回购普通股股数×已回购时间÷报告期时间；已发行时间、报告期时间和已回购时间一般按照天数计算。

稀释每股收益的计算公式为：

稀释每股收益=(调整后的净利润－优先股股利)/调整后发行在外的普通股加权平均数

应当根据下列事项对归属于普通股股东的当期净利润进行调整：① 当期已确认为费用的稀释性潜在普通股的利息；② 稀释性潜在普通股转换时将产生的收益或费用。上述调整应当考虑相关的所得税影响。

调整当期发行在外普通股加权平均数的公式为：

调整后发行在外加权普通股数=计算基本每股收益时普通股的加权平均数+假定稀释性潜在普通股转换为已发行普通股而增加的普通股股数的加权平均数

计算稀释性潜在普通股转换为已发行普通股而增加的普通股股数的加权平均数时，以前期间发行的稀释性潜在普通股，应当假设在当期期初转换；当期发行的稀释性潜在普通股，应当假设在发行日转换。

三、现金流量表

(一) 现金流量表的作用

现金流量表是反映一定会计期间现金流入和现金流出信息的报表，是一个动态报表。

现金流量表中的现金是一个广义的概念，包括货币资金和现金等价物。货币资金是库存现金、银行存款和其他货币资金的合称。现金等价物是指企业持有的、流动性强、易于转换为已知金额现金、价值变动风险很小的短期投资，现金等价物必须同时满足投资期限短、流动性强、易于变现和投资风险小四个特征。在我们国家，现金等价物通常是指三个月到期的国库券。

现金流量包括现金流入量、现金流出量和现金净流量三个概念。现金流入量是实实在在收到的现金额，现金流出量是实实在在支付的现金额，现金净流量是现金流入量与现金流出量的差额。

现金流量表在市场经济条件下，越来越受到信息使用者的关注。这主要是因为现金流量表有如下重要作用：

(1) 能够提供企业现金流量信息，客观地反映企业的财务状况。由于会计核算是按照权责发生制原则进行的，资产负债表和利润表信息的披露也是体现权责发生制原则，在某些项目的确认上不能够与现金的实际流入和流出相吻合。尤其是利润表中的利润，完全是权责发生制的产物，当企业存在赊销方式时，利润的多少并不能完全反映出企业的现金状况，经常会出现利润表中利润额很大，但企业的货币资金却很紧张的情况。而现金流量表是采用收付实现制原则编制的，已经剔除了应收账款、存货和会计方法选择等原因所造成的财务状况“假象”，现金净流量体现的是企业真正的财务状况，现金净流量越大，企业的财务状况就越好。

(2) 能够反映企业经营现金净流量和对外部资金的依赖情况，能披露资产负债表和利润表无法披露的信息。尽管资产负债表和利润表从不同的角度提供了企业资金来源情况，但在现金流量表中将企业的经营活动、投资活动和筹资活动所引起的现金流入量、现金流出量情况进行比较详细地列示，因此，能披露资产负债表和利润表无法披露的信息，同时也能反映出企业自身经营形成的实际支付能力和对投资活动、筹资活动而得到的外部资金的依赖情况。

(3) 能提供预测企业未来发展前景的信息。通过现金流量表中各部分现金流量结构，可以了解企业当前财务状况的好坏，也可以分析企业经营活动、筹资活动和投资活动的适度性和有效性，从而预测企业一定时期的发展前景。

（二）现金流量表的基本编制方法和格式

现金流量表采用直接法列示经营活动、投资活动和筹资活动产生的现金流入量、现金流出量和现金净流量情况。现金流量表的格式见表 9-5。

表 9-5　　**现金流量表**　　**会企 03 表**

编制单位：　　＿＿＿＿年度　　单位：元

项目	本期金额	上期金额
一、经营活动产生的现金流量		
销售商品、提供劳务收到的现金		
收到的税费返还		
收到的其他与经营活动有关的现金		
经营活动现金流入小计		
购买商品、接受劳务支付的现金		
支付给职工以及为职工支付的现金		
支付的各项税费		
支付其他与经营活动有关的现金		
经营活动现金流出小计		
经营活动产生的现金流量净额		
二、投资活动产生的现金流量		
收回投资收到的现金		
取得投资收益收到的现金		
处置固定资产、无形资产和其他长期资产收回的现金净额		
处置子公司及其他营业单位收到的现金净额		
收到其他与投资活动有关的现金		
投资活动现金流入小计		
购建固定资产、无形资产和其他长期资产所支付的现金		
投资支付的现金		
取得子公司及其他营业单位支付的现金净额		
支付其他与投资活动有关的现金		
投资活动现金流出小计		
投资活动产生的现金流量净额		
三、筹资活动产生的现金流量		
吸收投资收到的现金		
取得借款收到的现金		
收到的其他与筹资活动有关的现金		
筹资活动现金流入小计		
偿还债务支付的现金		
分配股利、利润或偿付利息支付的现金		
支付其他与筹资活动有关的现金		
筹资活动现金流出小计		
筹资活动产生的现金流量净额		
四、汇率变动对现金及现金等价物的影响		
五、现金及现金等价物净增加额		
加：期初现金及现金等价物余额		
六、期末现金及现金等价物余额		

(三)现金流量表中各项目的填列方法

1. 经营活动产生的现金流量

(1)销售商品、提供劳务收到的现金:该项目一般应包括当期销售商品或提供劳务所收到的现金收入(包括增值税销项税额);当期收到前期销售商品、提供劳务的应收账款或应收票据;当期的预收账款;当期因销货退回而支付的现金或收回前期核销的坏账损失。当期收到的货款和应收、应付账款,原规定不包括应收增值税销项税额,现为简化手续,将收到的增值税销项税款并入销售商品、提供劳务收到的现金及应收、应付项目中,并对报表有关项目做相应修改。

(2)收到的税费返还:该项目包括收到的增值税、消费税、所得税、关税和教育费附加的返还等。

(3)收到其他与经营活动有关的现金:该项目反映企业除了上述各项以外收到的其他与经营活动有关的现金流入。

(4)购买商品、接受劳务支付的现金:该项目一般包括当期购买商品、接受劳务支付的现金;当期支付前期的购货应付账款或应付票据(均包括增值税进项税额);当期预付的账款,以及购货退回所收到的现金。

(5)支付给职工以及为职工支付的现金:该项目包括本期实际支付给职工的工资、奖金、各种津贴和补贴等,以及经营人员的养老金、保险金和其他各项支出。

(6)支付的各项税费:该项目反映企业按规定支付的各项税费,包括本期发生并支付的税费,以及本期支付以前各期发生的税费和预交的税金。

(7)支付其他与经营活动有关的现金:该项目反映企业除了上述各项以外的其他与经营活动有关的现金流出。

2. 投资活动产生的现金流量

(1)收回投资收到的现金:该项目反映企业出售转让或到期收回除现金等价物以外的短期投资、长期股权投资而收到的现金,以及收回长期债权投资本金而收到的现金,按实际收回的投资额填列。

(2)取得投资收益收到的现金:该项目反映企业因股权性投资和债权性投资而取得的现金股利、利息,以及从子公司、联营企业或合营企业分回利润而收到的现金。到期收回的本金应在收回投资收到的现金项目中反映。

(3)处置固定资产、无形资产和其他长期资产收回的现金净额:该项目反映企业为处置这些资产所取得的现金,扣除为处置这些资产而支付的有关费用后的净额。

(4)收到其他与投资活动有关的现金:该项目反映企业除了上述各项以外收到的其他与投资活动有关的现金流入。

(5)购建固定资产、无形资产和其他长期资产支付的现金:该项目包括企业购买、建造固定资产,取得无形资产和其他长期资产所支付的现金,不包括为购建固定资产而发生的借款利息资本化的部分以及融资租赁租入固定资产所支付的租金和利息。

(6)投资支付的现金:该项目反映企业进行权益性投资和债权性投资支付的现金,包括短期股票、短期债券、长期股权和债权投资支付的现金及佣金、手续费等附加费用。

(7)支付其他与投资活动有关的现金:该项目反映企业除上述各项以外支付的其他与投资活动有关的现金流出。

3. 筹资活动产生的现金流量

筹资活动是指导致企业资本及债务规模和构成发生变化的活动。

(1) 吸收投资收到的现金:该项目反映企业收到的投资者投入的资金,包括发行股票、债券所实际收到的款项净额(发行收入减去支付的佣金等发行费用后的净额)。

(2) 取得借款收到的现金:该项目是指企业举借各种短期、长期借款所收到的现金,根据收入时的实际借款金额计算。企业因借款而发生的利息列入分配股利、利润或偿付利息支付的现金。

(3) 收到其他与筹资活动有关的现金:该项目是指企业除上述各项目外,收到的其他与筹资活动有关的现金流入,如接受现金捐赠等。

(4) 偿还债务支付的现金:该项目包括归还金融企业借款,偿付企业到期的债券等,按当期实际支付的偿债金额填列。

(5) 分配股利、利润或偿付利息支付的现金:该项目是指企业实际支付的现金股利和付给其他投资单位的利润以及支付的债券利息、借款利息等。

(6) 支付其他与筹资活动有关的现金:该项目是指企业除上述各项外,支付的其他与筹资活动有关的现金流出,如捐赠现金支出及融资租入固定资产所支付的租赁费等。

4. 汇率变动对现金及现金等价物的影响

这是指企业的外币现金流量以及境外子公司的现金流量折算为人民币时,所采用的现金流量发生日的汇率或平均汇率折算的人民币金额,与现金及现金等价物净增加额中外币现金净增加额按期末汇率折算的人民币金额之间的差额。

5. 现金及现金等价物净增加额

这是指经营活动产生的现金流量净额、投资活动产生的现金流量净额、筹资活动产生的现金流量净额三项之和。

6. 期末现金及现金等价物余额

现金及现金等价物净增加额加期初现金及现金等价物余额即为期末现金及现金等价物余额。

四、所有者权益变动表

(一) 所有者权益变动表的作用

所有者权益变动表是反映所有者权益的各个部分增减变动的报表,包括实收资本、其他权益工具、资本公积、其他综合收益、盈余公积和未分配利润等的当期增减情况,见表9-6。

(二) 所有者权益变动表中各个项目的说明

1. 上年年末余额项目

该项目反映企业上年资产负债表中实收资本(或股本)、资本公积、盈余公积、未分配利润的年末余额。

(1) 会计政策变更项目:是指企业对相同的交易或事项由原来采用的会计政策改用另一会计政策的行为。比较常见的会计政策变更有:坏账损失的核算在直接转销法和备抵法之间的变更、外币折算在现行汇率法和时态法或其他方法之间的变更等。

(2) 前期差错更正项目:前期差错通常包括计算错误、应用会计政策错误、疏忽或曲解事实以及舞弊产生的影响,以及存货、固定资产盘盈等。这个项目是对在这些差错的更正。

表 9-6

所有者权益变动表

编制单位：　　　　　　　　＿＿＿＿＿＿年度　　　　　　　　会企 04 表

单位:元

项目	本年金额										上年金额								
	实收资本（或股本）	其他权益工具			资本公积	减:库存股	其他综合收益	盈余公积	未分配利润	所有者权益合计	实收资本（或股本）	其他权益工具			资本公积	减:库存股	其他综合收益	未分配利润	所有者权益合计
		优先股	永续债	其他								优先股	永续债	其他					
一、上年年末余额																			
加:会计政策变更																			
前期差错更正																			
其他																			
二、本年年初余额																			
三、本年增减变动金额（减少以“—”号填列）																			
（一）综合收益总额																			
（二）所有者投入和减少资本																			
1. 所有者投入的普通税																			
2. 其他权益工具持有者投入资本																			
3. 股份支付计入所有者权益的金额																			
4. 其他																			

续表 9-6

项目	本年金额										上年金额								
	实收资本（或股本）	其他权益工具			资本公积	减：库存股	其他综合收益	盈余公积	未分配利润	所有者权益合计	实收资本（或股本）	其他权益工具			资本公积	减：库存股	其他综合收益	未分配利润	所有者权益合计
		优先股	永续债	其他								优先股	永续债	其他					
（三）利润分配																			
1. 提取盈余公积																			
2. 对所有者（或股东）的分配																			
3. 其他																			
（四）所有者权益内部结转																			
1. 资本公积转赠资本（或股本）																			
2. 盈余公积转赠资本（或股本）																			
3. 盈余公积弥补亏损																			
4. 其他																			
四、本年年末余额																			

2. 本年年初余额项目

该项目指上年年初余额加会计政策变更及前期差错更正及其他即本年年初余额。

3. 本年增减变动金额项目

(1) 综合收益总额项目:反映企业净利润与其他综合收益的合计金额。综合收益,包括其他综合收益和综合收益总额。其中,其他综合收益反映企业根据企业会计准则规定未在损益中确认的各项利得和损失扣除所得税影响后的净额;综合收益总额是企业净利润与其他综合收益的合计金额。

(2) 所有者投入和减少资本项目:反映企业当年所有者投入的资本和减少的资本。其中:

① 所有者投入的普通股:反映企业接受普通股投资者投入形成的实收资本(或股本)和资本公积,应根据实收资本、资本公积等科目发生额分析填列。

② 其他权益工具持有者投入资本:反映企业接受其他权益工具持有者投入形成的实收资本(或股本)和资本公积,应根据实收资本、资本公积等科目发生额分析填列。

③ 股份支付计入所有者权益的金额:反映企业处于等待期中的权益结算的股份支付当年计入资本公积的金额,应根据资本公积科目所属的其他资本公积二级科目的发生额分析填列。

(3) 利润分配下各项目:反映当年对所有者(或股东)分配的利润(或股利)金额和按照规定提取的盈余公积金额,并对应列在未分配利润和盈余公积栏。其中:

① 提取盈余公积项目:反映企业按照规定提取的盈余公积。

② 对所有者(或股东)的分配项目:反映对所有者(或股东)分配的利润(或股利)金额。

(4) 所有者权益内部结转下各项目:反映不影响当年所有者权益总额的所有者权益各组成部分之间当年的增减变动,包括资本公积转增资本(或股本)、盈余公积转增资本(或股本)、盈余公积弥补亏损等项金额。其中:

① 资本公积转增资本(或股本)项目:反映企业以资本公积转增资本或股本的金额。

② 盈余公积转增资本(或股本)项目:反映企业以盈余公积转增资本或股本的金额。

③ 盈余公积弥补亏损项目:反映企业以盈余公积弥补亏损的金额。

④ 其他。

4. 本年年末余额项目

该项目指本年年初余额加本年增减变动金额即为本年年末余额。

复习与练习

一、单选题

1. 下列关于财务报表编制前的准备工作的说法正确的是(　　)。

A. 编制报表前,进行局部财产清查、核实债务,并按规定程序报批,进行相应的会计处理

B. 为了尽快编制财务报表,可以将结账日提前

C. 编制报表前,检查相关的会计核算是否按照国家统一的会计制度的规定进行

D. 遵守重要性原则

2. 某企业会计年度的期末应收账款所属明细账户借方余额之和为 500 800 元，所属明细账户贷方余额之和为 9 800 元，总账为借方余额 491 000 元。假设企业预收账款所属明细账户的金额为 0，坏账准备账户余额为 0，则在当期资产负债表应收账款项目所填列的金额为(　　)元。

A. 500 800　　B. 9 800

C. 491 000　　D. 510 600

3. 下列各项中，资产负债表中资产按流动性从大到小排列，正确的是(　　)。

A. 存货、无形资产、货币资金、可供出售金融资产

B. 可供出售金融资产、存货、无形资产、货币资金

C. 无形资产、货币资金、可供出售金融资产、存货

D. 货币资金、存货、可供出售金融资产、无形资产

4. 下列关于资产负债表的说法中，错误的是(　　)。

A. 反映企业一定会计期间的财务状况

B. 是静态报表

C. 我国一般采用账户式结构

D. 可以通过该表分析企业债务偿还能力，为未来经济决策提供参考信息

5. 某企业应付账款明细账期末余额情况如下：应付账款——X 企业贷方余额为 200 000元，应付账款——Y 企业借方余额为 180 000 元，应付账款——Z 企业贷方余额为 300 000 元。假设该企业预付账款明细账均为借方余额，则期末资产负债表应付账款项目的金额为(　　)元。

A. 80 000　　B. 320 000

C. 500 000　　D. 680 000

6. 下列各项中，反映企业在一定会计期间的经营成果的是(　　)。

A. 资产负债表　　B. 利润表

C. 现金流量表　　D. 财务状况变动表

7. 我国利润表采用的格式为(　　)。

A. 单步式　　B. 多步式

C. 账户式　　D. 混合式

8. 下列各项中，不会影响营业利润金额增减的是(　　)。

A. 资产减值损失　　B. 财务费用

C. 投资收益　　D. 营业外收入

9. 某公司本会计期间的主营业务收入为 1 700 万元，主营业务成本为 1 190 万元，税金及附加为 170 万元，销售费用为 110 万元，管理费用为 100 万元，财务费用为 19 万元，营业外收入为 16 万元，营业外支出为 25 万元，其他业务收入为 200 万元，其他业务成本为 100 万元，应交所得税按利润总额的 25%计算，其营业利润、利润总额和净利润分别为(　　)。

A. 111 万元、232 万元、174 万元

B. 211 万元、202 万元、151.5 万元

C. 356 万元、232 万元、74 万元

D. 111 万元、202 万元、151.5 万元

10. 下列选项中，关于财务报表编制基本要求的表述，不正确的是（　　）。

A. 应当在财务报表的显著位置披露编报企业的名称

B. 至少按月度编制财务报表

C. 保持各个会计期间财务报表项目列报的一致性

D. 披露人民币金额单位

二、多选题

1. 下列关于财务报表编制的基本要求，正确的有（　　）。

A. 现金流量表按照收付实现制原则编制

B. 现金流量表按照权责发生制原则编制

C. 资产负债表按照收付实现制原则编制

D. 资产负债表按照权责发生制原则编制

2. 下列各项中，属于企业财务报表的组成部分的有（　　）。

A. 资产负债表　　B. 利润表

C. 现金流量表　　D. 所有者权益变动表

3. 利润表可以提供不同时期收入、费用和利润的比较数字，这些比较数字应填入的栏次有（　　）。

A. 本期计划数　　B. 本年累计数

C. 本期金额　　D. 上期金额

4. 财务报表按其编报主体不同可以分为（　　）。

A. 个别财务报表　　B. 对内财务报表

C. 合并财务报表　　D. 对外财务报表

5. 下列各项中，属于非流动负债的有（　　）。

A. 应付债券　　B. 应付股利

C. 长期借款　　D. 长期应付款

6. 下列各项中，属于企业资产负债表右方包括的项目有（　　）。

A. 短期借款

B. 以公允价值计量且其变动计入当期损益的金融资产

C. 递延所得税负债

D. 实收资本

7. 编制资产负债表时，下列项目中，可根据总分类账户的期末余额直接填列的有（　　）。

A. 应付票据　　B. 长期股权投资

C. 应收账款　　D. 短期借款

8. 下列关于利润表的表述中，正确的有（　　）。

A. 主要根据有关账户发生额编制

B. 静态报表

C. 反映财务状况的报表

D. 反映经营成果的报表

三、判断题

1. 在我国，对外会计报表的种类、格式、指标内容和编报时间等，都是由国家统一的会

计制度予以规定的。（　　）

2. 为使财务报表及时报送，企业在实际工作中可以提前结账。（　　）

3. 编制财务报表的过程，实质上就是对日常会计核算资料，按照一定的指标体系，进行综合加工整理，并系统化的过程。（　　）

4. 单步式利润表可以得出一些中间性的利润数据，便于使用者理解单位经营成果的不同来源。（　　）

5. 资产负债表的表头部分应列明报表的名称、编制报表的单位名称、编制日期和金额的计量单位。（　　）

6. 账户式结构指的是资产负债表按上下顺序依次排列资产、负债及所有者权益项。（　　）

7. “应收账款”账户所属明细账户期末有贷方余额的，应在资产负债表预收款项项目内填列。（　　）

8. 利润表是反映企业特定日期经营成果的会计报表。（　　）

9. 企业利润表中的利润总额由营业利润和营业外收支净额组成。（　　）

10. 利润表可以帮助报表使用者分析企业某一特定日期的经营成果和利润的未来发展趋势。（　　）

主要参考文献

[1] 财政部会计资格评价中心.初级会计实务[M].北京:中国财政经济出版社,2015.
[2] 曹洪香,战子玉.新会计学原理[M].2 版.徐州:中国矿业大学出版社,2011.
[3] 会计从业资格考试辅导教材编写组.会计基础[M].北京:人民出版社,2016.
[4] 朱小平,周华,秦玉熙.初级会计学[M].8 版.北京:中国人民大学出版社,2017.